"法律实践研究丛书"
由杭州师范大学资助出版

法律实践研究丛书 | 总主编 郝铁川

刑辩日记

李永红 著

图书在版编目(CIP)数据

刑辩日记/李永红著. —北京：北京大学出版社，2023.2
ISBN 978-7-301-33322-8

Ⅰ．①刑…　Ⅱ．①李…　Ⅲ．①刑事诉讼—辩护—研究—中国　Ⅳ．①D925.215.04

中国国家版本馆 CIP 数据核字(2023)第 012523 号

书　　　名	刑辩日记 XINGBIAN RIJI
著作责任者	李永红　著
责 任 编 辑	孙维玲
标 准 书 号	ISBN 978-7-301-33322-8
出 版 发 行	北京大学出版社
地　　　址	北京市海淀区成府路 205 号　100871
网　　　址	http://www.pup.cn　　新浪微博：@北京大学出版社
电 子 信 箱	sdyy_2005@126.com
电　　　话	邮购部 010-62752015　发行部 010-62750672 编辑部 021-62071998
印 刷 者	三河市博文印刷有限公司
经 销 者	新华书店
	880 毫米×1230 毫米　A5　11.375 印张　285 千字 2023 年 2 月第 1 版　2023 年 2 月第 1 次印刷
定　　　价	49.00 元

未经许可，不得以任何方式复制或抄袭本书之部分或全部内容。
版权所有，侵权必究
举报电话：010-62752024　电子信箱：fd@pup.pku.edu.cn
图书如有印装质量问题，请与出版部联系，电话：010-62756370

"法律实践研究丛书"总序

我长期从事法制史、法理、宪法、行政法等理论法学的研究，自感缺陷很突出，那就是对应用法学，特别是司法实践没有应有的探索和深入的了解。历史上的著名法学家几乎都有过司法实践的经历，这说明如想提出法学方面的真知灼见，必须对法律的运行实践有切身的了解。几十年来，我一直努力弥补自己在司法实践方面的缺陷。

我不做律师，但经常要求有关教务部门为我安排去为司法实践部门的法学硕士研究生班授课，了解他们在基层一线遇到的困惑、难题，要求他们对我课堂讲授的观点提出批评，在课程结束时试卷中必有一道题是"对郝铁川课堂讲授的三个观点进行批评，不得赞扬"，以此发现实务部门的人和我这个学院派的思维差别。

1995—2000年我担任《法学》杂志主编期间，专门开设过司法实践研究栏目，有意识地与司法实践部门的专家保持密切的联系，熟悉他们的思维方式，并定期邀请全国各地司法机关的院长、检察长、研究室主任、庭长等为《法学》撰写文章，提供值得学界研究探讨的问题和角度。值得一提的是，当时我们经常举办一些新型疑难复杂案件的研讨会，邀请司法实务界、学界人士开会探讨并形成论文，这类文章一直很受欢迎，大家公认《法学》是理论界最关注司法实践活动的刊物之一。

我在香港工作期间，有空就跑到法庭旁听，研究香港法院判例。

我招收博士生时，在同等条件下，总是优先考虑来自司法实践部门的考生。

总之，多年来，我一直寻找不同的机会去熟悉司法实践。我信奉"理论是灰色的，而生命（活）之树常青"这句话。当我看到很多学者撰写、出版的学术性理论著作时，就产生了要编一套来自司法实践部门的法官、检察官、警察、律师等撰写的有关法律实际运行的丛书的想法，这一想法得到了好朋友——杭州师范大学法学院李安教授的大力支持。于是，我就从中部挑选一个法官撰写《法官日记》，从西部挑选一个律师撰写《律师日记》，从东部挑选一个检察官撰写《检察官日记》。先出这三本，如果社会效果不错的话，再接着干下去。

我很期盼这套书能够为法学院的本科生和研究生带来益处，能使他们了解我国不同地区的法律是怎样运行的，他们毕业后会遇到什么样的法律职业环境，从而在理论联系实践方面有所收获。西方国家许多法学院的教授都有丰富的司法实践经验，不像我们这里，大学教师制度存在先天的理论脱离实践的缺陷，绝大多数的教授都是从校门到校门。

感谢北京大学出版社和王业龙主任、孙维玲编辑，经过严格审批之后，接纳了这套丛书。

郝铁川

2017年7月8日于沪上

《刑辩日记》与辩护风格

（代序）

本书作者李永红律师,在浙江工业大学法学院任教同时做兼职律师,我们认识已有十六七年了。当时,我担任浙江省省直律师协会会长,协会举办各类业务研讨或论文评选时,经常请一些包括他在内的专家、学者来授课或担任评委。从一开始,他在我眼中就是一位学者型律师,我习惯叫他"教授"。这次,他让我给他积多年心血撰写的从业经历《刑辩日记》作个序,我说真不敢,我本人办理刑事案件不多,怎敢在一名优秀刑辩律师面前卖弄,但恭敬不如从命。我让他将书稿发我,没想到我一看就入迷了。

尽管书名叫"刑辩日记",但它不是一本流水账,而是他作为执业律师对二十多年来亲自经手的一个个鲜活案例的记录。作者通过一个刑辩律师的所见所闻、所思所想,忠实记录司法改革背景下社会变迁过程中刑辩律师的日常工作,包括接待、受理、会见、阅卷、取证、沟通、质证、辩论等常规业务活动,刑辩律师与民商事律师、非诉讼业务律师在知识结构、思维方式和价值取向上的异同,刑辩律师业务研讨、学习培训、对热点公案或社会问题发表评论等相关专业行为,以及资深刑辩律师与年轻律师的师徒关系、刑辩律师同行之间的竞争与合作、刑辩律师与客户之间的沟通与交流等人生百态,多角度全方位记录刑辩律师的工作、学习和生活细节,可以说是一幅原生态的刑事辩护全息图,其中既有新时代的大气象大格局,也有普通人无辜被关的悲苦、律师依法辩护的艰辛、司法人员公正司法的努力和当事人最终辩冤白谤的欢喜。

这些日记有望使那些对法治抱有美好期待的法律爱好者了解个案中具体法治的不易、司法公正的可贵,使掌握了法律概念和法条知识的在校法科学生了解实践中"活法"的多样以做好从"法学新青年"到"卓越法律人"的职业规划,而对于律师朋友来说,本书能够使他们从这些具体而不琐碎、生动而不乏感悟的叙述中得到启发。作者将"理""律""例"完美结合,说理娓娓道来,援律有据可查,引例自然服人,情与法相得益彰,兼具故事性与专业性,雅俗共赏。这是他曾长期从事检察和律师实务工作,同时又从事教学研究工作的理论和实践相结合的结晶。

李永红以其突出的辩护业绩被浙江省律师协会评为"浙江省优秀刑事专业律师(刑事专业类)"。在兼职执业律师工作的二十多年中,他有数十起案件获得无罪、撤诉、不起诉、撤销案件等辩护效果,可谓业绩骄人。他曾两次应邀到北京大学法学院刑辩高级研修班讲座,与学员分享行政犯案件的辩护心得和涉税案件无罪辩护经验。

李永红发挥其既攻读过理论法学又从事过刑事司法实践的独特优势,形成了规则之辩与原则之辩相结合的独特辩护风格,不仅善于从证据、事实和法理、事理中发现辩点并证成观点,而且善于将不同法律部门的知识运用于刑事辩护,既在宏观上注重法律与政策在刑事司法中的应用,又在微观上精研阅卷、质证、辩论和辩护文书写作。他的辩护文书观点鲜明、论证严谨,不仅经常得到司法机关的采纳,而且受到律师同行的广泛赞扬。

北京大学出版社业已出版过《法官日记》《检察官日记》《律师日记》《警察日记》等法律实践书籍,无论是作者写作还是编辑出版,无疑都是成功的，为法律爱好者尤其是在校学生了解法律职业提供了新颖的视角，其中不少素材能使读者获得法条以外的知识。与前四部以法律职业四种角色命名不同的是，本书以法律职业最经典也最具代表性的执业活动"刑事辩护"命名，更加具体地展示法律工作者在这一领域执业行为的丰富多彩，这种以"事"为切入点的出版物和已经出版的以"人"为切入点的四部书可谓相得益彰。

中华全国律师协会副会长
浙江省律师协会会长
郑金都
2022年8月

目录

1. 没有审判的司法 // 001
2. 谄媚式辩护把被告人给辩死了 // 004
3. 养生酒案：帮手成了替罪羊 // 009
4. "海上盗捞第一案"辩护记 // 016
5. 人生没有如果 // 022
6. 从法学院到学法院 // 029
7. 季部长过山车般的人生经历 // 034
8. 酒后微醺、"车震"与测谎仪 // 039
9. 情人控告，妻子申冤 // 044
10. 附条件逮捕与无病住院 // 048
11. 排非 // 055
12. 进退两难 // 060
13. 刑事辩护到底应该怎么辩 // 064
14. 提防刑法"肥大症" // 067
15. 作为实践智慧的刑事律师法律思维 // 070
16. 审前辩护：体制、观念与技术、策略 // 075

17. 形神兼备才有意义 // 081

18. 被害人过错 // 084

19. 人性的软弱 // 087

20. 医闹、庭闹与任职保障 // 090

21. 不起诉 // 093

22. 墓地之争与六尺巷 // 096

23. 如何让书记不批案？ // 099

24. "独立辩护说"辨析 // 103

25. 答记者问 // 106

26. 《最强大脑》背后的最强规则 // 108

27. 个案司法与社会动荡 // 111

28. 万科之争中的法理与情怀 // 115

29. 禁止领导干部干预司法 // 120

30. 人工智能崛起，人类应反思和恐惧什么？ // 122

31. 囧在旅途 // 125

32. 五十岁生日"以身说法" // 126

33. 社会活动六则 // 128

34. 不要忘记自己的童年 // 131

35. 互联网专车第一案判词赏析 // 134

36. 所有与所用 // 137

37. 节前送温暖 // 140

38. 高羁押率怎样才能降下来？ // 141

39. 司法三义 // 143

40. 谁能从律师的有效辩护中受益？ // 145

41. 辩冤白谤，出罪免刑 // 153

42. 为什么律师会为"有罪"的被告人作无罪辩护？ // 157

43. 命·运 // 162

44. 司法中心主义 // 164

45. 律师与医生 // 167

46. 女法官丈夫的刑辩 // 169

47. 发现刑辩的乐趣 // 171

48. 含冤十二年的物美创始人清白归来 // 174

49. 赢在细节 // 178

50. 神药：专治各类疑难案件 // 184

51. 律师刑辩的魅力 // 191

52. 三十年法律人生 // 197

53. 解约退费 // 201

54. 刑辩的意义：为"坏人"说话，让好人受益 // 205

55. 史上最短公诉词 // 211

56. 各方都被抓　无罪判缓刑 // 217

57. 是太阳升起，还是意外先来临？ // 224

58. 难忘 2018 // 228

59. 刑事律师的理论素养与实践能力 // 231

60. 相生相克与相反相成 // 238

61. 抠脚大汉与哈佛女孩 // 242

62. 父爱主义的性别歧视与家长主义的过度保护 // 250

63. 无罪辩护实录：选择性取证与实质化庭审 // 254

64. 诸书记们贪污了四套不存在的房屋 // 261

65. 二审变一审 // 268

66. 刑事业务的精细化与前瞻性 // 278

67. 循名责实　持中守正　// 281

68. 二十五年前的伤害　// 285

69. 全国律师行业数据　// 289

70. 不要混淆了正义与正义感　// 291

71. 玉石案：文博父亲与法硕女儿　// 294

72. 办案办的是他人的人生　// 300

73. 骗税案：骗与被骗　// 304

74. 法律职业共同体是否可能　// 312

75. 律师对认罪认罚案件作无罪辩护的八大理由　// 318

76. 少捕慎诉与上市公司被"秒诉"　// 321

77. 涉黑丈夫与扫黑妻子　// 331

78. "套路贷"还是"高利贷"？　// 334

79. 有效辩护又一例　// 338

80. 名校硕士"暂缓认罪"　// 342

81. 冲冠一怒为哪般　// 347

后　记　// 350

1. 没有审判的司法

2004年4月20日　星期二　谷雨

最近在沿海某山区小城开庭,在法庭辩论环节,审判长打断我的发言,说法庭在审理案件,不能在这里讲法理。

作为一个司法工作人员出身的律师,我深知在庭审活动中遵守司法礼仪的重要,诉讼参与人必须服从审判长的指挥。但是,审判长以不能讲法理为由打断辩护人在法庭上的发言,实在让人无所适从。司法权的本质是判断权,审判是中立的裁判者听取争讼双方意见后进行的理性判断。既然是理性判断,就得依靠司法作业常用的推理方法三段论:根据小前提事实适用大前提法律,就争讼事项得出裁判结论。而要准确认定事实就得讲证据,要正确适用法律当然必须讲法理。法庭审判岂能不让人讲法理?如果司法可以不讲法理,那么它就真成了"没有审判的司法"。

审判是最为重要的司法活动,怎么可能存在"没有审判的司法"呢?

其实,这是借用罗斯科·庞德在《普通法的精神》一书中的说法。庞德在这本小书的第五章"拓荒者与法律"中写道:"实际上,美国的司法史始于'独立战争'之后。在受殖民统治的美国,司法活动的最初表现形式是立法和执法,这种没有审判的司法一直持续到上个世纪。在'独立战争'前后的一段时期,法官们多为未接受专门训练的地方行政官组成,他们在立法的指导下,凭着自己的天赋和悟性主持审判活动。"①

休庭时,我从委托人那里得知,打断我发言的审判长曾长期在法院食堂当厨师,工作相当敬业,炒得一手好菜,于是从临时工到正式工,再从事业编到机关行政编,最后挤进了法官行列(前不久我还遇到过一次"司机司法",法院的驾驶员成为法官,在我辩护的案件中担任审判长。不过,从庭审掌控情况和裁判文书质量看,那个司机出身的法官比这个厨师出身的法官强多了)。

有道是"英雄不问出处",虽然曾是医生、铁匠、农民、司机或者厨师,只要好学上进,接受系统的法学教育和训练,再通过法律职业资格考试,那就不仅可以当法官,而且还可能成为优秀的法官,因为丰富的人生阅历使他们能够更好地兼顾法理与情理。

问题在于,这名厨师审判长根本没有认真学过法,也没有取得法律职业资格。以前国家对司法人员的学历水平和任职资格没有设定制度门槛,后来虽然实施《法官法》和国家统一的法律职业资格考试制度,但是实践中的"老人老办法,新人新办法",使得已经在岗的审判人员被保留下来,不懂法理也不爱听法理的他们也就继续手握生杀予夺大权。

如果没有接受过系统的法学教育和训练,则很难搞懂专业的法律问题。案件之所以有争议,正是因为涉及一些疑难的法律适用问题。而为了说清楚这些问题,必须得运用法理。本案审判长不懂法理,也就没有耐心认真听取控辩双方所讲的法理。

在上个月(2004年3月)的全国两会上,肖扬院长在最高人民法院(以下简称"最高法")工作报告中说,2003年是实施第一个人

---

① 〔美〕罗斯科·庞德:《普通法的精神》,唐前宏等译,法律出版社2001年版,第79页。

民法院五年改革纲要的最后一年；法院的队伍建设得到加强，法官职业化建设稳步推进，法官学历层次和业务水平不断提高，最高法法官中硕士、博士学位的比例已达47%。事实上，20世纪90年代末高校扩招后的毕业生这几年相继毕业走向社会，要是能够采取措施从法学院系的优秀毕业生中选拔人员充实基层司法队伍，假以时日，相信不讲法理、没有审判的司法就能杜绝。

2. 谄媚式辩护把被告人给辩死了

2006年10月31日 星期二

最近,主要做民事业务的小张律师跟我抱怨:"刑事律师是不是'独立'过头了,根本不把当事人放在眼里?"

我反问:"何以有此说?虽然刑事、民事诉讼不同,但是律师接受当事人委托为其提供法律服务,无论什么诉讼业务,双方建立的都是平等主体之间的民事法律关系。既然如此,那么刑事律师与被告人的关系就是平等的双务合同关系,不存在刑事律师独立于当事人的问题。律师的辩护权来自被告人的委托,人家花钱聘请了你,你怎么可以不顾当事人的权益和意愿而闹独立去自行其是呢?"

我问他为什么会有这样的抱怨,他说最近接了一起故意杀人案,因为自己主要做民事业务,刑事辩护经验不足,就与委托人商量,再委托一名主要做刑事业务的律师一起辩护。结果,当事人被这名资深的老王律师给辩死了。

以我的经验分析,老王律师的辩护工作可能真的存在一些不足,但说老王律师把当事人给辩死了可能有些言过其实。因为辩护人对死刑判决的作用恐怕没有那么大,尽管辩护律师在无罪判决的案件中往往具有不可替代的作用。

先来看看该案起诉书、判决书中表述的主要案情是:被告人因生活琐事与村邻发生争执,在村口小店处打了起来,被人劝开后各

2. 谄媚式辩护把被告人给辩死了

自回家。被告人想到自己势单力薄而对方人多势众,担心下次遇到再起冲突会吃亏,就找了一把水果刀放在身上作防身之用。不久,双方果然再次相遇,又打将起来,被告人孤身一人,对方兄弟姐妹六人。被告人寡不敌众吃了大亏,被对方打成重伤,于是心生恼怒,摸出水果刀乱刺一通,对方两人中刀,后果是一人死亡一人轻伤。被告人趁乱忍痛跑到村外爬上高速公路,想着索性让车撞死算了。后转念一想,这样会殃及无辜,就从高速公路返回,给110打电话自首。公安机关出警后将其送医救治,待其伤势痊愈后进行拘捕和起诉。当地中级人民法院(以下简称"中院")一审判处被告人死刑立即执行。被告人不服,上诉至所在省高级人民法院(以下简称"高院")。被告人家属重新委托小张律师并通过小张律师委托老王律师共同担任二审辩护人。

小张律师虽然刑事辩护经验不太丰富,但是态度相当敬业。他不但认真阅卷,还查找了大量资料,起草了一份看上去还算不错的辩护意见书。其主要辩护理由是:(1)被告人有自首情节,这是一个法定的可以从轻或减轻处罚的情节,既然有法定从轻、减轻处罚情节,就不应该适用死刑立即执行这一极刑。(2)从犯罪故意类型看,被告人在被人打伤后用刀乱刺致人死伤,在主观上属于间接故意而非恶性更大的直接故意,因而本案并不属于必须适用死刑立即执行的罪大恶极情形。(3)从犯罪起因看,双方当事人是村邻,因生活琐事发生纠纷进而引发本案,与社会上那种动机卑劣的故意杀人案存在明显区别,量刑时亦应酌情从宽处理。(4)被害人一方对矛盾升级存在严重过错,以多欺少,先把被告人打成重伤,虽然双方互殴不成立正当防卫,但是被告人孤身一人面对六人殴打,其行为在客观上有一定的防卫因素,该因素在量刑时也值得考虑。其诉讼请求是对上诉人从一审的死刑立即执行改判为死缓或者无期徒刑。

辩护意见书起草完毕,小张律师就与老王律师一起前往高院向主审法官递交辩护意见书并口头发表二审辩护意见。(补记:虽然1979年的刑事立法明确规定死刑由最高法核准,但是自1980年刑事两法实施后不久,全国人大常委会就连续通过多个决定逐步将一些案件的死刑核准权下放给高院行使。当时,二审案件以书面审理为常态、以开庭审理为例外。2007年,最高法收回死刑核准权。因此,在1980年到2006年间,死刑案件的二审不但基本不开庭,而且大部分与死刑核准程序重合,如果二审维持原判,那就意味着死刑会被核准。因此,律师在死刑案件中接受委托担任二审辩护人,对当事人来说真是一件性命攸关的大事。)

小张律师按照事先准备的文稿,把上诉人不该判处死刑立即执行的理由条分缕析地说了一遍,然后由老王律师择其要者予以强调。这也是俩人去高院之前商量好了的。

然而,令人惊掉下巴的一幕发生了!在小张律师要求改判的辩护意见发表完毕后,面对高院刑庭法官,老王律师竟然说,要是上诉人能够忍一忍或者没有再带刀出去,双方也就不会重新打起来;对方虽然把你打伤,但你不要去挥刀,也就不会致人死伤了;等等。讲了诸如此类的一大堆不利于上诉人的话,直叫人怀疑他到底是被害人一方的诉讼代理人还是被告人一方的辩护人?!

最终,高院维持中院的死刑立即执行判决,被告人被执行死刑。

机缘巧合,我在一次出差时遇到了解本案内情的人。据他说,在一审时公诉检察官和审判法官对本案是否判处死刑立即执行曾经心存犹豫,毕竟被告人有法定从轻情节,且犯罪源于村民之间的矛盾冲突,一般而言这类案件不会判处极刑。但是,死伤者一方太过强势,在一审期间组织了庞大的旁听队伍,并且扬言如果不判被告人死刑他们就会自己解决。虽然大家都知道这种威胁多多少少有些言过其实,但是它往往会给法官带来无形的心理压力。于是,一审法院作出死刑立即执行判决。一审法官或许存有将矛盾上交的心理:"我顶格判刑,先安抚了死伤者家属再说,至于被告人是否会死,反正还有二审和死刑复核程序把关呢!案发地距省城路途遥远,死者家属不可能再去施加压力了吧。"

对于刑事律师来说,这样的案件反而存在着较大的辩护空间。只要辩护方案恰当,辅之以家属的配合,二审改判死缓的可能性还是比较大的。早在1999年10月,最高法《全国法院维护农村稳定刑事审判工作座谈会纪要》(业界简称"济南会议纪要")就明确提出,关于故意杀人、故意伤害案件,"要准确把握故意杀人犯罪适用死刑的标准。对故意杀人犯罪是否判处死刑,不仅要看是否造成了被害人死亡结果,还要综合考虑案件的全部情况。对于因婚姻家庭、邻里纠纷等民间矛盾激化引发的故意杀人犯罪,适用死刑一定要十分慎重,应当与发生在社会上的严重危害社会治安的其他故意杀人犯罪案件有所区别。对于被害人一方有明显过错或对矛盾激化负有直接责任,或者被告人有法定从轻处罚情节的,一般不应判处死刑立即执行"。

然而,所有这些有利于被告人的事实情节和法律政策最终都没能阻止死刑的结果。虽然还有其他原因,但是对辩护人来说,忘记了自己为谁辩护、怎样辩护,却是万万不应该的。

1996年《中华人民共和国律师法》(以下简称《律师法》)的颁布和《中华人民共和国刑事诉讼法》(以下简称《刑事诉讼法》)的修改都明确规定:律师担任刑事辩护人,应当根据事实和法律,提出证明犯罪嫌疑人、被告人无罪、罪轻或者减轻、免除刑事责任的材料和意见,维护犯罪嫌疑人、被告人的合法权益。也就是说,除了当事人的权益,律师不应该有其他的私心杂念。《律师法》规定律师依法执业受法律保护,立法宗旨在于强调律师执业应当得到司法机关的尊重,不受公权力的打压,但这一规定并不意味着律师可以跟委托人、当事人讲什么"独立"。

从职业伦理上看，检察官有客观公正义务，无论是对被告人不利还是有利的证据和意见都应依法收集，如实发表；而律师却只能收集对被告人有利的材料，只能发表对被告人有利的意见，即无罪或者罪轻的意见。控辩双方的诉讼地位和诉讼职能的差异决定了他们的职业伦理也有很大的区别。既然接受别人的委托担任辩护人，老王律师就应该向法官提出轻判的主张并加以论证，怎么能在法官面前强调被告人的不是呢？或许他认为这样可以使自己显得跟检察官一样"客观公正"吧。

真是不可理喻。

3. 养生酒案：帮手成了替罪羊

2006年10月17日　星期二

今天，杨女士的案子判下来了：市中院维持区法院的一审判决，最终还是以杨女士"过失以危险方法危害公共安全罪"判处其有期徒刑三年，不久就会将其送监狱服刑。

本案件值得一记，不仅是因为其实体法上的定性之争，而且还有程序法上那些司空见惯的实践操作。

我只参与了本案的二审辩护。通常情况下，我辩护的案件都是从侦查、起诉或者一审开始的。虽然刑事诉讼从立案到终审乃至再审每一个程序都可以委托律师辩护，但是从不捕不诉率、无罪判决率、二审改判率、再审改判率呈明显递减趋势可以看出，越早委托律师，辩护空间就越大；可能是因为人的思维和司法的机制都存在一种惯性，越往后面便越难改变。因此，我多年来较少受理二审辩护案件，更少受理申诉案件。

接待

委托人是被告人杨女士的丈夫。他说自己曾在部队担任副团职军官，转业后在某局任副局长；杨女士文化程度不高，原在工厂上班，厂子关闭后就没了工作；杨女士家里经济条件原本就不太好，又因为在外经商的侄子说有个好项目能赚钱但缺资金，她就把家里仅有的存款全部取出来借给侄子，不料侄子的项目失败，她借出的钱自然也就打了水漂。后来，侄子与人合伙开了一家养生餐馆。杨女士为了帮侄子早日赚钱以收回自己的借款，就到侄子店里帮忙，每天端茶倒水、洗碗打杂，不要一分工钱。

有一天，有名在养生餐馆就餐的客人突然发病死亡，因其食用的酒菜是杨女士上的，她被拘留了。为了争取死者家属谅解，杨女士丈夫东挪西凑赔了死者家属68万元，死者家属出具了同意取保候审的谅解书，杨女士获取保候审。

一审判决前，法院听取被害人一方的意见。死者家属说当初出具谅解书只是同意取保候审，并没有同意判缓刑，要求法院判处被告人实刑。因被害人家属不谅解，法院将杨女士收监，并判处其有期徒刑三年，没有适用缓刑。

杨女士丈夫说自己已经倾尽全力，不惜举债赔偿被害人，结果却成了这样，而且现在再也拿不出多少律师费了。但是，他认为妻子确实有些冤，请求我帮忙为她辩护。

我看了他带来的一审判决书，又打电话向一审辩护律师了解了情况，觉得这个案件的处理有些不太寻常：餐馆经营者既没有承担主要的赔偿责任，也没有被追究刑事责任；杨女士只是一个免费帮手，不但赔了大部分的钱，还被追究刑事责任。我决定受理此案。考虑到杨女士无业，家里仅有的积蓄被亏掉，为了赔偿被害人又欠了债，我于是决定"帮这个忙"，象征性地收了一点律师费，办妥了相关手续，就到市中院阅卷。

阅卷

在中院阅卷时发生了一个小插曲。

负责接待的女士把几本案卷给我以后说："你可以在这里查阅、摘录或复印，但是不准整本复印。"

3. 养生酒案：帮手成了替罪羊

以前听说过有律师阅卷被刁难的情况发生，以致最高人民法院、最高人民检察院（以下简称"两高"）时不时发文强调保障律师的阅卷权，但是我好像还没有遇到过这种情况，便决定好好理论一下这事儿。

我说："关于律师阅卷，法律规定可以查阅、摘录和复制，既然可以复制，那么就意味着可以部分、全部复制卷宗，至于复印多少，由律师根据办案需要决定。而我认为复印全部卷宗更有利于本案辩护，毕竟法律并没有禁止律师复印全卷啊。"

该女士说："这是我们法院的规定，不能复印全卷。"

"法院是依法办案的地方，法院的规定得于法有据才行。"虽然不能跟司法人员动情绪，但道理还是要讲清楚的。

这句话好像惹她不高兴了，她的声音提高了不少："就是不能全卷复印！你要复印就复印，不复印的话我拿走了。"

好吧，跑一趟法院也不容易，只要对办案影响不大，先随她吧，以后有时间再慢慢处理这事儿。于是，我翻看了几本案卷，在每一卷中分别找了一页没有实质内容的折起来，然后要求她把其他内容都复印一份。

唉，这样折腾又何必呢？

案情

经查阅法律文书和案卷材料，案情大致是：

杨女士的侄子与人合伙开的这家养生餐馆，营业执照上载明的"类型"是"个体工商户"，养生酒是从一个专门配制养生酒的人那里进的货。餐馆开张后，因酒菜有特色而生意兴隆。事发当天，附近一个研究所的十个人前来聚餐，点了一桌养生菜和几瓶养生酒，其中一人在吃菜喝酒过程中当场发病，送医不治。后经尸体解剖、生化检验发现，死因是该名客人对养生酒中的一味中药过敏。于是，当地公安分局决定立案侦查。

杨女士听说有客人出事后，主动去公安分局把餐馆是谁经营的、是谁决定又是从哪里买的养生酒等一五一十地告诉了侦查人员，侦查人员将酒店经营者、养生酒炮制销售者都抓获归案了。然而，在后续的拘留、起诉和审判程序中，除了那个卖养生酒的，餐馆经营者只是赔偿7万元，餐馆一方被追究刑事责任的只有杨女士一人。

定性

从立案侦查到一审判决，这个案件的案由也几经改变：公安分局立案侦查、拘留和取保候审的文书上填写的罪名都是"生产销售有毒有害食品罪"，而检察院提起公诉时的罪名却是"销售不符合安全标准的食品罪"，辩护律师提出以"过失致人死亡罪"定性处理，一审法院以"过失以危险方法危害公共安全罪"定罪判刑。也就是说，在一审程序中，侦、控、辩、审四方竟然分别提出了四个罪名。

辩护

经仔细查阅案卷材料，认真研究相关法律，我发现对杨女士追究刑事责任并让她承担主要的民事赔偿责任（总共75万元赔偿款，她承担了68万元）是不公正的，于是提出了本案的第五种处理意见：无罪。

我作无罪辩护的主要理据是：杨女士没有违犯任何公法义务，也不负有任何私法义务。

无论如何定性，公检法三家认定的罪名都属于法定犯（或"行政犯"），而法定犯罪名的成立，既要以行为违反公法上的义务为前提，又要求行为符合刑法上的犯罪构成要件。如果被告人没有违反任何公法义务，那么其行为是不构成法定犯的。本案涉及的公法规范有三种：一是关于养生餐馆市场主体地位的行政法（《城乡个体工商户管理暂行条例》），二是关于经营者与消费者关系的社会法（《消费者权益保护法》），三是关于产品质量的经济法（《产品质量法》）。

《城乡个体工商户管理暂行条例》及其实施细则明确规定，个体工商户的人员分为两种：一是个人、家庭经营者，二是帮手、学徒。关于个体工商户的法律责任，该条例第4条第1款明确规定，"个人经营的，以个人全部财产承担民事责任；家庭经营的，以家庭全部财产承担民事责任"。也就是说，对于个体工商户经营过程中发生的问题，承担责任的是经营者而不是帮手、学徒（当然，帮手、学徒实施的与经营无关的行为应自负其责）。本案被告人杨女士，不是餐馆的经营者，甚至连帮手、学徒都不是。按照她在餐馆实际从事的活动看，她免费干的是类似帮手的活，她按照经营者的安排从事的活动，即使违反公法义务，也应当由餐馆经营者承担法律责任。养生餐馆买卖养生酒，是经营者决定的，所得利润也是归经营者所有，帮手、学徒既无决定权，也无受益权。

按照《消费者权益保护法》和《产品质量法》的规定，经营者向消费者提供商品或者服务，应当依照《产品质量法》和其他有关法律、法规的规定履行义务；造成消费者或者其他受害人死亡的，经营者应当支付丧葬费、死亡赔偿金以及死者生前扶养的人必需的生活费等费用；构成犯罪的，依法追究刑事责任。

涉案养生酒由餐馆经营者决定买卖并获益，杨女士在餐馆只从事类似帮手的劳务活动，也不领取分文报酬，不过是机械地从吧台或厨房把客人点好的酒菜端到客人的包厢而已。包括帮手在内的一般人对这种养生酒能否销售、是否合格，既没有公法上的强行义务，也没有私法上的注意义务。在我国，药食同源，有些东西在中医院是中药，在日常生活中是食品或滋补品。诸如用白酒浸泡杨梅、人参、蛇等用来滋补养生，在日常生活中就很很常见。因此，要求帮手、学徒对其端上桌的酒食负法律责任,既不合理也不现实,帮手、学徒既无义务也无能力识别其优劣好坏。

形成辩护意见后,我按规定约见中院的主审法官,要求要么开庭审理,要么当面口头发表辩护意见。

法官:"二审案件除非有新证据,一般书面审理,不会开庭审理。"

我说:"不开庭可以,但是我要当面发表辩护意见。希望您能安排半个小时,我到法院以口头方式当面发表意见。"

他说:"你还是把书面辩护意见寄过来吧,我会认真看的。"

我说:"司法诉讼以直接言词为原则,虽然法律也规定二审案件可以书面审理,但是本案在一审和审前程序中各方争议巨大,事实认定和法律定性存在严重分歧,况且我要做的是无罪辩护,我觉得您直接'听取'我的口头辩护意见会比'阅取'我的书面辩护意见更有利于案件的公正审理。"

我之所以执着于要求开庭或者当面发表辩护意见,是因为曾经的司法经历告诉我,在案多人少的情况下,对于律师提交的长篇辩护意见书,司法人员是不大可能花半小时、一小时去认真看你怎么论证的,更多的是随手翻翻,看看一级大标题。除非法官、检察官也发现了问题,对案件的看法与辩护人的意见相同或者接近,他们才会认真对待辩护意见(我曾为某一审判决死刑立即执行的上诉人作事实不清、证据不足的无罪辩护,上诉人后被改判死缓,得以保全性命。多年后,我在一会议上遇到该案主审法官,他说自己当时发现一审证据有些问题,就认真看我的辩护意见是怎么论证的,然后他以事实不清、证据不足为由建议发回重审,后经院审委会讨论,他直接改判上诉人死缓)。

法官同意见面。

原本约定半个小时,后来谈了将近一个小时。

3. 养生酒案：帮手成了替罪羊

法官倒也坦率："看了案卷，觉得一审判得没啥问题，听你这么一说，还真有问题。不过，是否改判，程序你是知道的，得经过庭长、分管院长，他们同意后才可能建议院长提交审委会讨论，再按少数服从多数原则表决。何况，庭长、分管院长是否同意提请院长提交审委会讨论也未可知。"

法官说的没错，后来果真还是维持了原判，杨女士被送监狱服刑。

4. "海上盗捞第一案"辩护记

受理"海上盗捞第一案"

2008年9月21日　星期日

今天,经同事介绍,我与来自福建的委托人见面。他既不是当事人,也不是当事人家属,而是当事人的儿子的同学。

案件当事人是名厨师,在一艘海上工程作业船上打工,给船员们做饭,目前在押。当事人的儿子是武警某部支队长,父亲被某海警支队拘留时,他正在拉萨执行任务,任务刚结束又发生5·12汶川地震,他所在的部队受命开赴震区抢险救灾。

父亲关押几个月后,儿子才得以请假回乡处理父亲的事情。他从西南灾区飞到东南沿海,找自己的同行了解父亲案子的情况。

办案单位某海警支队两块牌子一套班子,作为侦查机关履行犯罪侦查职能时挂"某省公安厅边防总队海警支队"牌子,同时又属于武警序列,挂"中国人民武装警察部队某省边防总队海警支队"牌子。也就是说,本案侦查机关负责人和当事人的儿子都是武警部队的支队长。

海警支队长对当事人的儿子说:"咱们都是武警警官、团职干部,纪律要求是相同的,得依法办事,你父亲的案子我没法帮忙。不过,你可以委托律师给他辩护。"当事人的儿子一听觉得有理,就拜托自己昔日同学帮忙委托律师,他自己又返回灾区继续工作。

据委托人介绍,案情大概是这样的:

2008年3月13日,注册于非洲某国、隶属于巴拿马某公司的NEW HZ号货轮载运价值4000余万元的9100余吨各类钢材,拟从我国天津港出发经越南胡志明市前往欧洲某港口,途经东海某岛海域距我国领海基线23海里处时,因机舱进水沉没于50米深的海底。

因船上货物分属两个不同的货主,投保的保险公司也不止一家,各方就理赔和是否打捞产生分歧。经咨询打捞公司,钢材价格每吨5000元,而每吨钢材打捞费用居然近3000元,并且被海水浸泡腐蚀过的钢材只能打折销售。若打捞费用高于钢材残值,除非因为污染环境或者影响航运安全而被政府主管部门要求必须清除,否则无论船东、货主还是保险公司,都不会再去亏本打捞。

根据交通部1957年10月发布的《打捞沉船管理办法》,自船舶沉没之日起一年没有申请打捞或者打捞期限届满没有打捞,沉船所有人丧失所有权。根据法律原理,保有所有权的物,如果因为遗失、埋藏、漂流、失散、沉没等原因而与权利人脱离,就属于所有权人虽有权利但无占有的"脱离物"。

2008年4月底,沉船地附近沿海有人从潜水员处得到NEW HZ号货轮的沉船信息和精确的经纬度。与此同时,因近海渔业资源枯竭而合资一千多万元购买KS9号、XH168号两艘工程作业船转产清淤打捞作业的30多名福建渔民,刚刚完成上海黄浦江世博会江段的清淤打捞工作,正在为寻找活计发愁。这些渔民得到沉船信息后,立即分别与当地人商定,福建渔民用其工程作业船从沉船上打捞钢材,当地人负责变卖,销售得款双方按比例分配。

KS9号于5月5日开始打捞钢材,XH168号也见缝插针,趁KS9号不作业时前往打捞。

当地海事局发现有作业船未经审批擅自打捞作业后向省边防总队海警支队报案,海警支队于2008年5月7日、8日分别将

XH168号、KS9号打捞船抓获,两船分别有18人、17人被刑事拘留、批准逮捕。

海警支队查实,两船打捞钢材价值300多万元。因无证据证明两船有共同犯意,海警支队将两船分成两个案件处理,以盗窃罪分别移送检察院审查起诉。

经初步检索,因水上打捞沉船、沉物而引发的民事诉讼、行政诉讼并不罕见,但是海上打捞沉船、沉物被追究刑事责任的似乎还没有先例(属于文物或者涉及污染环境的除外),这很可能是我国海上打捞第一起刑事案件。

误上"贼"船的厨师被取保候审

2008年10月24日　星期五

持律师事务所(以下简称"律所")公函和委托手续前往检察院阅卷、到看守所会见在押的嫌疑人以后,我与同事一起仔细研究案件事实和法律规范,检索有关案例和学术资料,发现这种情况追究刑事责任的还真是首例。既然是首例,辩护意见得更加慎重。经过反复讨论,大家达成共识:这是一起无罪案件,不应该以盗窃罪追究刑事责任!无罪理由主要有三:

一是行为对象决定本案不可能构成盗窃罪。本案嫌疑人打捞对象是沉船上的沉没物,沉没物的法律地位是脱离物,权利人对沉没物虽享有所有权,但是已因其沉没而丧失占有。盗窃罪的客观要件是以窃取方式剥夺他人对自己财物的占有,盗窃对象一定是他人占有的物。本案权利人已丧失对沉没物的占有,但其丧失占有这一结果并不是嫌疑人打捞行为造成的,而是海难沉没这一客观原因造成的。权利人原本就丧失占有,嫌疑人不可能去剥夺不存在的占有。因此,沉没物不是盗窃罪对象,打捞沉没物的行为缺乏盗窃罪

"剥夺占有"这一客观要件。

二是占有脱离物只能成立普通的侵占罪，而侦查机关、检察机关对侵占罪是没有管辖权的。从《中华人民共和国刑法》（以下简称《刑法》）第270条第2款的规定看，脱离占有物（遗忘物、埋藏物）只能成为"阻却占有"类财产犯罪中告诉才处理的侵占罪的对象，而不可能成为"剥夺占有"类财产犯罪中公诉之罪盗窃罪的对象。沉没物在法律上的地位与埋藏物相同，本案即使要追究刑事责任，充其量也只能适用《刑法》第270条第2款规定的侵占罪。然而，侵占罪是告诉才处理的犯罪，对这种犯罪，侦查机关和检察机关是没有管辖权的。也就是说，对于本案，海警支队是不能立案侦查的，检察院也是不能批捕起诉的。

三是无论该船的作业是否构成犯罪，都不应追究厨师的刑事责任。嫌疑人作为海上工程作业船雇用的厨师，既没有犯罪故意，也没有犯罪行为，更不会参与分赃。同时，打捞沉没物是全体船东集体开会决定的，厨师不是该船的船东，没有参加过船东们的会议；厨师的岗位职责是在船上做饭，他受雇上船时并不知道该船作业的性质；即使后来知道了船员们在实施打捞作业，他也不知道这种作业是否合法；即使他后来知道打捞作业的性质，也因船舶离岸达23海里而无法脱身。在这种情况下，追究厨师的刑事责任，不免客观归罪、强人所难。

基于以上理由，我们请求检察院对厨师依法作出不起诉处理。考虑到该案全部嫌疑人都是经检察院批准逮捕的，不起诉处理意味着检察院办错了案件，而一般来说检察院不太可能主动承担错案责任。也就是说，检察院不大会作出不起诉决定。因此，我们建议检察院考虑厨师的职责作用与其他人有明显区别，先将强制措施变为取保候审为宜。显然，这个建议比无罪辩护意见更容易被接受，也果然为检察院所采纳。

在两船共35名在押犯罪嫌疑人中，厨师是唯一在审判前程序中被取保候审的。

唯一被判处实刑的从犯

2009年7月23日　星期四

在后来的审判中，厨师跟其他从犯一样被减轻处罚，判处了缓刑。虽然他还是被定了罪，但毕竟免了牢狱之苦。虽然逻辑上定罪思维难以自圆其说，但事实上我的辩护任务也算完成了，家属也对我的工作表示满意，毕竟对于农民来说缓刑并不会带来纪律处分、剥夺职业资格等其他后果。实际上，就算是无罪案件，被判缓刑通常也能被多数的当事人接受（当然，有些当事人对定性非常在乎，后文就有当事人不认罪却被判了缓刑，然后执着地上诉、不停地申诉）。看上去很无奈，但这就是司法诉讼中存在的一个现实。

根据有关避免利益冲突的规定，同一律师不能为同一案件的两名被告人辩护。但是，正如前面所说，两艘船舶涉嫌的犯罪事实分别发生、没有关联，海警支队是按两个独立案件办理的。另一艘船舶一船员家属得知我成功为厨师申请到取保候审，也找上门来请求我为该船员辩护。两个案件的法律问题基本相同，无须重复研究论证，我就接受了委托。

然而，诉讼的结果却截然相反。

原来，在所有从犯中，只有这名船员是有前科的，而且他的前科非同寻常，他曾经因犯特务罪而被定罪判刑。去看守所会见时，我了解到他的犯罪前科：他在做渔民时，经常驾驶渔船在台湾海峡捕鱼。有一次，来自对岸的一艘船靠近他的渔船，问他能不能弄到大陆的军队内部报刊，可以换巧克力。于是，他就从同村军属家中拿了内部报纸去换对岸的巧克力，并因此被司法机关认定为特务机关提供情报而构成特务罪。

正是因为这个前科,在该船17名被告人中,除2名主犯被判处有期徒刑十四年外,他是所有从犯中唯一被判处实刑有期徒刑五年的人,其他十几名从犯都被减轻处罚,判处了缓刑。

看来,要想得到理想的处理结果,既要有精准的辩护,也要看案件自身的情况。有些案件,的确存在辩护空间受限的问题。

5. 人生没有如果

2011年2月22日　星期二

与刑事相对应的是民事，与为犯罪嫌疑人、被告人辩护相对应的业务是代理被害人参加诉讼。子曰："未知生，焉知死？"同理，不懂民事，往往也难以理解刑事。而在自然犯案件中，要更好地为被告人辩护，往往先得做好被害人的工作。本篇就说说与刑辩相对应的民事业务和被害人代理吧。

在我的律师职业生涯中，有过两个"唯（第）一"。

一是迄今为止只代理过一件民事案件。我经常在课堂上开玩笑地告诉同学们或学员们，我虽是一个刑事律师，但是我代理的民事案件胜诉率是百分之百，因为自从律师执业以来我只代理过一件民事案件而且胜诉了。那是一件担保合同纠纷再审案，在省高院再审开庭时，我以申诉人（一审原告、二审上诉人）代理人的身份出庭，法庭采纳了我的代理意见，申诉人转败为胜。省高院再审判决原审被告之一的担保人履行原告诉请的几百万元担保责任，而不是原一审判决、二审裁定判定的几百元担保责任（三方当事人签订借款合同时因笔误把担保条款中的担保数额漏写了一个"万"字，原一审、二审法院按合同字面含义判决，再审时省高院认定合同存在笔误，采纳了申诉人的主张和我的代理意见）。

二是代理因媒体大量报道而引起社会广泛关注的"甲壳虫"撞

人案刑事被害人参加诉讼。检察院以故意伤害（致人死亡）罪对驾驶"甲壳虫"轿车的孙某提起公诉，我以被害人诉讼代理人（而不是被告人的辩护人）身份出席庭审、履行职责并且胜诉，我的代理意见被法院采纳。这是我第一次以被害人诉讼代理人的身份出席公诉案件的庭审。该案一审刑事判决书既未采纳控方关于被告人犯故意伤害（致人死亡）的指控意见，也未采纳辩方关于本案不是故意犯罪、只构成交通肇事罪的辩护意见，而是以较大篇幅采纳了我关于被告人的行为构成故意杀人罪的代理意见（相关报道较多，当地媒体报道附后）。也就是说，第一次当被害人诉讼代理人，我胜诉了。

后一个案件的办理之所以值得一记，是因为它涉及两个问题：一是制度意义上的被害人法律地位问题，二是生活意义上的小不忍则乱大谋问题。

从制度上看，顾名思义，刑辩律师就是为刑事案件犯罪嫌疑人、被告人提供辩护服务的律师。但是，律师的刑事业务不限于为犯罪嫌疑人、被告人提供刑事辩护，还包括为被害人提供代理服务、为企业提供刑事合规以及其他非诉讼法律服务。也就是说，刑事律师业务由刑事辩护、刑事代理、刑事合规和刑事非诉讼业务构成。在我的律师职业生涯中，曾经有过为数不多的几次为刑事被害人代理的经历。其中，引起媒体广泛关注的就是这起"甲壳虫"撞人案，该案被害人因被"甲壳虫"轿车撞击已经死亡，他的弟弟委托我担任代理人参加诉讼。

我清楚记得，当我持被害人家属委托书、律所公函前往法院办理阅卷手续时，法官惊讶地说："被告人不是已经赔偿了被害人一方90万元、附带民事诉讼赔偿问题在提起公诉前已经了结了吗？"我答："是的，法官。不过，我今天来不是以附带民事诉讼原告代理人的身份参加诉讼，而是以公诉案件被害人诉讼代理人的身份参加诉讼。1996年《刑事诉讼法》修改后，被害人就是适格的公诉案件当事人了。当事人有权亲自出庭,死亡当事人的近亲属有权委托诉讼代理人出庭参加诉讼,与公诉人一起履行指控职能。"可能是因为司法实践中被害人出庭的情况极少,以致法官一下子没有反应过来,经过我这一番说道,法官若有所思地说:"那好吧,过些天我会通知你的。"果然,我很快就接到法官的通知,要我以被害人诉讼代理人的身份出席庭审履行职责。开庭那天,我的席位被安排在公诉人席旁边,曾经当过十几年公诉人的我,再次坐在指控的一方与公诉人并肩作战,感觉甚是奇妙。

按法律规定,在法庭辩论环节,先由控方的公诉人发表公诉意见、被害人诉讼代理人发表代理意见,再由辩方的被告人及其辩护人发表辩护意见。

轮到辩护人发言时,没想到他一开始就说:"审判长,今天审理的是检察院提起公诉的孙某故意伤害案,作为公诉案件,被害人一方无权出庭,因此在接下来的辩论中,我只针对检察机关的起诉书和公诉人的公诉意见发表辩护意见,对被害人诉讼代理人的意见不予回应。"

我一听就乐了。第二轮辩论中,在针对辩护人关于本案应定性为交通肇事的辩护意见发表答辩意见前,我说:"《刑事诉讼法》早已修改,被害人作为当事人,当然有权亲自出庭或者委托诉讼代理人出庭,与检察官一起履行指控职能。在被害人已经遇害的情况下,其近亲属委托律师作为诉讼代理人出庭是当事人的重要诉讼权利。法庭已经依法通知本人出庭,本人也当庭发表了本案应该定性为故意杀人罪这一不利于被告人的代理意见。辩护人作为为被告人提供辩护服务的诉讼参与人,回应公诉人和被害人诉讼代理人的指控意见,既是辩护律师与被告人法律服务合同约定的也是《刑事诉讼法》规定的辩护人职责。如果你不回应本人的代理意见,而本人的意见又被法庭采纳,那你如何向委托人解释你是否尽到了职责?"

果不其然,一审判决既未采纳公诉机关主张的定性为故意伤害的指控意见,也未采纳辩护人主张的定性为交通肇事的辩护意见,而是采纳了我主张的定性为故意杀人的代理意见。同时,鉴于被告人有自首情节,又已赔偿被害人一方的损失,法院依法以故意杀人罪从轻判处被告人孙某有期徒刑十五年,剥夺政治权利三年。

业界之所以对被害人诉讼地位存在错误认知,是因为长期以来被害人的确不是诉讼当事人。但是,被害人的诉讼地位并非一成不变的,而是经历了一个变化的过程。20世纪中叶,人类社会诞生了一门新的学问即"被害人学",这是一门法学、社会学、犯罪学的交叉边缘学科。世界各国开始反思传统的以被追诉人为中心的刑事诉讼制度,呼吁强化刑事诉讼中的被害人权利保障,提升其法律地位。在我国法制重建后的1979年制定的第一部《刑事诉讼法》中,被害人只是普通的诉讼参与人,不是案件的当事人,其法律地位跟证人更接近,刑事公诉案件的当事人限于犯罪嫌疑人、被告人。1996年修正的《刑事诉讼法》第82条第2项规定,"'当事人'是指被害人、自诉人、犯罪嫌疑人、被告人、附带民事诉讼的原告人和被告人"。把被害人从普通的诉讼参与人提升为当事人。(补记:在被害人权利保护这个问题上,我国的刑事诉讼法比日本先进多了,看过江歌案法庭审理报道的读者大概都知道,在日本,被害人一方是无权以当事人身份出庭的。)

从生活意义上看,本案双方当事人各有自己的人生轨迹,素无任何交集:被告人孙某从澳大利亚留学回来,跟自己的爱人来宁波慈溪生活,美好人生才刚刚开始;被害人叶某作为当地一普通市民,完全是机缘巧合,与驾驶"甲壳虫"轿车的孙某萍水相逢。出事那天的一早,因受前一天台风影响,地面积水,双方因溅水发生争执,在叶某已经驾驶摩托车离开的情况下,孙某驾车加速追上叶某并撞击行驶中的摩托车,致叶某被撞飞,落地后又被路过的出租车碾压。

结果是,一方死亡,一方获刑又赔偿,真是小不忍则乱大谋,何苦来哉!

如果时光可以倒流,我想当事人一定会有新的选择。只是,人生没有如果。

附相关新闻报道:

慈溪"甲壳虫"撞人案一审判决[①]

- 被害人代理律师意见被采纳,法院定性为故意杀人罪
- 被告人孙某被判处有期徒刑十五年,剥夺政治权利3年
- 孙某有自首情节,案发后已赔偿被害人亲属90万元

金报讯(记者 陈善君)昨天下午2点20分,备受社会关注的慈溪"甲壳虫"车撞人案在慈溪浒山法庭作出一审判决。

宁波市中级人民法院以故意杀人罪判处被告人孙某有期徒刑十五年,剥夺政治权利三年。

10多名特警维持法庭秩序

昨天下午,慈溪浒山法庭外许多法警在维护现场秩序,门口设置了电子安全门,对出入人员和携带的皮包作严格检查。警方还动用了10多名特警,头戴钢盔、身穿迷彩服,警戒严密。

当天下午2时20分,法庭准时开庭。因为直接宣判,公诉方、被害人、被告人、被告人代理律师都没再到场。被告人孙某被3名法警带上法庭。在宣读完法庭纪律后,随着一声法槌响起,法官宣布全体起立,宣读判决书。

判决书说,2007年9月19日上午,被告人孙某驾驶一大众"甲壳虫"轿车载着妻子在浙江省慈溪市青少年宫路一餐饮店门口欲停

[①] 参见陈善君:《慈溪"甲壳虫"撞人案一审判决》,搜狐新闻,2008年2月23日,http://news.sohu.com/20080223/n255312691.shtml,2021年2月28日访问。

靠时,因车轮将路面积水溅到路经此地的男子叶某脚上,叶某便用脚踢轿车车身,孙某下车后与叶某发生争吵并扭打,后被孙某妻子劝阻。孙某启动轿车准备到其他地方停车时,叶某骑摩托车至孙某的轿车旁,用手拍打轿车车窗并指责孙某,之后驾摩托车离开。孙某驾车加速追上叶某后,故意用轿车左侧车头碰撞叶某驾驶的摩托车右侧尾部,致摩托车摔倒,并被迎面驶来的出租车碾压。送医院抢救无效,叶某于当日上午死亡。事发后,孙某坐在自己车上拨打110报警电话向公安部门投案。

案发后,被告人孙某一次性支付被害人亲属因叶某死亡而遭受的经济损失共计人民币90万元。

定性为故意杀人罪

法院认为,被告人孙某因琐事与他人发生纠纷,为泄愤竟在城市机动车道上加速驾驶汽车故意碰撞他人行驶中的摩托车,致他人死亡的事实清楚,证据确实充分。被告人孙某主观上明知自己驾车撞击摩托车的行为可能造成他人伤亡的后果,但仍不计后果地实施,放任被害人死亡结果的发生,其行为已构成故意杀人罪。

关于辩护人提出的孙某行为宜定性为交通肇事罪的辩护意见,法院认为,构成交通肇事罪的主观方面必须是过失,而被告人孙某为发泄对被害人的不满,驾驶汽车进行所谓的"别"摩托车的行为,是在其主观意志支配下故意实施的行为,直接导致被害人被撞倒在地并遭其他车辆碾压;被告人孙某在他人及摩托车倒地后仍未采取刹车措施,之后又坐在车上未采取任何救助措施,进一步表明其主观上具有放任他人死亡的心态。由此可见,孙某主观上并非出于过失,而是不计后果实施的故意杀人行为,被害人的死亡与其行为具有刑法上的因果关系。出租车介入因素及其造成的损伤程度,并不影响对被告人犯故意杀人罪的定性。故法院认为,辩护人的辩护意见与事实和法律不符,不予采纳。

孙某有自首情节

同时,法院认为被告人孙某在案发现场拨打110报警电话向公安机关自动投案,直至被公安人员带离现场,归案后又如实供述了自己故意驾车碰撞被害人摩托车的主要犯罪事实,其行为应认定为自首。根据被告人犯罪的事实、性质和被害人死亡原因存在第三方介入因素等情节以及案发后被告人能投案自首且经调解其亲属积极赔偿了被害人一方的经济损失,对被告人孙某依法可从轻处罚。

6. 从法学院到学法院

2011 年 3 月 6 日　星期日　惊蛰

在刑事诉讼中,控辩职能平等对抗。本篇讲述一个自己在检察院任职时经历的刑事指控故事。

我清楚地记得,到检察院上班不久,跟着刑事检察二科(公诉部门)老科长去提审一个涉嫌故意伤害犯罪的嫌疑人。① 中学文化程度的老科长负责讯问,重点大学毕业的我负责记录。

老科长问:"你的案件由公安局侦查终结移送我院审查起诉,公安局的意见是以故意伤害罪对你提起公诉、追究刑事责任。你是否

---

① 20 世纪八九十年代,市县两级检察院的刑事检察部门中,主管审查批捕的部门叫"刑事检察一科",主管审查起诉的部门叫"刑事检察二科",后来分别改名为"审查批捕科""公诉科",再后来改成"监查监督科""公诉科"。2013 年后,有些地方的检察院开始探讨内设机构捕诉合一,尝试将批捕、起诉部门合并;2019 年 1 月 3 日,在国务院召开的新闻发布会上,最高人民检察院(以下简称"最高检")检察长说专家学者对捕诉合一的改革最初是质疑的态度,通过到江苏、吉林等地检察院考察,而今已达成共识。与此同时,影响检察院内部机构设置的另一个重大事件是 2017 年开始试点、2018 年成立的新的国家机构国家监察委员会。国家监察委员会成立后,大部分职务犯罪的侦查职能从检察院转隶给新成立的国家监察机关,本来被各级检察院视为头牌业务的反贪反渎职等侦查业务大部分被剥离,反贪局、反渎局和职务犯罪预防部门划转监察委员会。于是,最高检统一推行捕诉合一:最高检设 10 个检察厅,地方各级检察院设 9 个到 7 个不等的检察业务部,通常前几个部主管刑事检察业务,负责普通刑事案件、重大刑事案件、经济犯罪案件、职务犯罪案件和未成人刑事案件的审查批捕、起诉和刑事法律监督等检察业务,其他几个部分别负责民事、行政和公益诉讼检察以及对司法人员渎职犯罪案件的侦查、控告申诉等业务。

犯有故意伤害罪?"

嫌疑人答:"我是打伤了人,可我不是故意的。"

我的第一反应是:糟糕!公安局起诉意见书上明明写着他是故意伤害啊!这是不是翻供了?

然而,老科长却不急不躁,就像什么事儿也没有发生一样,接着问:"人是不是你打伤的?"

嫌疑人答:"我承认我打了他,他也受了伤,可我真的不是故意让他受伤的!"嫌疑人明显急了起来。

老科长依然不急不躁地问:"那你说说看,你是如何打他的。"

嫌疑人于是把两人发生争执的过程详细说了一遍,然后辩解:"原本没有想着去故意伤害他,可是他实在太不讲理了,我只想给他一个教训,就随手用干活的铁锹柄戳了他肚子一下。他的肚子看上去好好的,没有被戳破更没有流血,谁想到他会脾脏破裂受伤啊!我真的不是想故意伤害他的。"

听了嫌疑人这些辩解,"故意伤害""过失伤害""意外事件"这些法律概念立即浮现在我的脑海:这些概念的定义是什么?相互之间如何区分?这个嫌疑人说的是真的还是假的?这些问题一时间让我感觉不知所措。

我一边记录一边看了一眼依然不急不躁的老科长。

老科长接着问:"在你戳中他之前,他是否正常?有无其他人打了他?"

嫌疑人说:"他正常的,除了我戳了他一下,没有人打他。"

老科长问:"你拿铁锹柄戳他的时候,情绪如何?"

嫌疑人说:"当时心里很气,有点儿激动。"

老科长问:"戳中他的时候,用力大还是小?"

嫌疑人说:"既不是用尽力气戳他,也不是轻轻碰他。"

老科长问:"你戳中他以后,他的情况如何?"

嫌疑人说:"过了不一会儿,他就捂着肚子蹲下了。后来看他疼得很,我就赶紧送他去医院了。"

老科长问:"用铁锹柄戳人的肚子,伤到内脏的可能性有吗?"

嫌疑人说:"可能性是有的,不过我真的不希望他受伤。都怪我当时不冷静。"

老科长问:"愿意赔偿吗?"

嫌疑人说:"愿意。"

老科长问:"后悔吗?"

嫌疑人说:"后悔。"

然后,老科长就结束了讯问。我让嫌疑人核对笔录并签名捺印后,与老科长打道回府。

路上,我问老科长:"这个案件咋办呢?他不承认是故意伤害。"

老科长说:"他不是交代得好好的吗?"

我问:"他不是不止一次说自己不是故意的吗?"

老科长说:"是否故意,又不是凭嫌疑人自己说说的。不过,这个嫌疑人还是诚实的,他的交代与其他证据证明的事实是相符的。他虽然反复说自己不是故意的,其实他的真实意思是说他不是直接故意,即他不希望对方受伤,毕竟大家都是村邻,也没有什么深仇大恨。但是,他明知用铁锹柄戳人有可能致人受伤,仍然因为气愤而不管不顾地戳了过去,事实上也造成了他人脾脏破裂这一重伤结果。这就是你们大学里学过的间接故意啊!而'间接故意'的概念,在普通人的词典里是不存在的。普通人所说的'故意'往往都是指直接故意。因此,他讲自己不是故意的,是指自己没有直接故意。但根据证人证言、法医检查报告与鉴定意见证明的事实,结合他的供述,可以认定他明知自己的行为有可能造成致人伤害的结果而仍然实施了这一行为,并且造成了重伤的结果。这正是虽不希望但却放任的心理状态,是典型的间接故意伤害犯罪。"

原来如此！

法律人就像翻译家，要学会在法言法语和日常用语之间来回穿梭。"我不是故意的"，日常生活中常常听到的这句话，并不能在法律上否定犯罪故意。因为犯罪故意包括直接故意和间接故意两种形态，当事人说这句话只是要辩解其不是直接故意犯罪，而不能否定其犯罪故意，其供述往往能表明其心理状态是间接故意。作为公诉人，不能因为嫌疑人说"我不是故意的"就认为他态度不好，而应当仔细分析其辩解在法律上的真实意义。

在刑事辩护中，只有先弄清楚每一个法律概念的精确含义，再将它与生活中的具体事实一一对应，才能形成有效的法律服务技术方案。这也许就是刑辩领域的"知行合一"吧。

在法学院念书与在公检法办案，都是在与法律和法律事务打交道，然而，法学院的研究学习与公检法的司法实践还是有不小的区别。

法学院的教学和研究更关注纸面上的法律。比如，立法机关为什么要制定法律？它制定的法律条文、规范含义是什么？如果同一个法条有两种以上不同理解、不同的法条存在着竞合或冲突又该怎么办？

公检法办案则更关注法律在现实生活中的实施。司法实践要面对一个个具体的案件，这些案件大部分是非常琐碎的事务。比如，张三把李四打伤了，张三是故意犯罪还是疏忽大意？是故意加害还是正当防卫？如果张三是故意伤害，那么李四对于犯罪的发生是否有过错？前面两个问题涉及案件定性即张三是故意伤害、过失伤害犯罪还是正当防卫行为问题，后面一个问题涉及案件处理即被害人对犯罪的发生有无过错问题，都会影响到对犯罪人的刑事责任追究。其中，对后果不是非常严重的刑事案件，如果被害人有严重过错，检察机关可以对嫌疑人不起诉，人民法院可以判处被告人缓刑甚至免予刑事处罚。

也就是说,法学院的教学和研究关注的是作为司法推理大前提的法律规范,而影响公检法办案的则往往是作为司法推理小前提的个案事实。虽然前提分大小,但是它们都不可或缺。

初读法学的人,往往满腔热情,怀着对正义的向往,以为学好了法律就等于掌握了终极真理,只要公正行事就可以令社会变得更加美好。而一旦到公检法工作就会发现,公检法办案过程中大部分的时间和精力都用在极为琐碎的细节问题上。比如,如何取证证明案件事实,如何阅卷和审查证据,如何排除非法证据,如何识别证据的真假,如何判断证据与待证事实有无关联,如何促成双方当事人的和解,等等。在法学院考得高分的那些法学理论知识似乎捉襟见肘、不敷应用了,事实往往不是理论找不到用武之地,而是不知道如何把理论知识变成解决具体问题的技术方案。

7. 季部长过山车般的人生经历

2011年3月21日　星期日　春分

"全体起立!"寂静的法庭上,随着书记员的一声令下,所有人都条件反射似的站了起来。

"经合议庭合议,现宣判如下:被告人季某某犯滥用职权罪,免予刑事处分。"

听到审判长宣告的这一判决结果,作为被告人的辩护人,我心中的一块石头总算落了地:被关押大半年的人民武装部(以下简称"人武部")季部长可以回家了!因为按照刑法规定,对判决无罪或者免除处罚的被告人,不必等到判决生效,应当立即将其释放。而就在此前不久,当我第13次到看守所会见被告人时,看守所民警还在说,他在这里上了几十年的班,所看到的只有两种情况:判得重的,都送进监狱了;判得轻的,只有刑满才能从这里走出去。他还没见过关了这么久却判无罪或者不判刑的"罪犯"。

好吧,总得有人开个先例。

季部长是一名部队转业干部,在一个镇上担任党委委员、人武部部长。人武部部长怎么会犯下了滥用职权罪呢?

原来,季部长是一个急公好义且嗅觉敏锐的人。

在一次饭局上,他听说用地指标很值钱,每亩12万元。用地指标可以通过土地整理项目增加土地面积而获得,并且可以跨行政区

7. 季部长过山车般的人生经历

域转让；土地整理项目的费用每亩1.2万元，在立项时可以获得上级政府预拨一半资金支持，项目竣工后再结算另一半。这样，政府可增加用地指标，如果自己不用这些地，将土地指标转让就能获得相当于土地整理费十倍的收益。同时，上级政府增加收入后会论功行赏，给下级政府分成，负责项目施工的人也能从中挣得一笔施工费。这真是一件利国利民的好生意。

季部长找到镇党委书记说了这事儿，按分工，土地整理工作应该由分管土地的副镇长负责，但既然是季部长提了这件事儿，书记就在党委会上提议由季部长负责本镇的土地整理工作。

肥水不流外人田，季部长找到自己的连襟，让他走村串户去找那些废弃的厂房、猪圈和宅基地，用来立项进行土地整理。可是，他的这个连襟能力太弱，项目无法推进。季部长遂决定亲自操刀。这样一来，季部长就集双重身份于一体了：既是镇政府分管土地整理工作的领导，又是土地整理项目的施工人。

恰在此时，县政府召开土地整理工作现场会议，分管县长召集各乡镇分管领导学习项目申报、施工、竣工验收的经验。据季部长说，现场会的一个主要内容是教大家如何"包装"，就是把事实上的一亩地包装成统计中的多亩地，以便为县里增加更多的用地指标。"包装"的办法就是利用山区相近的地形地貌搞张冠李戴，既要蒙过上级土地管理部门，也要蒙过国土资源部的卫星。

县里这样干的背景是，国家对耕地实行严格的数目字管理，不能因为城市化、工业化使耕地减少，全国的红线是耕地面积不得少于18亿亩。对于工业化和城市化建设所需要的土地，实行严格的指标管理；同时，鼓励各地通过土地整理增加耕地面积，进而增加建设用地供应，以满足城市化和工业化的用地需求。这样，每增加一亩耕地，就增加一亩建设用地指标，而增加一亩建设用地指标，就意味着政府可以多征收一亩地用于有偿出让国有土地使用权即俗称的"卖地"。低价征收的土地可以高价出让给企业用于工业建设,这中间的差价就是卖地的收入。在不少市县的财政收入中,卖地收入甚至能超过税收收入,成为地方财政收入的主要来源。退一步而言,即使土地使用权卖不出去,也可以把用地指标卖给沿海那些工业发达用地指标很紧张的市县。

季部长开完现场会以后脑洞大开,不但胆子大了,而且技巧也有了。他以少充多,虚报了大约50亩的土地整理数量,按照每亩预拨6000元的标准,多领了政府约30万元的土地整理费。问题是,项目竣工验收有严格的审批和监督,为了蒙过国土资源部的卫星,县国土资源局专门帮助季部长伪造了照片等资料。也就是说,镇政府的季部长在县国土资源局的帮助下骗取县政府下拨的土地整理费,而这一弄虚作假的套路又是县政府分管领导通过现场会传授给各乡镇的。当然,县领导也不傻,每亩地虽然要下拨1.2万元,但增加的用地指标每亩可卖12万元呐。

然而,季部长的土地整理项目最终未能通过竣工验收,还有约一半的土地整理资金也被卡住不拨了。非但如此,季部长虚报50亩地所得预拨款30万元这事儿还因此暴露了。季部长被检察院反渎局以滥用职权罪立案侦查,后检察院考虑到这事儿县政府也有责任,打算对季部长作不起诉处理。当时,最高检有规定,这种职务犯罪案件的不起诉决定必须报上级检察院审查。于是,案件被报到市检察院。

市检察院审查后认为季部长虚报土地整理数量骗取财政拨款的做法涉嫌贪污犯罪,根据当时的《刑法》,贪污10万元以上是法定刑十年以上的重罪,因此贪污30万元这样的案件显然不符合不起诉的条件。于是,县检察院就改以贪污罪把季部长给直接逮捕了。对于县检察院来说,虽然少了一件渎职案,但是多了一件贪污大案,考核计分时也不算吃亏。

7. 季部长过山车般的人生经历

季部长被逮捕前已经知道自己凶多吉少，于是趁我在当地给公务员讲课的机会找到了我，请求我为他辩护。我听了他讲的案情后，建议他即使可能被捕也千万不能逃避，对讯问要如实回答（这点很重要，因为事后我在案卷里看到了检察官对他的讯问笔录，问他最近见过什么人，他回答说见过我，但所谈内容限于法律咨询和准备委托辩护，律师要求他如实陈述辩解云云）。

案件由反渎局以贪污罪移送公诉部门审查起诉后，我去查阅、复制了所有案卷，然后去看守所会见了季部长。经阅卷、会见，我决定为他作两段辩护：一是贪污罪不成立，二是渎职罪可不罚。

主要的理由是：虚报土地整理数量的犯意由县政府提出，隐瞒真相的行为由县国土资源局实施，贪污罪的对象是公共财物，公共财物的所有权人是政府。本案事实上是上级政府为了增加建设用地指标而授意下级政府弄虚作假骗自己，指控下级公务员利用职务骗取公共财物显然不合适，与其说下级贪污，不如说上级教唆下级骗自己。本案实质上是县、镇两级政府为了共同利益合伙滥用职权，真正遭受损失的是耕地保护这一行政法益。综上，考虑到季部长既不是犯意提出者，也不是主要的行为实施者，更不是主要的受益者，可以免除处罚。另外，对始作俑者不追究责任，显然有违法律面前人人平等原则。最后，我请求对季部长按最初的方案处理：以滥用职权罪作出不起诉决定。

检察院采纳了我的定性辩护意见，不再指控季部长贪污，但未采纳我的不起诉处理意见，而以滥用职权罪对季部长提起了公诉。法院经过审理，增加认定季部长有自首情节。依刑法规定，犯罪较轻的，有自首情节可以免除处罚。最终，法院判决季部长犯滥用职权罪，免予刑事处罚。

从滥用职权罪、拟不起诉到贪污罪、可判刑十年并被逮捕关押，再到被定滥用职权罪并免刑获得释放，季部长的这段人生经历就像忽上忽下的过山车。不可否认，季部长最初提出搞土地整理项目增加耕地面积、增加用地指标、增加财政收入的动机是好的，但是在上级政府的错误领导下，好事儿变成了坏事儿。

问题是，公务员遇到上级错误的决定、命令该怎么办？其实，《中华人民共和国公务员法》（以下简称《公务员法》）早有规定，尽管该法历经两次修改，但这一条一直未变。2018年修订的《公务员法》第60条规定："公务员执行公务时，认为上级的决定或者命令有错误的，可以向上级提出改正或者撤销该决定或者命令的意见；上级不改变该决定或者命令，或者要求立即执行的，公务员应当执行该决定或者命令，执行的后果由上级负责，公务员不承担责任；但是，公务员执行明显违法的决定或者命令的，应当依法承担相应的责任。"

对于司法人员来说，无论是犯贪污罪还是滥用职权罪，都是法定犯，而办理法定犯案件不能只适用《刑法》，必须进行"双重违法性"判断：先根据行政法判断被告人的履职行为是否违反法定义务，若其履职行为违反了行政法规定，再看其行为是否符合《刑法》规定的犯罪构成要件，若不符合定罪要件，则不可认定其行为构成犯罪。

8. 酒后微醺、"车震"与测谎仪

2011年6月6日 星期一 端午节

在我辩护过的刑事案件中,难得遇见案情高度类同而结果大相径庭的案件,2011年办理的两起强奸案算是例外:都是熟人间的"车震",诉讼的结果却是一个无罪释放、一个判刑三年。在法学院读书时,我认为法律是确定的;有了司法诉讼经历后才发现,法律的确定性是有条件的,它有赖于司法的公正有效。

嫌疑人获得无罪释放的案件发生在华东地区一个美丽的山区县城。

2010年护士节那天,同科室的男医师(男主)与女护士(女主)的一次"车震"酿成了一件"强奸案",成为市民茶余饭后的热门谈资,正如当年杨乃武与小白菜的传言排在余杭城内茶馆热聊榜第一名一样。男主在被刑事拘留、逮捕、起诉、审理并关押了385天之后,今天(2011年端午节)获得释放(后来,检察院撤回了起诉,公安局以没有犯罪事实为由撤销了案件)。案情并不复杂,复杂的是一次普通出轨行为引发的人际关系百态和司法惯性,值得我们反思。

5月12日晚上,男主和两名女护士值班到午夜时分。因为这一天是护士节,两名女护士便要求男主请客。下班后,三人开车到某夜店喝酒,一个多小时共饮低度啤酒十几瓶。喝酒期间,女主说老公总是怀疑她出轨,烦得很,再这样无端怀疑,就真给他戴个"绿帽子"看看。

夜店监控显示,深夜两点,三人并肩下楼,步履正常。

男主开车先送另外一名女护士回家,再送女主回家。到了距离女主所住小区约200米的地方,男主将车子停下,爬到后座,二人云雨一番。其间,女主接到了丈夫的电话,对方质问她下班都两个小时了为何还没到家,女主应付几句后就挂了电话。

女主自述在性行为完毕后"坐在车里整理了一下心情",与男主聊了一会儿,然后下车步行回家。当时,男主说"还有一段路,开车送吧",女主觉得深更半夜的,熟人看见不好。

到家后,丈夫质问女主去哪儿了,女主未如实回答。丈夫拎起电话就打给了男主,问他刚才是否与女主在一起。没想到男主第一句就是:"对不起,我们今天是第一次!"丈夫一听火冒三丈,立即开车出去寻找男主。

县城不大,凌晨的街头没几辆车,丈夫很快就逮住了男主,又叫来几个朋友,将男主带到了宾馆房间谈判。男主自始至终坦白自己与女主发生了关系,但坚称系两相情愿。丈夫要求男主赔偿70万元,讨价还价十几个小时后降为30万元,丈夫放男主回家筹钱。

到家后,男主问自己父亲这事儿咋办,父亲问清情况后先是训斥了男主,然后发表了他的看法:既然你情我愿,就不存在赔偿问题。丈夫回家后质问女主到底是自愿还是被强奸,女主犹豫良久,说自己不是自愿的。丈夫说:"既然不是自愿的,那你就报警啊,要是不报警,那你就是自愿的。"两天后,女主报警。5月16日,男主被公安局刑事拘留。公安局提请检察院批准后,男主被执行逮捕。侦查终结后,公安局把案件移送检察院审查起诉,男主父亲找到我为他儿子辩护。

案情并不复杂,男主自始至终承认在车上与女主发生了性行为,但否认强奸。女主虽报案称被强奸,但是在被丈夫撞破之后过

8. 酒后微醺、"车震"与测谎仪

了两天才报案的,而且她的陈述与强奸明显不符。比如,性行为后坐在车里整理心情,与男主聊天,为了避免被熟人发现与男主在一起而不让男主送,自己走回家。

综合案情,我提出了无罪辩护意见。检察官说,案件到了检察院后,女主丈夫就上门扬言,谁敢放了男主,他就找谁算账。

检察院还是对男主以强奸罪提起了公诉。起诉书里有这么一句话:"被告人利用女主酒后微醺之机,在汽车后座强行与女主发生性关系。"根据关于强奸罪的司法解释,采用暴力、胁迫手段或者利用女性醉酒之机等其他手段进行奸淫的,属于强奸。本案起诉书表述女主"酒后微醺",意味着本案指控强奸的理由并非女主醉酒,而是暴力、胁迫手段。但是,男主辩称自己出轨固然不对,但既未实施暴力,也没有进行胁迫,确实是双方自愿,不是强奸。女主虽然对事件的陈述大都比较客观,但坚称自己不是自愿。

这种证据状况在侦查阶段就已定型,明显没有达到事实清楚、证据确实充分的法定证明标准。于是,办案人员从大城市请来了测谎专家,给双方做了测谎。按照最高司法机关的规定,测谎结论只能作为办案的参考,不能作为定案的证据,因而这次测谎的结果并未放入案卷,辩护律师自然无法知道测谎结论到底如何。

法院安排一位中年女法官任审判长并主审该案。因涉及隐私,案件不公开审理。法庭审理从上午九点持续到晚上九点,除了中餐、晚餐各安排半小时吃盒饭外,庭审持续整整 11 个小时。一位刑法博士、副教授担任我的助理,在休庭回家的路上,助理兴奋得不得了,直说咱们今天的辩护一定会成功。我说,虽然前途光明,但是道路一定曲折。

果然,女主丈夫依然不依不饶,给法院施加压力。法官忌惮其上访的压力,延长了审理期限,迟迟没有作出判决。

后来,我接到刑庭庭长的电话,他要我配合法院提出一个调取证据申请，这样的话案子还能再拖一阵子。我告诉庭长，这不是一个好办法，长痛不如短痛，如果法院认为男主有罪就定罪判刑，如果认为他无罪就赶紧放人。庭长说："道理虽然如此，但是你不知道，我们县自打1949年以来就没有作过无罪判决。"

这是熟人社会的通例（病）：公检法三家之间谁也不愿意得罪另两家，法院作无罪判决，无疑是得罪了公安局和检察院两家，这是犯忌的事。这样一来，被得罪的往往就是被告人了。这种熟人社会的权力行使习惯往往会形成强大的司法惯性：抓人雷厉风行，一路绿灯；放人顾虑重重，处处红灯。再加上关押为主、取保候审为辅的惯常做法，使刑事案件起点高、势能大、刹车难。这种入罪容易出罪难的司法机制就是难以克服的司法惯性。

毕竟我以前处理过不少类似的案件，于是我跟庭长说，如果有压力又没有准备好应对之策，建议不要急着宣判。但是，如果认为男主无罪，那继续把人关在看守所也不合适。所以，我建议庭长：要是想判无罪又忌惮女主丈夫的反应，那可以先办取保候审，把被告人放出来，这样既能使无辜者早日获释，又可以测试一下女主丈夫到底会跳多高。

这就是今天男主获释的背景。据说女主丈夫也没有什么大的反应。

补记：本案宣判前，检察院撤回了起诉（估计检察院担心法院会宣判无罪。而公诉案件无罪判决率之所以低到万分之三，是因为严厉的考核机制，一旦有案件被判无罪，检察院全院全年就白干了，不能评先进，不能发奖金）。

当检察院要把案件退回公安局时，公安局不高兴了：你们都起诉过的案件，再退给我们是什么意思？的确，程序如此倒流，既没有必要也没有根据。

问题来了：案件没有最终结论（撤案决定书、不起诉决定书或无罪判决书），男主就是"未决犯"，即便获释也不能上班。于是，男主父亲又挨个儿去找公安局、检察院和政法委。最终，在政法委的协调下，公安局同意检察院把案件退回，并以"没有犯罪事实"为由撤销了案件。

另外一起案情出奇类同的"车震"案件，同年发生在同省另一个县城，同样由我辩护，但男主就没有那么幸运了，最终被判刑三年。虽然法律规则是确定的，个案事实真相也只有一个，但是规则需要司法人员理解，事实需要证据呈现，而法律规则的确定性在每个案件的真实诉讼中都会有不同的呈现。司法的理想状态当然是把法律规则和个案事实无缝对接，让无辜者得以无罪，令有罪者得到惩罚。而要在每一个司法案件中实现法律正义，需要法律工作者正确理解法律、准确认定事实，并且不惧外界压力严格依法办事。

9. 情人控告，妻子申冤

2011年7月7日　星期四　小暑

有人说，家事律师能看到人性丑陋的一面，而刑事律师能看到人性美好的一面。我的体会是，刑事律师不但能够同时看到人性的善和恶，而且还能看到现实生活中普通人的无奈。

代理家事纠纷尤其是婚姻纠纷的律师，为办案需要，能够了解到当事人的隐私，其中不少隐私彰显了当事人的双重人格：平时看上去诚实敬业的人，其实也做过一些不堪之事；而那些被控犯罪的人，即使罪大恶极，也时常会绽放人性之光。相对而言，法律规定刑事律师只能作无罪或者罪轻辩护，这种诉讼职能促成了刑事律师的结果导向思维，即刑事律师更愿意先假定被告人无罪、罪轻进而发现其无罪、罪轻的理由。因此，相较于控方或社会大众，刑事律师更容易发现犯罪嫌疑人、被告人善的一面。

在我看来，遭遇刑事诉讼的当事人及其家属，他们的表现并非都与人性善恶相关，有一些可能是司法不公造成的无奈，更多的可能是漫长的刑事诉讼带来的精神压力。

在我刚出道兼任律师不久，因同事的推荐，接受了一名女士的委托，为她的丈夫辩护，她的丈夫涉嫌诈骗罪被拘捕起诉，被抓捕之前是某镇信用社主任、党员。

去检察院阅卷后我才发现，控告男主诈骗的那名"被害人"原来

9. 情人控告，妻子申冤

是嫌疑人的情人。他俩相好期间，男主曾经为女主花了不少钱，还借钱给女主建房。后来两人关系不睦，女主到公安局报案说男主诈骗。

明显不对劲啊！明明男主为女主花了钱，何来女主被男主诈骗？

原来，所谓的诈骗，其实是双方之间的借款纠纷。男主出借了几十万元给女主建房子，二人关系不好以后，女主还了这笔钱。但是，在男主出具的收条上，"收款人"处虽然写着男主的名字，签名却是男主让同事代签的。女主拿到收条后认出了签名不是男主的笔迹，遂向公安局报案说自己被骗了。公安局立案侦查后刑拘了男主，但提请检察院审查逮捕时，检察院认为男主行为不构成诈骗罪，决定不予批准逮捕。

女主又四处控告，还得到一名市领导的批示。之后，公安局再次报捕，检察院以诈骗罪批准逮捕。

借钱还钱，收款人是否出具收据，法律并无强行规定。即使不出具收据，只要钱还了，也同样可以认定债权债务了结。女主还钱给男主，无论男主是否出具收条，抑或收条上是否男主本人签名，只要双方认可还款事实，也就两清了，不存在谁骗谁的问题。况且，至案发时为止，男主并未否认女主还款，更未起诉要求女主重复还款，指控其诈骗，毫无根据。检察院第一次受理后不批捕，再次受理后批捕了，这明显是因为受到领导批示的影响。

虽然我以书面和口头方式分别向检察院提交了辩护意见，但是仍然无法让刑事诉讼程序停下来，案件还是被起诉到了法院。

一名部队转业的法官主审该案，庭审中我继续作无罪辩护。休庭后，我修改了无罪辩护意见书，又专门去了一趟法院，借提交辩护意见书的机会，向法官请求先把人取保候审，释放出来。法官说，检察院指控的诈骗数额巨大，法定刑是三到十年，被告人又不认罪，连缓刑都不可能，怎么能取保候审呢？

我说："即使指控数额是一个亿，无罪就是无罪，也照样可以先取保候审啊！"

法官说："这样吧，你去看守所做做被告人的思想工作，看他是否愿意认罪，如果愿意，从轻判处三年是可以适用缓刑的。"

我说："作为辩护人，我自己都认为无罪的案件，又怎么可能去劝被告人认罪呢？当然，被告人有权作出自己的选择。"

话虽这么说，我还是去了一趟看守所，告诉被告人法官的想法。果然不出所料，被告人坚决不肯认罪。当然，我也是理解当事人的：让一个无辜的人认罪，是一件多么变态的事情啊！

同时，我跟被告人一起分析明明无罪却非得把他往监狱里送的原因。被告人也知道，那个批示的领导，与女主就是同一个村里的人，他也听说女主找过该市领导。被告人对自己案件的前途表示悲观。我鼓励他要有信心，同时提醒他，虽然法律上无罪，但作为共产党员搞婚外情是违纪的。所以，我建议他在坚持无罪辩解、要求无罪判决的同时，从纪律上反省自己，写一份检讨书。

其实，我也不确定这样的检讨书有什么用。返回法院时，我把这份检讨书给了法官。法官一看，眉头紧蹙：这种态度哪能判缓刑呢？我说，法官，的确不该判缓刑，因为他根本就没有犯罪啊！

不过，法官还是收下了这份检讨书，并且留下了我的手机号码，并约定：如果案件有什么进展，他就会打电话给我；毕竟是领导关注的案件，他一个人说了也不算，但他会把自己的意见向庭长、院长报告的。

我明白了，法官的语气表明他也倾向于认定无罪，但是最终怎么处理，还得看法院领导的意见。

此后不久，我在法学院给学生上"法理学"的时候，一个电话打了进来，碍于教学纪律，我当时没接这个电话。下课后回过去，果真是主审法官,他说领导同意了,考虑到被告人能检讨自己,决定判缓刑,先取保候审,要我转告家属办理保证手续。

虽然被告人始终没有认罪,但是判决书以那份检讨书作为被告人有悔罪表现的证据并决定适用缓刑。

后来,男主和他的妻子一起来感谢我。几个月的关押,四十几岁的男主头发完全变白了。我最终还是按捺不住好奇心悄悄地问他的妻子:"他都出轨背叛你了,你为何还要帮他请律师辩护呢?"妻子回答:"有什么办法?他是我女儿的爸爸啊!我当然恨他,但是我不能眼睁睁看着自己的女儿有一个背着骗子罪名的爸爸!虽然他骗了我,但是他真的没有诈骗那个女人的财物!"

补记:这个案件发生于十多年前,在当时的制度下,领导是可以批示案件的,法院内部审理和裁判也是常常分离的。2015年3月,中共中央办公厅(以下简称"中办")、国务院办公厅(以下简称"国办")印发《领导干部干预司法活动、插手具体案件处理的记录、通报和责任追究规定》,中央政法委印发《司法机关内部人员过问案件的记录和责任追究规定》,2015年9月21日,最高人民法院发布《最高人民法院关于完善人民法院司法责任制的若干意见》。这些文件不仅禁止领导干部干预司法活动、插手个案处理,而且开始强调"让审理者裁判、由裁判者负责,确保法官依法独立公正履行审判职责"。

10. 附条件逮捕与无病住院

2014年11月10日　星期一

经过或明或暗一千多天的折腾,沈总的案子终于尘埃落定了:某县公安局以没有犯罪事实为由,撤销沈总涉嫌虚开增值税专用发票、骗取出口退税案。沈总通过微信发来公安局的撤案决定书。

该案是我从事兼职律师以来办过的过程最为曲折的案件。无罪辩护有效,诉讼总算结束了,但我的心情难以平静。记上几笔,权作一段过往的结束,也希望今后再也不要碰到这样的"成功"案例。

沈总其人

沈总出生于某山区小镇,该镇居民除了务农外,素有经商和读书的传统。因此,该镇走出不少政界、商界和学界颇有成就的人。

沈总本科读的是法学专业,后又相继获得了经济学硕士、历史学博士学位。高学历的沈总从事国际经济贸易与合作工作,生意做得不错,但在经营理念上与父母一直严重不合,故无论其本人还是公司,与其父母及他们的公司从无业务或资金往来。

沈总既有高学历,也是一个能吃苦的人。他创业初期曾在非洲遭遇过军事政变,侥幸从枪林弹雨中逃生。后来,他与非洲20多个国家有了业务往来,也与这些国家的政要建立了友好关系,先后接待过来华访问的20多位国家元首、政府首脑和100多位政府部长,被非洲某国政府授予"酋长"头衔,其本人和公司分别获得中非友好协会授予的"中非友好贡献奖""感动非洲的十位中国人""感动非洲的十大中国企业"。

坎坷经历

就是这么一个青年才俊,在没有任何犯罪行为的情况下,却在老家被毫无法律依据地拘捕关押了两个月。在检察院撤销逮捕决定后,他又被非法拘禁一天。经投诉,他终于从看守所出来了,却又在没有任何疾病的情况下,被以"监视居住"的名义关进老家的县人民医院急诊科,被迫"住院"六个月,每天由四名保安 24 小时轮流值守看管。好不容易"出院"了,刚回到上海,他又在繁华的街头被五六个身份不明的人当着我的面拖上面包车带走,并在次日被以同一罪名第二次刑事拘留。经再次投诉,他虽获释放,却又被取保候审一年。

在几年的刑事诉讼中,他一方面自愿出资数亿元协助政府处理跟自己毫无法律关系的互保联保危机,另一方面又在看守所内被迫签署多份承诺书,莫名其妙地背负了巨额债务,被告到法院。

祸起父母

沈总的父母是改革开放后第一代农民企业家,他们经营的 B 公司有上千名员工,年出口创汇上亿美元。

2012 年,沈总父母经营的 B 公司提供担保的另一家大型民营企业 A 公司受高利贷拖累,资金链断裂,老板跑路,引发银行对 B 公司的抽贷、断贷,为 B 公司银行贷款提供担保的 C 公司也被银行抽贷、断贷。该地民营企业早年形成的互保联保机制使担保制度在信贷风险防控上失去意义,过高、过滥的信贷额度导致杠杆过高、信贷过剩,源自 A 公司的危机迅速从 B、C 公司蔓延到 D、E、F 等数十家大型民营企业,最终席卷三百余家中小型企业,造成全县互保联保危机。

县政府迅即成立专门班子,试图通过提供政府救助资金、协调银行续贷等方式缓解危机,但是在危机面前理性的银行基于风险防控的考虑,总是乐于锦上添花而不会雪中送炭,当然不会无原则地听从地方政府的意见。县政府无奈,便要求县公安局采取刑事措施,先后抓捕了三十多名民企老总,其中就有沈总的父母。沈总的被抓和巨额债务,根源就在于其深陷互保联保危机中的父母。

附条件逮捕

最高检检察委员会于 2006 年通过的《人民检察院审查逮捕质量标准(试行)》首次规定了"附条件逮捕"("对于证据有所欠缺但已基本构成犯罪,认为经过进一步侦查能够取到定罪所必需的证据、确有逮捕必要的重大案件的犯罪嫌疑人,经过检察委员会讨论决定可以批准逮捕")。最高检侦查监督厅曾于 2013 年 4 月 19 日印发《关于人民检察院审查逮捕工作中适用"附条件逮捕"的意见(试行)》,规定对于"证据还略有欠缺或者较为薄弱"但经过进一步侦查能够收集到定罪所必需的证据的重大案件,可以"附条件逮捕"。(补记:该试行意见从公布之日起就因欠缺法律依据而伴随着争议,并自 2017 年 4 月 28 日起不再执行,附条件逮捕制度也相应废止。)

县公安局在没有任何证据的情况下拘留了沈总,一个月后报捕时仍然没有任何犯罪证据,县检察院本不可能批准逮捕,但县委决定由县政法委给检察院发文,要求检察院为了经济社会稳定,配合县委县政府应对互保联保危机工作。检察院在请示上级检察院后决定对沈总"附条件逮捕",期限两个月,届时证据仍然缺乏的,将撤销批准逮捕决定。

于是,沈总就这样在没有犯罪证据的情况下被逮捕羁押了。由此可知，上面如果对法律标准让步一寸，下面就敢放大一丈！在证明标准上必须恪守无罪推定原则，存疑不捕，无罪不捕，不应该有任何妥协的余地，否则，一旦打开一点点缺口，就会造成关口失守而殃及无辜。

非法拘禁

沈总被捕分别满一个月、两个月的时候，检察院要求公安局呈报所收集的新证据。虽然公安局组织了强大的办案班子，但是仍然没有收集到任何可以证明沈总有罪的证据。于是，检察院便撤销了逮捕决定。

按照《刑事诉讼法》的规定，既然逮捕决定已被撤销，那么继续羁押就丧失了合法性。然而，县公安局却继续关押着沈总。作为辩护人，我当即向检察机关控告公安局没有任何法律依据的非法拘禁行为。

第二天下午，县政府办公室副主任到看守所会见了沈总，向沈总提出了释放的条件。下午5时，在被非法拘禁17个小时后，沈总终于被从看守所"释放"了。

无病住院

沈总被公安局用警车送进了县人民医院，安置在急诊科的一个套房里监视居住。公安局安排4名保安轮流值守，沈总可以通过电话与外界联系，也能在医院或者市区会见客人，但是不能离开保安的视线。于是，我每次去县医院会见沈总，无论谈话还是吃饭，总有两个保安跟随左右，搞得我们两个像带着保镖的大亨似的。

在沈总被监视居住期间，我基本上一周至十天左右去见他一次，并按他的意见向公安机关提出撤销案件、解除监视居住的要求，以及向市、省、中央政法部门投诉。省里接到中央政法机关批转的投诉后,派一名处长到市、县调查了解情况。该处长虽然认为投诉属实,但同时表示暂时无法解决。

看来,正是因为这样的案子不是孤例,刚刚结束的十八届四中全会才通过了《中共中央关于全面推进依法治国若干重大问题的决定》,针对"一些国家工作人员特别是领导干部依法办事观念不强、能力不足,知法犯法、以言代法、以权压法、徇私枉法现象依然存在",提出"这些问题,违背社会主义法治原则,损害人民群众利益,妨碍党和国家事业发展,必须下大气力加以解决"。

街头被绑

终于熬到六个月期满的日子,我和同事开车去县人民医院接沈总回上海,一路上我能感觉到沈总始终处于紧绷状态,直到过了省界收费站,才看到他放松了下来。

到上海后,我们在一家饭店吃晚饭,其间我再次发现沈总似惊弓之鸟,不时四处张望。饭后,我们顺着一条宽阔的大街来到一个热闹的商业中心。不料刚走到商场附近,忽然有一辆面包车在我们身边急刹车,车门一打开,下来了四五个青年男子,直接将沈总摁倒在地,然后抬上车扬长而去。

活了一大把年纪,我除了在电影电视上看过绑票,生活中从来没有见过这样的事情。虽然办理过绑架案子,但当它真实地发生在自己眼前时,我还是着着实实地感到震惊。

我回过神来后,首先想到的是赶紧与沈总所在地的辖区派出所联系。因为按照规定,若沈总老家的公安局来这里抓人,异地拘捕应当知会当地公安机关的;如果不是公安机关抓捕,那就要直接报绑架案了。但是,该辖区派出所证实,沈总老家的公安局下午联系了他们,说要抓沈总回去。

于是,我们果断决定连夜赶回沈总老家的县城。

10. 附条件逮捕与无病住院

重复刑拘

《刑事诉讼法》对刑事拘留是有期限限制的,即最长不能超过30天。而上次对沈总的刑拘已超30天,即使公安又把他抓了去,也是不能再次刑拘的。但是,次日打电话还是联系不上沈总,于是我们直接去了看守所。我递交会见手续后,民警进去了一会儿回来告诉我说沈总不想见我。

我大声告诉民警:"现在,这个世界上唯一能见他的人是我,我相信他一定想尽快见到我!"

民警说:"他晚上没有休息好,不想见人。"

我实在无法控制情绪,以更大的声音说:"你作为人民警察、公务员,应该知道《人民警察法》和《公务员法》的规定,对一个曾经被刑拘超过30天的人不可以再次刑拘,这是非法拘禁,你们应当拒绝收押!现在你不但帮助办案人员非法拘禁,还不让律师会见,这是犯罪!"

可能我声音太大了,不仅在场办事的司法人员和律师都看向了我,连看守所所长也从楼上下来了。他把我叫到一边轻声说:"情况我都知道,这是局领导的决定,我们作为下属也没有办法。要么你直接向省厅督查总队投诉,要么你去局里找领导反映。"我立即给省厅督查总队打了投诉电话,然后开车去县公安局。刚到公安局门口,看守所打来电话说可以会见了。

我再次见到沈总时,他说自己身体很好,很感谢我连夜从上海赶来这里会见。我告诉沈总,这次刑拘是标准的非法拘禁,我会立即代他控告。

取保候审

经过新一轮的控告投诉,第三天,沈总在被非法拘禁几十个小时后终于再度被取保候审。我们再次同车返回上海。

在漫长的一年取保候审期间，沈总因其在看守所内被迫签订的代人还债承诺书而惹上了好几起民事官司，这些诉讼因标的巨大而由中院一审、高院二审。尽管法官们都知道这种承诺书是在什么样的背景下签署的，民事代理律师也以充分的证据证明了胁迫的存在，但是法官照样判令沈总偿还毫无根据的巨额债务。

与此同时，沈总抓紧推进自己的地产项目，争取回笼更多的资金，帮助老家的政府解决其父母身陷其中的互保联保危机。

替父还债

沈总一边坚决应诉那些恶意讨债，一边基于父子亲情，代父亲偿还政府救助资金、银行贷款和其他正当债务共计5亿多元。

我问沈总："你作为一个学法出身的人，对于没有任何法律义务的其他公司债务，为何如此慷慨代为偿还？"

沈总说："不错，法律上这些公司都是有限责任公司，虽然我父亲是股东，碰到这种巨额担保债务，实在还不出，完全可以破产清算。但是，对于老家的政府、银行和债权人来说，也只有我有一定的能力可以帮助父亲投入资金解决互保联保问题。这不是讲法律的时候，作为在那个地方出生、长大并走出来的人，我觉得更应该讲亲情和乡情。"

11. 排　　非

2015年2月4日　星期三　立春

《刑事诉讼法》第 53 条第 1 款规定:"对一切案件的判处都要重证据,重调查研究,不轻信口供。只有被告人供述,没有其他证据的,不能认定被告人有罪和处以刑罚;没有被告人供述,证据确实、充分的,可以认定被告人有罪和处以刑罚。"第 54 条第 1 款规定:"采用刑讯逼供等非法方法收集的犯罪嫌疑人、被告人供述和采用暴力、威胁等非法方法收集的证人证言、被害人陈述,应当予以排除。……""排除"的意思就是,以非法方法取得的口供、证言和陈述等言词证据,不得被作为作出司法决定的依据。规定虽然很明确,但是在司法实践中,不少侦查人员仍然过于依赖口供,而检察院和法院对非法证据的排除,依然顾虑重重。

这是一件"诈骗"案。

被告人张总是一家生产电暖锅企业的老板。因为春夏两季人们不太用电暖锅,所以电暖锅的生产和销售明显具有季节性特点:销售旺季从 9 月份开始至春节后结束,其他的时间则组织原材料进行生产。

2014 年 6 月,张总公司的银行贷款到期了,但是因销售旺季尚未到来,价值几千万元的电暖锅成品和半成品还积压在仓库或车间而无法变现。考虑到公司与贷款银行是多年的合作关系，张总便联系了一家小额贷款公司抵押贷款600万元，打算用这些钱先还银行贷款，再从银行续贷，然后再还给小额贷款公司。恰在这时，十几家原材料供应商的货款付款期限也到了，这些供应商虽然知道张总一向是守信用的，相信他入秋以后支付货款不成问题，但还是希望张总能尽快付款。张总想着，与其欠十几家供应商，还不如只欠小额贷款公司一家，利息照付，待入秋销售旺季电暖锅卖出去资金回笼后再还给小额贷款公司，这样处理起来也方便些。这样，在贷款到账后，张总未如约按期归还小额贷款公司借款，而是把从银行所贷资金用于支付供应商货款了。

　　小额贷款公司发现借款到期后张总未如期归还，就打电话催讨。张总要求借款延期三个月，利息照付，自己公司里有几千万元库存，秋天销售回款以后一定偿还。但是，小额贷款公司不同意，不断打电话催张总还款。张总不胜其烦，便把手机丢在家里，带着妻子一起去外地躲避。小额贷款公司一看联系不上张总，就一边报警，一边组织人员到张总公司搬东西。

　　公安局接警后以诈骗罪对张总立案侦查、采取刑事强制措施并上网追逃。就这样，张总夫妇被躲避地公安局抓住了。

　　该公安局抓获张总夫妇后，对张总进行了第一次讯问。张总如实交代了借款、贷款过程，辩称自己没有诈骗，只是想延期还款，因为他将所有的资金都用于生产经营了，这些钱都沉淀在公司的成品和半成品里，他既没有携款潜逃，也没有挥霍浪费。警察如实制作了讯问笔录，并对讯问过程作了同步录音录像。

　　张总老家的公安侦查人员接到其躲避地公安局通报后立即前往押解。在押解启程前，侦查人员在当地公安局的审讯室对张总也进行了一次讯问。在这次讯问中，张总仍然如实讲述了全部客观情况。张总被押回老家后，侦查人员又讯问了四次，检察官在批捕、起诉程序中各讯问了一次。

张总被检察院提起公诉后，家属委托我担任他的一审辩护人。我到看守所会见他的时候，张总说他从来都没有想着要骗取小额贷款公司的600万元，如果真想诈骗，他从银行转贷出来的600万元完全可以自己转移掉或藏起来，又怎么会用来支付供应商的货款呢？公司的几千万元库存也都放在那里，没有低价变卖携款潜逃。自己一分钱都没有乱花，反而要被判刑十年，这明显不合常理啊！

我问他以前有没有作过有罪供述，他说自己从来没有承认过想诈骗别人，但是在第二份到第五份讯问笔录中，侦查人员记进了很多自己没有讲过的话。他之所以违心签名，是因为在第二份讯问笔录签字的时候，他的妻子在公安局审讯室外的院子里哭，公安人员告诉他，如果配合一点儿，就只抓自己一人，要是不配合，就把他的妻子以窝藏罪一起抓了。他想，反正审讯室里有同步录音录像，他们乱记笔录，将来只要看录像就能搞清楚，于是他就违心签字了。

按照张总的说法，这个案卷内有六份侦查讯问笔录，他在第一、六份讯问中作的是无罪辩解，在中间的第二、三、四、五次讯问中虽然也是作无罪辩解却被记成了有罪供述。也就是说，他从未作过有罪供述，在第二、三、四、五次讯问中的有罪供述是侦查人员自己打印上去的。其中，在第二次讯问（也就是本地公安人员在抓获地的那次讯问）中，他的妻子在院子里哭泣，警察威胁他说如果等一会儿不配合就连他妻子一起抓，所以他就无奈地在笔录上签字了。如果这种情况属实，那就是典型的以加害家属相威胁非法逼取口供的做法，相关口供应当被作为非法证据排除。于是，我向法院提出了排除非法证据的申请，要求法院向公安机关调取历次讯问的同步录音录像，以核对真伪。侦查人员出具情况说明称：在外地对张讯问时，那里比较落后，审讯室的同步录音录像设备坏了，所以没有录音录像；第三、四、五次讯问时虽然有录音录像，但播放光盘时只有图像，除了噪音听不出任何对话的声音。

张总非常明确地说侦查人员说了谎,因为他在外地被本地公安人员讯问结束带出审讯室的时候,清清楚楚地听到两地公安人员在沟通同步录音录像上传之类的事情,说明录音录像是有的,设备没有坏,只是公安人员因乱记笔录怕露馅儿而说假话。

审判长要求公诉人在一周内向本地和抓获地公安机关调取该次讯问的同步录音录像。后来,公安机关重新提供了一份情况说明称,在抓获地的那次讯问录音录像的确是有的,当时就上传服务器了,由于前面的办案人员不懂如何下载而出具了错误的情况说明。

于是,法院再次开庭,当庭播放第二、三、四、五次讯问的录音录像。在抓获地的那次讯问(即本案侦查人员前往抓获地时所作的第一次有罪供述笔录的那次讯问)时间大约一个小时,录音录像清楚地证明:张总自始至终没有作任何有罪供述,一直在如实辩解;讯问人员是一名年长的民警,用电脑记录的是一名年轻的民警。录像显示,在讯问过程中,年长民警摸出香烟和打火机走出审讯室两次(应该是出去抽烟了)。第二次回到审讯室后,年长民警看了看电脑屏幕问年轻民警:"他承认了?"年轻民警摇了摇头。年长民警说:"他没有承认你这样记是不行的,要删掉。"年轻民警说:"不这样记的话,这个案件接下来怎么办?"然后两个民警就不再说话,打印了讯问笔录让张总签字。张总犹豫了一会儿,也就签了"以上笔录所记录的内容与我说的相符"。

押解回来后在看守所作的那几次讯问只有图像没有声音,无法核实张总的主张。按照相关法律和公安部的规定,本案涉案金额对应的法定刑是十年以上有期徒刑或无期徒刑,侦查讯问必须制作同步录音录像;控方不能证实侦查是依法规范进行的,而犯罪嫌疑人第一次有罪供述的同步录音录像已经证实,有罪供述内容是侦查人员擅自添加上去的;后面几次讯问都是相同的人员,公安机关未能规范制作同步录音录像。因此,按照非法证据排除规则,应当认定本案的有罪供述笔录为非法证据并依法排除,不得作为认定有罪的依据。

补记:这样的证据状况,要是在今天,法院大多会依法排除这些口供。然而,当时的司法机关还不习惯适用2012年修改的《刑事诉讼法》关于排除非法证据的规定,仍然以诈骗罪判处了被告人十年有期徒刑!法律必须可操作,权力、权利界限必须能界定。侦查讯问禁止威胁,而且规则设计要求控方证明不存在威胁,否则争点利益归属被告人。《刑事诉讼法》之所以赋予被告人一方有申请排除非法证据的权利、设定控方有自证清白的义务,既是为了防止侦查讯问权被滥用,也是为了真正实行控辩平等。只有这样,双方才能平等博弈,法官才能居中裁判。

目前,司法实务中通常把债务人"跑路"现象不加区分地一律作为其具有非法占有目的的依据来看待,有以偏概全之嫌。因为"跑路"有两种情况:一是基于非法占有目的的诈骗,二是为了拖延债务履行以促使对方降低要价的手段,如高利贷案件。一律作为诈骗的做法,在一些案件中已经导致既不利于债权人利益实现又导致刑罚滥用的严重后果。非但如此,这反而会使一些真正的骗子掌握规避的诀窍。比如,实践中就有人出走国外,每天手机开机两个小时,收发短信或回拨电话,既规避了隐匿嫌疑,又收到了比隐匿更损人的效果。

12. 进退两难

2015年2月4日　星期三　立春

在法学院读书时,我们对"法律诉诸逻辑的力量""战争诉诸力量的逻辑"等坚信不疑。然而,一旦接触司法实践,就会发现有些个案的裁判逻辑完全不能自洽,甚至充满着悖论。而恰恰是这样的案件,往往并不存在徇私枉法的情形,而是与认识分歧或司法机制有关。我经办的一件领导干部被判滥用职权罪案,就是一个典型。

这是一件涉及领导干部的渎职案。

事主腰某是某省文化厅的正处级干部,案发前任职监管执法总队总队长。自20世纪90年代中期开始的十来年中,互联网逐渐普及,但很多人都是去网吧上网的。而网吧的开办与经营,是由文化行政管理部门负责审批并监管的,省文化厅具体承担这项职能的正是监管执法总队。

当时,为了防止上网人员利用网吧电脑通过网络传播不良信息,该省文化厅要求全省所有网吧的每一台电脑都要安装某网络技术公司开发的一款软件,每台每月收服务费3元。问题是,文化行政管理部门作为政府机构,收费必须有法律法规依据,但是该收费完全没有合法依据。于是,该省文化厅党组开会决定由软件开发商某网络技术公司与网吧之间订立合同,由该公司以服务费名义收费,省文化厅与该公司建立共管账户,双方对半分成。也就是说,全省网吧每台电脑每月服务费3元,全部由某网络技术公司收取并存放在共管账户内,其中一半属于该公司,一半属于省文化厅。省文化厅平时的吃喝招待、迎来送往、职工活动等,就可以从这笔费用中开支。

显然,当时的法治化程度真的有限,政府在没有法律依据的情况下竟然与企业联合收费并从中分成,在今天看来,说它滥用职权并不为过。但是,这件事在腰总队长上任前文化厅党组就已开会决定,并且由其前任实施了很多年,无论功过是非,不在其位不谋其政,无职即无责。后来,行政法治化程度日益提升,对乱收费的容忍度也越来越低。至腰某被委任为总队长、与前任交接时,共管账上还有几百万元收费属于文化厅。腰总队长上任后,不仅锐意进取,不断完善文化监管执法机制,经常被上级评为先进,而且还根据依法行政的要求,停止了没有法律依据的收费,对于前任遗留在共管账户中的那些没有法律依据的收费,决定放弃共管。

有人将这事举报到了纪委,纪委初步核实后将线索移交给了检察院。检察院当时拥有对渎职犯罪的侦查职能,承担该职能的机构是反渎局。很快,腰总队长就被反渎局刑事拘留了,接下来被批准逮捕,再以滥用职权罪被起诉到了法院。检察院起诉指控的犯罪事实是:腰总队长担任中层负责人后擅自放弃对存放在共管账户内没有法律依据的收费共管,导致国家利益遭受重大损失,情节特别严重,应处三年以上七年以下有期徒刑。一审法院采纳了该指控,以滥用职权罪判处腰有期徒刑四年三个月。

被告人不服一审判决,依法提起了上诉,其家属委托我担任二审程序中的辩护人。经会见腰总队长并认真查阅全部卷宗,又走访了当年担任厅党组成员的两位领导,我认为一审的指控和判决不但放纵了真正滥用职权的人,而且冤枉了纠正滥用职权的人。那些滥用职权决定并执行法外收费的人,个个逍遥法外甚至继续担任领导干部,而果断停止违法收费的人却身陷囹圄。于是,我决定为腰总队长作无罪辩护。

在约见二审主审法官提交辩护意见时,我问法官:违法收费显属行政违法,放弃收费又要被判渎职犯罪,公务员不是进退两难了吗?按照一审判决的逻辑和结果,虽然省文化厅没有任何法律依据从某网络技术公司和网吧分到相应费用,但是腰总队长却不该放弃这项收费,他不但要把已收费用的一半拿回来,而且还要继续收下去。这难道不是用刑事判决强迫行政执法人员违法收费吗?

法官说,既然省文化厅与某网络技术公司约定双方对收费对半分成,那收费的一半就应当归省文化厅所有,被告人擅自放弃文化厅所有的国有财产,就是滥用职权造成国家损失。

问题是:文化厅是政府部门,并非市场主体,政府部门实行职权法定原则,没有法律明确授权,它就没有权力;而市场主体则实行"法无禁止即自由"的意思自治原则,完全可以根据自由意志达成合约创设、交换或处分权利和义务。省文化厅、某网络技术公司双方根本就不是平等的市场主体,这种没有法律依据的约定和收费,不但没有法律效力,而且本身属于应当纠正的乱收费行为。被告人果断停止执行此前的乱收费决定,不表扬也就算了,怎么还要对他定罪判刑呢?而一审判决认定政府与企业合伙向网吧所收的费用是国有财产,那不是赤裸裸地确认了乱收费的合法性了吗?

法官最后说,他也感觉这个案子一审判得太重了一点儿,但他同时又说,二审法院对一审判决能不改的尽量不改。

本案最终的结果是裁定维持原判。

我记得20世纪六七十年代的时候,生产队分红薯,不会用秤去

12. 进退两难

一斤一两称重,因为没人会在乎多一颗还是少一颗。但是,检控、审判一个人的行为以确定其是否有罪、应否判罚,涉及人的重大利益,岂能像生产队分红薯那样以估堆儿的方式进行?凡刑事案件,必须用证据证明事实、用法律判断是非,因其关乎生杀予夺,必须精细操作,岂能马马虎虎甚至莫须有?

13. 刑事辩护到底应该怎么辩

2015年5月8日　星期五

看到有律师在微信群讨论律师辩护的种类和风格,我联想到一些业界乱象,既有律师执业遭遇障碍的不堪,也有律师辩法不精造成的尴尬。在所有的司法诉讼活动中,刑事司法应当是最讲客观公正的活动,刑事律师与公检法司法人员的对话和交涉,不仅应当有职业伦理的清醒,更应有执业方法的自觉。

一、法律人尤其刑辩律师,作业必起步于证据

既然司法"以事实为根据",而事实作为司法三段论的小前提,又必须通过证据呈现,那么证据之辩就是一个非常重要的辩护方法。

例如,为情节犯刑案辩护,须知涉案财物数量关乎定罪量刑。数量固然是客观存在的,然将行为(数量)从立法之罪落实为判决之罪,却必经证据纽带联结,否则,立法徒具空文、司法不过臆断。故律师应从侦查人员所做笔录切入,审查各该种证据,以收釜底抽薪之功。

二、证据之辩为刑辩源流,程序之辩是刑辩高潮

证明事实的证据必须依法取得,以非法方法取得的言词证据应

当排除；实物证据取证方法亦须合法，若不能补正，亦应排除。因此，程序之辩亦相当重要。

以毒品案件为例，无论是毒品的数量还是含量，均应通过提取、扣押、保管、送检、检验、判定等法定程序固定、展示。而每一个环节，都可能因为侦查人员或技术人员的疏忽、故意而存在瑕疵、不法。这正是刑辩律师的用武之地。

律师应重视程序之辩，无论审前阅卷调查，还是出庭质证辩论，皆程序为皮、证据为毛。皮之不存，毛将焉附？无论证据是否可采，还是证据有无三性，证据资格是起点，证明力才是归宿。证据能力源自程序合法，证明力来自证据关联。证据即使有瑕疵，也能影响裁判确信；即使无关定性，也能影响量刑。

三、实体法律是定性处理准据，刑事政策是自由裁量尺度

在事实证据和程序问题解决之后，对被追诉案件的定性处理就是实体法作业的领域了。而定性处理，不仅要从表达国家意志的正式法源即法律规范上寻求依据，而且还要重视同为国家意志表达的非正式法源即刑事政策的作用。刑事政策虽然不能替代法律成为入罪的根据，但是它可以成为出罪的理由，在常规案件的诉讼中，它至少是指引司法行使自由裁量权的根据。

定性之辩与量刑之辩乃刑辩常见内容，律师若想辩能竟其功，唯有对相关法律和政策熟悉精通。例如，毒品犯罪刑事法条不过十余条，而各种解释、纪要及文章却汗牛充栋，其间不乏各种学理纷争。司法诉讼，与其说是照本宣科，毋宁说是法律续造。立法乃社会现象之抽象，是琐屑向概念和规则的提升，学习法律得到的是知识；司法是法律规范之落实，是理念向具体个案的靠拢，参与诉讼得到的是智慧。法律照顾一般，政策关心具体。司法中的诸多问题，不可一概而论。如控制下交付能否使犯罪既遂或停止，又如侦查陷

阱能否使行为入罪或判刑,凡有争论处,都有辩护点。于此,律师执业优于刑侦检控之处,正在于其无须构建滴水不漏之体系,只要抓住辩点即可说服或打动法官。

四、专业控辩是制胜法宝,死磕勾兑常触碰底线

走技术路线,坚守理性,把刑法精细化、把刑诉精密化,不愁刑事辩护结果不精准。律师是一个富有挑战性的职业,因为没有两个案件是完全相同的;诉讼是一个具有保守性的活动,因为一般不能质疑法律制度的正当性。如果把法律作业弄成街头政治,则无异于自毁前程。

同时,以丰富的学识、实践的智慧揭示既有法律或司法存在的缺陷,既能谋取委托人权益的最佳救济,又能为政治家提供完善立法、改良司法的契机。法律家工作的终点,是政治家改革的起点。专业的服务、勇敢的改革,既为维护秩序、救济权利所需,又能防止混乱无序、避免"革命"冲动。从"严打"到"宽严相济",已经展示了刑事法律进化的历史图景。

14. 提防刑法"肥大症"

2015年6月17日　星期三

肥胖是威胁现代人健康的通病,同样,刑法"肥大症"会摧毁罪刑法定主义这个现代刑事法治的基石。究其根源,刑法"肥大症"或与工具主义的法律观有关。

人类文明诞生以来,法律从无到有,从辅到主,人们的法律观念也从工具主义的法律观(rule by law)转向法律主治的法律观(rule of law)。

"法治"是一个热词,无论人们对法治的内容如何理解,有两点不能忽略:一是法律规制社会生活的范围是受限的,二是法律的任务主要是界分个人权利和国家权力。

1. 法律只在应该由其调整的范围内是至上的,法律介入不该其规制的领域是极为危险的

第一,法律只规制具有外部性的行为,而不能介入人的精神生活即思想领域。"凡是不以行为本身而以当事人的思想方式作为主要标准的法律,无非是对非法行为的公开认可。""我只是由于表现自己,只是由于踏入现实的领域,我才进入受立法者支配的范围。对于法律来说,除了我的行为以外,我是根本不存在的,我根本不是法律的对象。我的行为就是我同法律打交道的唯一领域……可是追究倾向的法律不仅要惩罚我所做的,而且要惩罚我所想的,不管

我的行为如何。"①

第二，法律只对它事先明文规定的事项进行规制，不能允许事后法溯及既往。富勒的道德论法学主张，法律应该公布，并且只能适用于将来而不能溯及既往，这是法律的内在道德即程序自然法。通过实质的扩大解释，将不具有形式违法性（不满足法定要件）的行为以具有实质危害为由入罪惩罚，使刑法介入不该由其规制或刑法没有涵盖的领域，是一种公然的"不法"，是法律丧失"内在道德"的罪刑擅断。

2. 近现代法治的关键议题是界分个人权利和国家权力，依法治国是人民依法治官，而不是官员依法治民

第一，界分公民权利和国家权力。2004年《中华人民共和国宪法修正案》（以下简称《宪法修正案》）首次写入"国家尊重和保障人权"，在文本上完成了这一界分。

第二，对国家权力的纵向与横向界分。其中，纵向界分是界定中央与地方的权力，横向界分是界定立法、行政和司法的权力。

无论纵横内外，法治下的国家权力都是有限的权力，界分的目的是尊重人的权利、扩大社会权利。国家刑罚权，应限于人民通过法律授予的范围。法律规定犯罪，必须以明确的规则写明行为成立犯罪的条件：不满足法定要件（形式），无论行为是否有社会危害（实质），都不是犯罪；满足法定要件，即使有社会危害但情节显著轻微的行为，也不认为是犯罪。

以实质思维为由，将刑法扩张解释到超越其规制最大边界的程度，使刑法介入它未明文宣布规制的领域，将使刑法成为公然的不法。若司法解释如此，则僭越了宪法规定的权力界限，司法者一旦拥有事后创制法律的权力，自由则不复存在。而"自由"与"平等"是

---

① 《马克思恩格斯全集（第一卷）》，人民出版社1956年版，第16—17页。

我国宪法所尊重的人权最核心的内容,也是社会主义核心价值观的两个关键词。

因此,刑事法学和刑事司法中假借实质思维、无视形式要件的研究成果和法律解释,表面上看是把刑法的作用发挥得淋漓尽致,实质上是在用"垃圾食品"催肥刑法,而刑法一旦患上"肥大症",其生命危矣!与其说刑法是赋予国家刑罚权的法,毋宁说刑法是人民以法律界定国家刑罚权并防止其滥用的法。

15. 作为实践智慧的刑事律师法律思维

2015年7月10日 星期五

今天应邀为北京大成律师事务所高级合伙人吕良彪律师的讲座"刑事律师的职业思维"担任点评嘉宾,我非常高兴能有机会与既有实务经验又有思辨能力的法律人进行交流,因为法学原本是解决具体法律问题的实践智慧,而非封闭自足的社会科学。

一、做一个明理、有精神的刑事律师

人类的精神活动大致有认知、情感和意志三个不同的领域。这三种精神活动分别追求真理、良善(友爱和审美)、信仰等。一个卓越的法律人,须对委托人的人生际遇、现实处境和权益救济抱持真诚的情感(不出所料,吕律师的演讲以此收尾,令人感佩)。而包括律师在内的法律人,无论其职责是控诉、审判还是辩护、代理,不仅要寻求个案法律问题的正当解决,而且在司法诉讼中要执着于对法治理想的坚定不移,这关乎意志领域的信仰(讲座结束之前吕律师对此亦有提及)。

关于法律思维的认知成果,时下有一个达成共识的表述叫"法学方法论"(亦有人说,鉴于这门学问明确的实践面相,应改称"法律方法论"甚至"司法方法论"。其实不必,因为离开了司法实践,法学方法论便不复存在,只是没有实践意义的法学研究方法而已)。法

学方法论的核心问题在于：当司法诉讼和法律服务中遇到疑难问题必须诉诸价值判断时，如何使价值判断客观化。而所谓客观化，是指诉诸价值判断的实质思维能够获得逻辑思维的客观形式。价值判断客观化的目的在于避免武断任性，防止司法者将一己之偏好凌驾于法律之上。

吕律师在演讲中纵横捭阖、旁征博引，将其执业经验概括为刑事律师的十大法律思维。因其论述都围绕着刑事法律服务（不局限于刑事辩护，还包括刑事代理；不仅指刑事诉讼，还涉及非诉讼法律咨询、顾问服务）中的疑难复杂问题，所以归根结底，这场讲座是将法学方法论普及于律师刑事业务中的有效尝试，很有意义。

二、关于法学知识谱系中的法学方法论与刑事律师的法律思维

以知识考古学的方法，将司法诉讼和法律服务中涉及的法学理论和社会知识细节与大量的一手材料结合，条分缕析，考察律师的法学知识和求真意志是如何在权力—权利关系中、在刑事诉讼程序内产生的，表达律师法律思维的话语又是如何在安身立命的挣钱欲望和穷尽理性的正义冲动中散播并发挥作用的，这是谱系学的理论旨趣。

鉴于当下法学研究和法学教育以及司法体制和诉讼机制的局限，大量拥有法律职业资格和许可证照的法律人，对法律的认知和对实践中法律问题的思维尚停留于简单的对所谓正确法律规则的简单演绎或个人价值偏好的执着偏信上。

作为对法律现象认知成果的法学，有形而上的法律本体论和形而下的法学方法论两个部分。其一，从社会生活的事实中提取信息加工成体系化的知识或理论。这个过程，在制度领域叫"立法创制"，在学术领域叫"形而上"，其中的思维是从经验到理性的归纳、从价值到形式的抽象。其二，从法律的规范中发现可以适用于手头个案的评价处理标准，寻求个案法律问题可接受的或者正当化的解

决。这个过程,在制度领域叫"司法诉讼或非诉讼法律活动",在学术领域叫"刑而下"。其中的思维,在简单问题中,是从规范到个案、从一般到个别的形式逻辑演绎、具体化;而在疑难复杂案件中,问题的解决需要进行实质思维,引入法外的价值,同时还必须将说理或论证的过程客观化,以便客户、政府、法院可以接受,利益相关方(对方当事人甚至公众)无法质疑。

吕律师在演讲中提到的他对娃哈哈与达能法律纠纷解决的有效服务,关键正在于他在法律规则的基础上向客户提出的四个问题。其中,企业诉求与政党政策、企业利益与公众意愿等正是解决疑难问题时实质思维所需要面对的问题,而作为解决问题的律师意见,又必须同时符合法律逻辑,即通过价值判断的客观化实现律师意见的可接受。

从经验到形而上的法律体系或法学理论,固然不易(需要艰苦的调查研究,需要程序内外的谈判博弈,以求得最大公约数,使认知成果成为人人必须服从的法律或真理等权威知识,这一步固然是认知的升华,使社会生活中琐碎、灰暗的纷争成为法律上高大上的权利概念或法理上明亮的真理)。而从理论到实践,从法律规范、法学理论到个案决策,进而使委托人能够得到他预期的真金白银,则需要更为艰难的斗争和抗辩,其结果更是对升华的再次升华。

简言之,前一步,需要的是理论,得到的是文本知识;后一步,需要的是智慧,得到的是技术方案。律师与司法人员、企业家一样,本无所谓大状小律,只要能够完整走好这两步,就都是大写的人,而不是无知蛮干的动物或百无一用的书生。

三、刑事律师法律思维与其他思维的异同

1. 法律思维与政治道德思维

吕律师把刑事律师的法律思维归纳为十条,我大多是认同的,

但考虑到体系圆满、逻辑自治，个别表述值得继续斟酌。一般认为，常用的法律思维是形式思维，而政治、道德判断则是实质思维。同时，形式思维旨在追求实质价值，而实质思维也不能不讲逻辑。尤其是在疑难案件中，法律思维亦得进行价值判断。其一，二者区别明显。十八大报告强调"领导干部运用法治思维和法治方式"思考和解决问题，是因为有些政府官员疏于法治思维，不懂法治方式。从重大改革于法有据到个案的公平正义，离开法治思维和法治方式都几无可能。其二，二者的区别在于保守还是激进、坚持还是妥协、程序还是实体、形式还是实质、民主还是独断、公开还是隐秘。

2. 律师法律思维与法官、检察官法律思维

同为法律人，同样要通过国家法律职业资格考试，律师与法官、检察官有相同的知识结构和大体相同的终极目标，但是律师与法官、检察官的社会角色不同、诉讼职能有别，无论是立法还是学理、伦理，都确认律师应具有不同于官方法律人的思维方式。

刑事律师（尤其辩护律师）在面对个案时，法律思维的起点便是刑事诉讼法和律师法确立的有利于被追诉人的价值取向。也就是说，刑事律师的法律思维是结果导向的逆三段论思维，而法官则是标准的正三段论思维。

除法定例外情形（即当事人准备或正在实施危害国家、公共安全以及严重危害他人人身安全的犯罪的），刑事律师的行动必须对被追诉人有利，不能泄露其掌握的对被追诉人不利的秘密。刑事律师固然不能脱离社会，但是职业伦理要求其必须以委托人权益最大化为依归。这是刑事律师的基本职业伦理，即对委托人的诚实义务。为此，刑事律师可以采取法律不禁止的手段为被追诉人提供有效的法律服务。与此相适应，刑事律师只有消极的真实义务（即不得积极实施歪曲事实制造伪证的行为），而无积极的真实义务（即没有义务协助司法机关查明事实真相，除非对被追诉人有利而为有效

辩护所必需)。这显然有别于检察官、法官的客观、公正义务。①

3. 刑事律师法律思维与其他律师法律思维

同为律师,刑事律师(辩护律师)与其他法律服务者相比,法律思维也有其特别之处(请参阅前引《刑事辩护的技术与伦理》一书关于辩护与代理不同宪法意义的论述)。尽管我一直认为一个称职或优秀的刑事法律人必须具备民事、行政法律人的基本知识和技能,②但是,就刑事司法的规范作用和社会作用而言,其结果都涉及公民的生命、自由、财产、资格等基本权利,其价值含量或重要程度远远大于民事、行政司法诉讼中争讼、处分的标的。同时,大多数公诉案件的刑事诉讼不能像民事诉讼那样可以意思自治,进行调解或达成和解,要么无罪不罚,要么有罪受刑,生杀予夺,关系重大。这无疑增加了包括辩护律师在内的刑事法律人的思维负担,其思维须更加严谨、更加慎重。(补记:形势逼人呐!写下这则评论到今天不过六年,刑事公诉案件引入控辩协商、认罪认罚的比例已达到80%以上了。)

总之,同行之间的交流,尤其是资深律师与青年才俊的对话、不同岗位法律人的切磋,对于弥补当下法学教育的缺陷,促进法律职业共同体建设,功莫大焉。感谢吕律师的辛苦付出!无论法学是社会科学还是价值理性,作为实践理性,都必须能够用于解决现实问题,否则只能在书斋里孤芳自赏而已。真正有卓越贡献的法学者通常须是法律(实践)家。

---

① 参见〔日〕佐藤博史:《刑事辩护的技术与伦理》,于秀峰、张凌译,法律出版社2012年版,第38页。

② 这是刑事法律和刑事司法的后位法、二次调整、被动性决定的,或可简称"出民入刑"。在刑事司法中,无论入罪还是出罪的判断,实质思维都是关键方法。而被追诉人的行为是否具有实质危害,不能仅从刑法中得出结论,还必须分析其行为有无侵害民事法保护的权益、行政法确立的秩序。

16. 审前辩护：体制、观念与技术、策略

2015 年 7 月 20 日　星期一

承蒙举办者信任,今天应邀为龙律师关于审前程序辩护的讲座担任点评嘉宾。受主讲人见解的启发,特作发言如下。

一、审前辩护的意义

经过 1996 年、2012 年两次修正,我国《刑事诉讼法》不断强化犯罪嫌疑人的诉讼主体地位,并相应地逐步扩大了律师的辩护权利(辩护权利从审判程序提前到起诉和侦查程序)。这不但有利于在刑事诉讼中落实 2004 年《宪法修正案》"国家尊重和保障人权"的精神,而且使我国审前刑事诉讼结构的超强职权主义色彩渐渐淡化,从纠问模式开始向弹劾或当事人主义模式靠拢,有利于克服侦查中心主义造成的强大司法惯性,也是 2014 年正式提出"以审判为中心的刑事诉讼制度改革"的前奏。这些进步,既是世界刑事诉讼制度演化的大势所趋,也是中国刑事司法改革的题中应有之义。尽管在个案操作中尚有诸多问题,但毫无疑问,这些改革与进步有利于确保司法公正,有利于律师辩护。

二、审前诉讼机制与有效辩护

如果公检法的侦查、起诉和审判是相互配合的线性流水作业机

制,那么犯罪嫌疑人将沦为诉讼客体,律师的刑事辩护必然空间狭窄,一旦侦查"起点错",就会检察"跟着错",最终法院"错到底",冤假错案将难以避免。因此,诉讼结构调整与诉讼机制改革,是律师审前有效辩护的制度前提。

只有在三角结构的诉讼体制中,辩护才能有效。即只有存在一个相对中立的第三方,与侦查相对的辩护意见才可能被采纳,检察院作出逮捕、起诉决定才会听取侦查和辩护双方的意见。检察院有不批准逮捕、不起诉的权力,这种司法和诉讼职能配置使检察院成为审前程序中具有一定司法属性的相对中立角色(尤其是公安侦办移送检察院审查的刑事案件)。但是,侦查中心主义的诉讼机制使这些职能配置成为纸上的法,不具有生命力,进而使得审前辩护难以奏效。

自2012年的《刑事诉讼法》修正将律师辩护扩展至整个刑事诉讼过程后,2013年党的十八届三中全会提出深化司法体制改革,2014年党的十八届四中全会提出以审判为中心的刑事诉讼制度改革。2015年,最高检提出"以法定的审判标准为起诉标准",要求对达不到法定标准的案件依法作出不逮捕、不起诉决定,并重申审查逮捕、审查起诉要重视律师的辩护意见,不能把问题推向法院。至此,至少在理论上,审前程序中三角结构初步形成,审前有效辩护开始有了制度空间。

三、司法观念更新与审前有效辩护

在审前程序中,不仅律师要更新观念,检察官也要更新观念。其中,律师要善于充分利用刑事诉讼法相关规定和司法改革方案,把线性相互配合的流水作业机制形塑成检察官在审前程序中相对中立的三角结构,为有效辩护拓展制度空间。

辩护律师首先要有制度自觉。以自己的觉醒推动检察官的观念转变,使其在审前程序中从片面配合侦查、被动审查向加强对侦查的制约和监督以及在侦查和辩护之间保持适度中立转变。

我在浙江省十多次市县两级检察院的培训讲座中提出,审判中心主义的诉讼制度改革势必要求检察成为审前程序的中心,呼吁检察官强化司法意识,不能片面配合侦查而忽略审查逮捕、审查起诉职能的司法属性。如果检察官片面配合侦查、轻视律师辩护,在审前程序中不主动审查并制约侦查,那么将会在审判程序中陷入被动。因为一旦以审判为中心的刑事司法机制和终身负责的办案责任制有效确立,法院将不再无原则地为公安侦查和检察公诉背书,无罪判决将会增加。与其如此,不如审前自觉重视律师辩护,主动作出不捕不诉决定。我提出检察官应该重新自我定位,认识到自己在刑事诉讼程序中的三重角色:审判前相对中立的司法角色,审判中与辩护平等对抗的公诉角色,审判后刑罚执行中的监督角色。我的这些建议未必都能被接受,但至少会引起人们的思考。

四、审前辩护的技术与策略

与审判程序中的辩护相比,审前侦查程序中的辩护有诸多局限。比如,在侦查程序中律师不能阅卷,对案情难以全面把握;调查取证权的规定语焉不详,律师进退两难;律师过早和盘托出辩护意见,有可能成为补充侦查的起点从而使辩护非但不能达到无罪或者罪轻的目的,反而可能走向反面,对嫌疑人不利。为此,律师审前辩护必须讲究技术和策略。

1. 审前辩护为什么要重视会见当事人?

犯罪嫌疑人是当事人,其供述和辩解是直接证据(尽管证明力受到限制,但是能够成为获取辩护线索的最好机会)。侦查可以把口供搞成证据之王,律师也可以把会见开辟为辩护的前沿阵地。事实上,这正是贿赂犯罪案件侦查机关滥用许可权阻止律师会见嫌疑人的原因所在。(补记:2018年《刑事诉讼法》修正后这一现象已不复存在。)

在审前侦查程序中,律师不能阅卷,会见当事人是了解案情的重要渠道。同时,会见还有三个作用:一是对当事人的心理援助,让孤立无援的在押者认识到自己不是任人宰割的客体,因而强化其对被威胁、引诱的抵抗能力。二是可在程序上及时为今后的辩护行动固定线索(如下一步可能提起的非法证据排除)。三是对侦查人员形成心理压力,预防其对犯罪嫌疑人违法讯问。

2. 侦查程序中律师能否调查?

尽管《刑事诉讼法》对侦查程序中律师调查权语焉不详,但是,从该法第40条要求辩护人收集三种证据材料(犯罪嫌疑人不在犯罪现场、未达到刑事责任年龄、属于依法不负刑事责任的精神病人的证据)应当及时告知公安、检察机关的规定可以推出律师在侦查程序中有一定调查权的结论。这个也是陈光中教授的见解。如果律师没有调查权,何来收集三种证据材料?不过,对言辞证据的调查应小心谨慎,注意执业风险。

3. 与侦查人员、捕诉检察官如何有效沟通?

尽管在侦查程序中律师无法看到侦查所得的证据材料,但是不要忘了2012年《刑事诉讼法》第36条规定的权利,即律师有权向侦查机关了解"涉嫌的罪名和案件有关情况"。当然,侦查人员未必会全部或详细告知案件情况,有的侦查人员甚至对律师只字不提案情。但是,侦查人员是人,人除了有认知能力,也有情感、意志等精神活动。在与侦查人员沟通时,律师以恰当的谈吐和足够的气场,是有可能与侦查人员达到良性互动的。

有学者认为,即使是没有刑讯的审讯也会形成一个压力的"场",而迫使真犯供述的压力同样会使无辜的人作出违心自白供认有罪。① 律师对侦查人员的讯问谋略往往耿耿于怀,认为它无异于诱供。既然侦查人员能够在不刑讯的情况下营造一个问出口供的"场",那么刑辩律师同样有可能从侦查人员处了解到依法有权了解的案件情况,何不以其治人之道还治其人之身? 再说,向侦查机关了解案情本就是辩护律师的权利。律师完全可以营造恰当氛围,了解案情并提出意见,防止侦查先入为主、任性片面。当然,这需要辩护律师有丰富的执业经验和强大的心理优势。

4. 在审前程序中如何发表律师意见?

前面说了口头的,这里再谈谈书面意见的制作。

其一,必须注意侦查辩护是起诉、审判辩护的前奏,搞得不好,会适得其反。因此,书面意见必须有持久战意识。

其二,根据自己对案情(通过会见犯罪嫌疑人、约见侦查人员获得)的把握,在不会对后续程序中的辩护形成障碍的前提下,提交书面意见,辅之以当面沟通,争取撤销案件或者不起诉,以使委托人早日脱离讼累,对于有的案件来说并非不可能。

5. 律师能否在程序外发声?

我同意这个说法:律师的战场应该在法庭。但是,在现实的司法实践中,对某些案件来说,律师决战岂能只在法庭? 我不主张法外死磕,因为一无法源依据,二可能造成不利于委托人的结果。但是,如果案件刑事程序的启动本身有法外因素发力,那么事实上左右侦查和司法的力量才是真正的裁判者。既然你能违反法律程序、背离中央政策干预司法,那我为何不能采取措施对抗或者排除干

---

① 参见〔日〕浜田寿美男:《自白的心理学》,片成男译,中国轻工业出版社2006年版,第71页。

扰?近些年来,主流媒体都在发声,呼吁律师回到程序、回到法庭。这种呼吁本身没有不妥,但有一个前提:法律能够阻止特权侵入程序、侵入法庭。如果有人可以在法外干预侦查和司法进而使司法不能独立办案、使当事人不能获得司法的公正,那么凭什么要求律师只在法庭上说事?

尽管我有13年检察工作经验和13年刑事辩护经历,但对波诡云谲、千变万化的刑事辩护尤其是对相对封闭的审前程序中的辩护,不敢说发现了它的奥秘。以上发言,仅供同行参考。

17. 形神兼备才有意义

2015 年 7 月 29 日　星期三

认定一个行为成立犯罪，必须满足一些必要的条件。正如大人责罚孩子，不能想一出是一出，只有有言在先，责罚方为有据，而且大人给孩子立的规矩也得合适才行。如果孩子很乖也要被责罚，或者孩子虽淘气但并无大碍也要被责罚，责罚就会让人口服心不服。因此，事先有明确、正当的规矩很重要。否则，说你有罪就有罪、说你无罪就无罪、想怎么罚就怎么罚、不想罚就不罚，那叫出入人罪、刑罚擅断，导致的后果是，有罪可以逍遥法外，无罪却会身陷囹圄，人们对自己的未来完全失去预期，时时生活在没有安全感的恐惧之中。在非法治的威权制度下，情形通常都是这样。但是，当今是追求民主法治、良法善治的时代，罪与罚都得有个法律界限才是。

依当今各主要法治国家通例，要认定一个行为构成犯罪，必须经由正当程序查明该行为满足了实体法上的形式要件和本质特征。

所谓形式要件，就是事先以明确的法律写清楚构成犯罪必须具备的条件，刑法上叫"犯罪构成要件"。符合形式要件，则可能成立犯罪（由于立法技术的原因，有些符合形式要件的行为没有实质危害，也不能成立犯罪）；不符合，无论行为多么恶劣、多么令人不能接受，也不能认定为犯罪加以惩罚。这个就是罪刑法定的第一个要求。同时，如陈兴良教授所说，刑法事先的明文规定，包括显性规定和隐性规定,前者可直接适用,后者需要解释。无论如何,必须得有事先规定,才能作有罪认定。刑事司法人员审案、判案,必须首先找到这样的规定。这就是刑事司法中的形式思维。

所谓本质特征,就是刑法规定为犯罪的行为必须有实质的社会危害,若没有危害却要惩罚,既毫无必要,又戕害自由。作为犯罪行为本质特征的社会危害,是行为对私法(民法、商法)、公法(宪法、行政法及程序法)或社会法(劳动法、社会保障法、特定群体保护法等)所规定的权利或权力的侵害。也就是说,法律保护某个利益或秩序,你却去侵害这个利益、破坏这个秩序,你的行为就是有实质危害。刑事司法人员审案、判案时,除了看当事人的行为是否符合法律规定的形式要件,还要查清行为是否有实质危害。这就是刑事司法中的实质思维。

在入罪即认定犯罪时,形式要件与实质危害均为必要,缺一不可,必须同时具备。法定要件为形,实质危害是神,形神兼备,才构成犯罪。而出罪,则不必全部否定,只要一项不合即可出罪。

1. 行为无实质危害,无论是否符合形式要件,都不能定罪,必须一律出罪

没有实质危害,形式要件对入罪便没有意义。正如应聘职位,若没有真才实学,即使有再高的学历文凭,也是徒具形式而百无一用。因此,刑事司法人员对于那些行为符合刑法规定的形式要件但却没有侵害任何法律保护的利益或秩序的案件,只能得出无罪的结论,即必须出罪。无害不罚,就得这么任性。

2. 行为符合构成犯罪的形式要件,也有实质危害,也未必都入罪,还有一个程度问题

因为刑法调整社会关系是二次调整,出民才能入刑,如果一个有害行为引起的权利损害、秩序破坏通过民法、行政法或社会法就能救济(即修补恢复),那就说明它的危害还不算大,也得出罪,不能

入罪(我国《刑法》第 13 条就是这么说的,原话是"情节显著轻微危害不大的,不认为是犯罪")。刑罚是剥夺生命、自由、财产、资格的处罚,责任严重,故不能轻易动用刑法。有时候,刑事司法就得如此吝啬。

3. 行为有实质危害,却不符合刑法规定的构成犯罪的形式要件,也不能定罪,必须出罪

当今各国,只要是自称民主法治或者追求良法善治的,均会在刑法中确立罪刑法定、禁止类推的原则,即法无明文规定不为罪。正如在文凭或资格为某个职业入职的制度门槛情况下,即使学富五车,没有文凭或者资格,你也不能入职。哪怕你是华佗再世,也得考过医师资格,否则你就不能行医。即使你有邓析(中国律师业鼻祖)的天赋,没有律师资格,也拿不到律师执业证书。没办法,有时候,制度就是要这么机械。

18. 被害人过错

2015年8月29日　星期六

"被害人"是一个法律概念,作为法律术语时与日常用语存在区别,是指权益被犯罪行为侵犯的自然人或组织。而日常所说的"被害人",是指被犯罪分子杀害的人。

"过错"既是一个法律术语,又是一个日常用语。作为法律术语,"过错"是指一个人对纠纷的发生或侵权行为、违法行为的实施存在主观上的故意或过失。

在刑事案件中,被害人的过错是指被害人对侵害其权益的犯罪行为发生具有过错。比如,以谩骂、威胁等言词挑衅或殴打、侮辱等行为刺激,引发他人的反抗、报复等,进而使自身遭受侵害。

在刑法上,被害人的过错对加害人(犯罪人)的定罪、量刑有重要影响。如果被害人对他人实施不法侵害引发他人的防卫,他人的防卫行为符合正当防卫条件的,他人无罪,被害人纯属咎由自取。如果被害人的过错尚未达到不法侵害的程度,而对方借机大打出手给被害人造成损害的,就是犯罪行为而不成立正当防卫,或者对方的防卫行为与不法侵害不成比例、明显超过必要限度的,则被害人的过错就成为对方获得从轻或减轻处罚的理由。

在社会学、犯罪学上,被害人的过错被认为是引发违法犯罪的重要因素。控制违法犯罪,维护社会秩序,不仅应当关注违法犯罪人,而且应当关注被害人。对这类问题的研究还形成了一门独立的学科,就叫"被害人学"。

最近,浙江有两则新闻报道:第一则是某餐厅员工将滚烫的水浇向顾客,致其身体大面积烫伤;第二则是某市民到区法院办事,与法官发生争执,被法官抱腿后摔倒在地。违法犯罪,自应承担法律责任,这个不必赘言。值得注意的是,每天去餐厅就餐或去法院办事的人络绎不绝,发生争执的毕竟为数极少,人身被侵害的更是罕见个例。为什么餐厅员工会用开水浇人?作为法律代言人的法官又为何会与当事人发生肢体冲突?

从被害人角度反思,必有原因。"存在即合理"被很多人误读,它实际上旨在说明凡事皆有其发生的原因或诱因,而且这个说法只是对因果关系、事件发生机理的科学解释,并不是对当事人行为的善恶评判。正如本篇标题"被害人过错",日常用语的含义是,之所以被不法行为侵害,都是你被害人自己的错。而事实上,我在这里想要表达的意思是,尽管违法犯罪人应当依法承担责任,但是被害人的言行可能是诱发违法犯罪的因素。

据后续报道,第一则报道中那个 17 岁的餐厅员工之所以用开水烫人,他自己的解释是:"我是单亲家庭长大的,从很小就没有见过我妈。她(指顾客)骂我我可以忍,她骂我妈我就不能忍了(被害人骂人的原话是'你××的是什么人')。"一句国骂,对从小就没妈的少年来说,无疑戳到了他的痛处,情绪被激怒并不奇怪。第二则报道中的法官之所以抱市民的腿致其摔倒,倒不是因为该市民在法院无理缠访,而是因为该市民在与法官争执过程中听到法官说要去接女儿,便对法官说他要跟法官一起去、正好可以认识认识之类的话。显然,法官认为这些话是对其本人及其女儿的一种威胁。事实上,在一些国家和地区,连法官的居住信息都被严格保密,更不用说法官家人的安全了。若媒体报道违规披露相关信息,就会招致社会大众的谴责。这种对法官的保护措施,无疑是为了免除法官的后顾之忧,以使他们能理性判案、公正司法。相应地,若当事人的言语涉及法官及其家人的安全,当然会被认为是一种挑衅。

餐厅烫人员工和法院涉事法官的行为如何评价,有待司法机关依法判断。无论如何,当事人的辱骂、威胁行为都是引发冲突的因素,无视这一点是不公平的。

19. 人性的软弱[①]

2015年9月6日　星期五

看到有位刑事法教授和我读同一本书(《自白的心理学》),联想到刑事司法实践中的诸多乱象,不禁有感而发。

刑事诉讼法禁止刑讯逼供、暴力取证,刑法明文规定刑讯逼供、暴力取证为犯罪行为。刑事法如此规制侦查、审讯中的不法行为,与其说是为了保护被追诉人的人身权利,还不如说是为了尊重人的意志自由:人既有说话的权利(表达的自由),也有不说话的权利(沉默的自由)。要测试一个社会人的自由程度,看看犯罪嫌疑人、被告人的处境便可见一斑。

在法庭上执行公诉任务的检察官,对于被告人及其辩护律师关于非法证据排除的意见,总是会搬出最高检有关刑事诉讼法的解释进行答辩(《人民检察院刑事诉讼规则(试行)》),最高法的相关解释虽略有差异,但基本相同):刑讯逼供是指使用肉刑或者变相使用肉刑,使犯罪嫌疑人在肉体或者精神上遭受剧烈疼痛或者痛苦以逼取供述的行为。其他非法方法是指违法程度和对犯罪嫌疑人的强迫程度与刑讯逼供或者暴力、威胁相当而迫使其违背意愿供述的方法。其中,"肉体或者精神上遭受剧烈疼痛或者痛苦"是判断刑讯逼

[①] 原载于2015年9月6日"靖霖刑事律师机构"微信公众号,少量内容有调整。

供非法方法的标准。由此,何为"剧烈"便成为控辩双方发生剧烈争议的话题,当然也是令担负裁判职能的法官剧烈痛苦的一个问题。因为如果某种审讯方法使人肉体或精神上遭受剧烈疼痛或者痛苦,那么相关口供会被认为是采用非法方法取得而失去证据能力,便不能成为认定事实的证据。如果讯问取证方法尚不算"剧烈",即使存在问题,也最多被认为有"瑕疵"而不能排除相关口供的证据能力。也就是说,此时的有罪供述能够成为认定有罪的证据。

疼痛或痛苦,是人的神经、精神对来自外部的物理、言语刺激产生的生理、心理反应。有了讯问的同步录音录像,对司法人员审讯犯罪嫌疑人、被告人时有无打骂等外部的刺激,证明并非难事。打了就是打了,骂了就是骂了,打人是能量的输出,骂人是信息的输出,都会在录音录像中留下痕迹,都可以用证据证明、还原打骂的事实。然而,一个人因为被打骂而产生的生理反应(疼痛)、心理反应(痛苦)是否存在、程度如何,恐怕就很难判断了。实际上,这正是刑事诉讼法关于非法证据排除的规则看上去很美、用起来很难的原因所在。如果一部在理论上很公正的立法不能在个案中有效地实施,那么法律的公正无异于画饼充饥罢了。

在目前的司法实践中,官方法律人(警察、检察官和法官)大都认为刑讯逼供明显减少了,而社会法律人(律师)对司法实务中的非法证据排除却时有不满。其原因除了前面所说的"剧烈疼痛或者痛苦"是否存在以外,还有一个重要的问题被控辩审三方普遍忽略。那就是:在没有刑讯逼供等非法方法存在的案件中,犯罪嫌疑人、被告人仍然作了虚假的有罪供述,即在没有被非法对待的情况下,无辜的被追诉人仍然供认自己有罪。

问题是,一个无罪之人,如果没有遭受物理的暴力(刑讯逼供)或心理的暴力(威胁恐吓),为何要供认自己没有实施过的犯罪?如果无辜的犯罪嫌疑人基于某种利益而自愿供认其没有实施过的犯

19. 人性的软弱

罪(如为了感情或金钱而为人顶包入狱),那还是可以得到解释的。但是,在没有任何利益因而也不自愿的情况下违心供认没有实施过的罪行,又如何解释?对此,法律上要明确的问题是,非法证据排除制度的宗旨,是为了遏止取证方法的非法,还是为了确保有罪供述的自愿?

法律的制定、制度的设立不仅要站在创制者的立场追求逻辑圆满和自洽,而且还得换位思考:除了法律规定的达到"剧烈"程度的生理疼痛和心理痛苦之外,是否还会有第三种使无辜者不得不违心供认的情形?

古今中外的刑事司法实践中都不乏这样的情形:审讯并未对犯罪嫌疑人造成剧烈的肉体疼痛或者精神痛苦,然而,无辜的嫌疑人却会在审讯中无奈地供认其根本没有犯下的罪行。浜田寿美男通过研究具体的案例发现,普通人就是如此软弱的存在,刑讯逼供的案例越来越少,虚假口供却并未减少。他在《自白的心理学》中文版序中说:"实际上,人即使没有拷问等直接暴力,也依审讯的状况非常容易做出自白。……大部分当事人都不是因为拷问而是因为屈于心理压力才供认了自己子虚乌有的罪行。嫌疑人被置于孤立无援的状态,倔强的审讯员们围住嫌疑人强求自白。当这种状况一直持续下去,嫌疑人又无法预期在自己身上将会发生什么事情时,很容易掉进虚假自白的深渊。"

在令人肉体剧烈疼痛或精神剧烈痛苦的刑讯逼供等非法侦讯方法尚未杜绝,或者尚有罪行累累却不愿供认又难以取得其他证据破案因而导致被害人无法获得法律正义的社会,讨论这些无法归入"非法方法"的情形,多少显得有些奢侈。但是,法律人了解人性的软弱,避免与事实不符的非自愿供述成为定罪的证据,用足现有法律和政策,以免刑及无辜,确保司法公正,"取法乎上,得乎其中",未尝不是一件值得重视的事情。

20. 医闹、庭闹与任职保障

2015年9月10日　星期四

又见医闹、庭闹,履职的医生、法官被残忍伤害。最近,湖北十堰一起劳动纠纷案的当事人胡某由于不服法院判决,持刀刺伤了该市中院的4名法官。

此前,类似事件已多次发生:2010年6月,湖南永州市零陵区人民法院内,一男子持枪扫射,导致3名法官当场死亡,3名法官受伤,嫌凶当场自杀;2010年6月,广西梧州市长洲区人民法院在强制执行一起案件时,被执行人陈某用硫酸泼洒执法干警,6名干警被硫酸烧伤,其中2人重伤。(补记:2016年2月,北京市昌平区人民法院回龙观法庭法官马彩云在家门口被当事人持自制手枪杀害,该当事人是她正在办理的一宗离婚后财产纠纷案件的原告;2017年1月,广西陆川县退休法官傅明生被当事人杀害,起因是他22年前判决的一起离婚案件;2017年2月,江苏沭阳县人民法院法官周龙在步行去法院途中被案件当事人开车撞倒,后又被用刀刺成重伤;2020年11月,黑龙江哈尔滨市双城区人民法院郝剑法官被刺杀;2021年1月,湖南省高院审监一庭副庭长周春梅被其昔日好友向某行凶报复,不幸遇害。)同样,医闹事件更是屡见不鲜。

医生、法官俨然成了高危职业,我克制不住心中的情绪,在微信群里发了言。以下所思所想,曾被湖北恩施州中院微信公众号转载。

最近，挑战心理极限、伦理底线的社会新闻屡有发生。从道德、法律角度审视，有的属多因一果，有的则不合常理。关于应对之策，亦众说纷纭。比如，微信朋友圈曾流传一篇关于"垃圾人定理"的文字，建议人们遭遇无耻之徒无损重大利益的骚扰时，如果不能一招制敌，那就索性一笑而过。否则，小不忍则乱大谋，激化矛盾往往造成两败俱伤：纠纷升级为犯罪，"垃圾人"虽会被绳之以法，较真者则可能为犯罪所害。

运用个人的生存智慧，人们固然可以躲开"垃圾人"。因为你虽然惹不起，但是躲得起；与做人做事无底线者较真，除了于事无补外，还会自贬人格。然而，并非所有人都可以运用这样的智慧。

对于负有特定职责的人来说，无论对方多么庸俗下作，他们仍然得把个人道德偏好先放在一边，对其施以人道。这并非为了以德报怨，而是职业伦理或法定职责所系。比如医生，即使患者受伤属咎由自取，救死扶伤仍是医生天职。又如法官，即使当事人受损是庸人自扰，公平裁判依然是司法正义。道德上的坏人与好人，在健康、法律面前，人人平等。

正因为如此，这些负有特定职责的人，如医生、法官，反而可能吃力不讨好，有时会被患者、当事人以怨报德，无端遭受侵害。事实上，这些面临职业风险的人，理应得到社会大众的关爱和法律制度的庇护。

虽然在每一个病例中妙手回春是医生的职业理想，让人民群众在个案中感受到公平正义是法官的职业追求，但是医疗不可能总是起死回生，司法也未必能令原告、被告两造都满意。无论如何，遭遇不利后果的病患及其家属，承担败诉结果的当事人，对正常履行职责的医生、法官，都应该持敬畏态度。若将个人不幸、败诉迁怒于正常履职的医生、法官，以暴力手段医闹、庭闹甚至实施伤害、杀人犯罪，则绝对不能容许。相应地，法律制度应该给予面临职业风险的人安全保障，不可放纵"垃圾人"为所欲为。如果有人不可救药、不可饶恕，那也怪不得别人，苦果得自己吞下，惩罚亦不可避免。

21. 不 起 诉

2015 年 9 月 14 日　星期一

小气候与大气候竟然如此合拍,但愿不是巧合。与引起社会广泛关注的那几件刑案类似,最近我经手辩护的刑案,有两件获检察院作出不起诉决定,得以结束漫长的刑事诉讼,达到了预期的辩护目的。命运多舛的无辜者也得以摆脱讼累,恢复自由。

身陷不该启动的诉讼或久拖不决的司法,哪怕最终没有定罪判刑,程序本身也会给当事人的工作、生活造成极大困扰。总结此类案件,多少有些规律性可循,无论教训还是经验。

一、并非所有的错误都可由法律规制

相当数量的问题并不属于法律的辖区,即所谓"恺撒的归恺撒,上帝的归上帝",法律不规制的事只能诉诸世道人心,留给世人评说:或澄清事实,或说清道理,或批驳谬论。法律至上,并不意味着法律无所不能。有些领域的问题和纷争,诸如情感、认知和意志等精神生活,见解、偏好的表达,以及纯粹私人的不具有外部性的行为,不可能对法律保护的利益和秩序产生现实的影响,不应被认为是法律规制的行为。法律不规制不意味着就正当合理,但是对待"错误"必须以正确的方法处理。法律一旦被滥用,其危害甚于任何错误。

二、并非所有的不法行为都可由公安机关查处

一些侵权行为或合同争议,属于民事问题,依法公安机关不能插手民事纠纷,此类问题应由当事人自己通过民事诉讼解决。长期以来,中央一直明令禁止公安机关插手民事纠纷,但是此类问题却一直存在。问题的根源之一恐怕是有些领导干部对公安机关的职责缺乏正确认识或者明知故犯,指挥公安机关超越职责行事。囿于司法体制的缺陷,公安机关往往无力抵制法外的干预。这导致一些民事纠纷被硬生生地做成刑事案件,令当事人无法摆脱。

三、即使是公安机关可以查处的不法行为,也不是所有的问题都能追究刑事责任

在公安机关查处的不法行为中,大量的只能给予治安处罚,有的尽管具有较大的社会危害,但刑法没有规定其为犯罪,按照罪刑法定原则,也不可动用刑法,这是法治的必要代价(放纵小恶,维护大善)。有些领导干部和司法人员,对法治国家权力的分工和界限缺乏认识,在思维方式上唯实质思维、轻法律逻辑,只要认为行为有害,无论其是否符合法定要件,都主张将当事人入罪惩办。实质有害,但刑法未规定为犯罪,这是法律与生俱来的弊端,该弊端的消除,是立法的责任。对于作为执法者的公安机关来说,权力法定,法无授权即无权。若法无明文规定,即使行为有害,公安机关也爱莫能助。

明明是无罪的行为,为何会启动刑事程序?奈何又被长时间的刑事侦查或检察院审查甚至经过法庭审判再撤回作出不诉决定?其实,若没有那些违背司法规律的考核指标,若相关领导干部略微有些法律意识,若司法职权能够依法独立行使,那么情况便会不同。承办此类案件的司法人员在知识上有能力守住底线,在情感上不忌惮民粹、精英的意见压力,在意志上不顺从于领导干部的插手干预,司法权力不被滥用、不被利用,情况就可能大为不同。

　　领导干部要有法治思维,尊重公检法机关依法履行职责,不能强令司法机关处理不属于其职责范围的问题;司法人员要善于运用法治方式,无论何人插手干预,都不能逾越法律行事。这些应该成为当今政治家和法律人的底线共识,因为这是公民权利保障、社会有序运行的最低要求。

22. 墓地之争与六尺巷

2015年9月30日 星期三

尽管儒家传统主张息事宁人、中庸和谐，民间更是认为"屈死不告状"、忍辱负重是美德，但是利益之争仍然时时发生、处处难免。人们活着的时候争权夺利，就是死了，后人还要为他们争墓地。因此，有人认为"厌讼"并非儒家文明的传统。

据报道，在奉行儒家文化、实行中华法系的韩国，一处墓地之争竟然持续了近400年，导致两大家族不得通婚。尹、沈两大家族从1614年就开始争夺汉城（现名"首尔"）以北约40公里处的一座小山，两大家族都断定这座山是"左青龙、右白虎"的"风水宝地"，把该山作为自家的墓地能泽被子孙、惠及未来，因此双方都主张拥有它的所有权。两大家族一面把显赫成员葬在山上，一面控告对方破坏自己祖先墓地，进而演变为家族世仇。两大家族墓地争夺案曾令多代王室头疼不已，直到2007年才达成和解，同意由尹氏向沈氏提供8300平方米土地，作为沈氏19位先人新的安息场所。这宗墓地争夺案不仅未能惠及子孙，反而令韩国姓尹者约100万人和姓沈者约25万人无法通婚，如果两大家族成员擅自通婚，两姓有情人是得不到长辈祝福的。

民间喜欢争执，而官方却一厢情愿地追求无讼。为了无讼，历代官府可以说使出了浑身解数。散见于中国各地的六尺巷便是古代官员奉行德治、息诉罢讼的产物。到了当代,在司改之前的十几年间,在民间,"信访不信法";于官场,司法日益边缘化,纠纷日见尖锐,非但不以法治界分权利以定分止争,反而鼓励"不按法理出牌",使社会大众与行政部门和政法部门均无所适从。

曾听说一则基层官员了断墓地争议的故事。某镇两个家族为一墓地归属产生争执,影响社会稳定。因事起年代久远,历届官员均无可奈何。某日,新任镇长听说此事,便亲往调解。镇长约当事人到场,告知双方自己绝对保持中立,会不偏不倚地公平裁决,希望双方能够接受其处理方案。双方均表同意。

镇长问:"墓地有何用处?"

双方均答:"先人安息之用。"

镇长说:"既然双方先人均已在此安葬,他们都无意见,生者却如此吵闹,他们何以安息?既然墓地用于安葬往生之人,双方目前均无人死亡,争执何益?"

双方答:"人总会去的,墓地面积有限,恐今后逝者再无地方葬入祖坟。"

镇长问:"我体谅双方的心情。在资源有限的情况下,排队是否最公平的方案?"

双方答:"是。"

镇长说:"我认为,依排队方案,先到先得是最基本的规则。双方最先死人的一方获得墓园空地的使用权。可否?"

双方异口同声:"那墓地就给对方吧!"

众人散去。

镇长非常清楚双方争执的焦点在于利益(法言曰"权利"),但生命无疑是高于土地财产的利益,如果得到较小的利益(土地)须以失去较大的利益(生命)为先决条件,那么任何争权夺利之人都知道是得不偿失的事情。因此,没有哪一方会为了得到墓地而愿意先行死去。若果真获得争执的土地,则等于己方必定先死一人。谁愿意承受这个比诅咒还要恶毒的状况呢?

据说,清代文华殿大学士兼礼部尚书张英的老家人与邻居吴家为宅基地起了争执,因时间久远,谁也难以证明归属,公说公有理,婆说婆有理,双方都不肯相让。因事涉宰相,官府不愿沾惹是非,纠纷越闹越大。于是,张家人飞书京城,让张英打招呼"摆平"吴家。张英阅过来信,只是释然一笑,挥起大笔,作打油诗一首:"千里修书只为墙,让他三尺又何妨。万里长城今犹在,不见当年秦始皇。"张家人豁然开朗,遂将院墙拆让三尺,得到街坊交口称赞。宰相家的忍让反倒令邻居吴家深感惭愧,于是也把围墙向后退了三尺。两家争端平息,留下六尺宽的巷子。

无论是墓地之争的化解,还是六尺巷的形成,固然显示了主政者的实践智慧,而在历史学者黄仁宇看来,却也正是中国社会难以现代化的一个原因:人们耻于对自己的权利实行精确的数目字管理,法治失去了社会基础。

无论墓地之争还是三尺之让,背后折射的是法律和道德观念,具体又可分为宏观的制度问题和微观的技术问题。无论争(法律上的权利)还是让(道德上的利益),前提是得确定权益。为此,资源或利益归属需要加以精确量化,否则如何在法律上界定是非,又如何从道德上判断高低?无论阴宅阳宅,归属不明,即使各方都让,也未必能够得出道德高尚的结论,反而可能导致两个后果:一是资源浪费,二是无法评价。如果连让出的权益是否属于自己都不明确,何谈高尚?更别提"牺牲自己成全他人是美德"。如果大家都让,不但会导致浪费,还有纵容恶争之虞。

23. 如何让书记不批案？

2015年11月3日　星期二

近日给某市检察官上课，课间休息时，有位检察官跟我抱怨说，尽管中央已发文禁止党政领导干部干预司法、插手具体案件处理，并为此建立了记录、通报和责任追究制度，但是，领导干部干预司法和插手具体案件处理的现象仍屡见不鲜，甚至有县委、县政府领导公开召集公检法人员开会"研究""协调"具体案件处理，导致一些原本无罪的人被拘捕、被起诉甚至被判刑，相关制度落实很难。

这位检察官抱怨的情形绝非个例，否则中央也不会为此反复发文强调制度建设了。但是，制度在文本上的确立只是第一步，如何有效落实才是关键。在我国，书记、市长、公检法三长和纪检、组织等关键岗位一把手大多实行异地任职，这些领导干部大都同住一个招待所，书记与检察长可能住隔壁，市长与院长可能住对门，有啥问题需要"沟通"，根本不用正襟危坐、一本正经地发号施令，晚上沐浴后穿着大裤衩串个门就行了，一切尽在烟茶中。书记、市长关于个案处理的"意见"，检法两长会记录吗？会向上级报告吗？会追究吗？如果会，今后还要不要做邻居啦？

看来，健全完善制度，有效约束权力，的确是当务之急。同时，在同样的制度环境下，各地、各单位、各案件的司法状况却存在差异，说明非制度因素也在发生作用。

前不久，与一供职检察院的师弟晤谈，提及党政领导干部干预司法、插手具体案件问题时，他提到一个事例。他在挂职某县副检察长时，该县委书记批示，为了社会稳定，某案必须起诉，而检察院审查的结论是嫌疑人无罪。检察院作为法律监督机关，不能刑及无辜，但又得服从领导，因此诉也不是，放也不是，左右为难。不过，这位师弟没有纠结于进退维谷的困境，决定另起炉灶，派人根据刑事诉讼法赋予的补充侦查权深入调查，最终发现侦查机关要求起诉的案件是一起人为制造的假案。他遂将真相告知书记。书记从此不再就具体案件作出明确批示，刑案息由公检法机关按程序办理。

个人的违法犯罪只不过是侵害了社会秩序，党政领导法外用权、司法人员失去法度则会破坏法制的根基。正如培根所说的那样，前者污染的只是水流，后者污染的却是水源。

因此，有效约束公共权力的制度仍是根本。改革开放初期，邓小平在《党和国家领导制度的改革》这篇文章中说过一段后来被主张法治的人们广泛引用的话："我们过去发生的各种错误，固然与某些领导人的思想、作风有关，但是组织制度、工作制度方面的问题更重要。这些方面的制度好可以使坏人无法任意横行，制度不好可以使好人无法充分做好事，甚至会走向反面。""我们今天再不健全社会主义制度，人们就会说，为什么资本主义制度所能解决的一些问题，社会主义制度反而不能解决呢？这种比较方法虽然不全面，但是我们不能因此而不加以重视。斯大林严重破坏社会主义法制，毛泽东同志就说过，这样的事件在英、法、美这样的西方国家不可能发生。他虽然认识到这一点，但是由于没有在实际上解决领导制度问题以及其他一些原因，仍然导致了'文化大革命'的十年浩劫。这个教训是极其深刻的。不是说个人没有责任，而是说领导制度、组织制度问题更带有根本性、全局性、稳定性和长期性。"①

　　为了确保法院、检察院依法独立公正行使审判权、检察权,2012年党的十八大报告重申"绝不允许以言代法、以权压法、徇私枉法",2013年党的十八届三中全会深化改革决定和2014年党的十八届四中全会全面推进依法治国决定再次就此作出体制改革的部署,2015年3月30日,中共中央办公厅、国务院办公厅印发《领导干部干预司法活动、插手具体案件处理的记录、通报和责任追究规定》,旨在贯彻落实《中共中央关于全面推进依法治国若干重大问题的决定》有关要求,以防止领导干部干预司法活动、插手具体案件处理,确保司法机关依法独立公正行使职权。

　　制度完善之后,并不意味着个人作用的丧失。清末,清政府在沿海城市建立了检察、审判机构,并要求行政不再兼理司法,检察官、法官依法独立办案的观念和实践被引入中国。当时浙江的宁绍台道军政长官未经公诉审判而法外对抢劫犯方得胜执行死刑,引起宁波检察厅、裁判厅两位司法首长公开辞职抗议以捍卫司法权威。②梁启超写道:"何谓司法?谓尊法律以听狱讼也。何谓独立?使审判官于法律范围之内,能自行其志,而不为行政官所束缚。凡任此者必将身在其职,苟非犯法或自行乞休,则虽以法部大臣,亦不能褫革之左迁之……此又立宪国之一重要条件也。"③梁启超认为,司法独立除了在制度层面要有一套遵行的法律规范且法律是法官裁决案件的唯一准绳外,还要强调在司法裁判过程中法官具有独立意志、不受行政官员干涉的重要性。

　　公正司法,既需要符合法治要求的司法体制和诉讼机制,以有

---

① 参见《邓小平文选(第二卷)》,人民出版社1994年版,第333页。
② 参见李启成:《晚清各级审判厅研究》,北京大学出版社2004年版,第179页。
③ 梁启超:《说常识》,载《饮冰室合集(第3册)》,中华书局2011年版,第39页。

效屏蔽法外干预,又有赖于法律人依法独立、刚正不阿之勇气与智慧,勇于且善于拒绝法外干预。

1608年,英国国王詹姆士一世希望亲自参与司法审判,遭到法官们的反对,理由是:"诉讼只能由法官独立作出判决。"可詹姆士一世固执己见,认为既然法律基于理性,而他自己与法官一样是具有理性的人,那么由他进行审判也是合理的。针对国王的这一言论,当时的大法官柯克反驳道:"的确,上帝赋予了陛下丰富的知识和非凡的天资,但陛下对英格兰王国的法律并不精通。涉及陛下臣民的生命、继承、动产或不动产的诉讼并不是依自然理性来决断的,而是依人为理性和法律的判断来决断的。法律乃一门艺术,一个人只有经过长期的学习和实践,才能获得对它的认知。鉴于此,陛下并不适合进行司法审判。"詹姆士一世勃然大怒,指责大法官柯克公然挑战国王的权威。面对国王的威胁,柯克的回答异常坚定:"国王在万人之上,但是却在上帝和法律之下。"

24. "独立辩护说"辨析

2015年12月13日　星期日　国家公祭日

既然犯罪嫌疑人、被告人是刑事诉讼主体,刑事诉讼的结果又将由其承受,那么,其自由意志应当被尊重,重要场合他们不应缺席。比如,只有自愿的供述才能成为证据,检察机关作出起诉、不起诉的决定必须通过讯问听取其供述或辩解,他们没有到场审判机关不能审判案件(法律有特别规定的除外)。被追诉人的主体性,对司法机关如此,对其委托的辩护人亦如此。那种认为律师可以无视被告人意愿独立辩护的观念,是没有法律、合同依据的,是违反职业伦理因而也是荒唐的。

复旦投毒案被告人林森浩死刑判决既经最高法依法核准且已执行,法律纷争业已定谳。被告人是复旦大学医学院学生,故意杀人的方式是向饮用水中投放剧毒物质,导致同寝室同学黄洋的死亡。无论大众媒体还是法律专业圈,对该案被告人、委托人和辩护人之间的意见分歧、诉讼策略得失等都多有讨论。本人对未阅卷的案件不想多说什么,但对其中所谓"独立辩护说"竟成理据且迄今为止还在被人引用,却不能不说几句。

据两年前《三联生活周刊》的报道《"复旦投毒案"庭审背后》披露,在本案诉讼过程中,律师与委托人即林森浩家人之间曾经就无罪辩护还是有罪(罪轻)辩护发生分歧。辩护律师说:

> 他儿子有罪,自己承认了,林父偏偏说无罪,经过两次尸体鉴定,黄洋确实死于这个药物,林父说不是死于这个药物,……家属直到庭审前,几乎都在要求我们作无罪辩护,要把他自己的认知强加给你。……林父在跟我们接触的时候一直在说他儿子没杀人,黄洋不是死于N-二甲基亚硝胺,没有表现出歉疚,这让我们心里非常不满意。律师辩护是独立的,不受当事人约束的,这一点他理解不了。

其中,"律师辩护是独立的,不受当事人约束的"这个说法是不正确的,当事人理解不了,同为律师的我也理解不了。

第一,依辩护律师的法定职责,辩护律师只能作无罪或者罪轻辩护以维护被告人的权益,主张有罪或罪重是控方的职责。如果委托人要求作无罪辩护而辩护律师根据本案证据认为作无罪辩护不可能做到有效辩护,那么,辩护律师的选择有二:一是服从委托人意愿,作无罪辩护,但是辩护律师负有"消极的真实义务",即律师不得通过伪造证据、妨害作证等为法律禁止的积极作为方法实现辩护目的(尽管如此,辩护律师仍然不负"积极的真实义务",即律师不负举证责任,即使对于无罪辩护的主张,也无举证责任,只要能够使裁判者对案件事实形成合理怀疑即可。当然,若能举证证明当事人无罪,自然更利于有效辩护,但这并非律师的法定义务)。二是如果律师不愿作其认为不可能有效的无罪辩护,继续辩护令自己纠结,又无法说服委托人,那么他可以拒绝委托人的委托,退出本案诉讼。

第二,依辩护律师的职业伦理,律师的辩护权利源自被告人的辩护权利,没有委托人授权,就没有律师代为行使的辩护权利。据此,无论律师选择无罪辩护还是罪轻辩护,都不能以"独立辩护"为由违背委托人意志。如果委托人坚持要求作无罪辩护,而辩护律师根据案情认为选择无罪辩护不可能做到有效辩护,那么他还是只能有两种选择：一是服从委托人意志,即使无效,也要作无罪辩护。于此,辩护律师负有积极的伦理义务(恪尽职守,争取有效的无罪辩护)和消极的伦理义务(不得泄露不利于被告人的信息,法律特别规定的除外)。二是服从自己的意志,拒绝委托人的委托,退出本案诉讼。如果律师认为作无罪辩护断无可能,继续辩护令自己纠结,但又不能违背委托人意愿或说服委托人,那么,此时唯一选择只能是退出。

综合前述法定职责和职业伦理,维护被告人权益和尊重委托人意愿是辩护律师的义务。"独立辩护说"早已被学界摒弃、被业界淘汰。如果说律师行使辩护权存在"独立",那也只是局限于：(1)辩护执业受法律保障,不受任何机关和个人的打压、侵犯；(2)基于消极的真实义务,对于委托人有关要求律师以积极的作为方式实施妨害作证行为以实现委托目的的请求,律师有权拒绝。律师独立行使辩护权,仅此而已。

25. 答记者问

2016 年 1 月 26 日　星期二

最近,某报联系学校说要采访我,执笔者给了一个文稿提纲,提了一些问题:(1) 小时候的哪个经历,促使您选择了法学专业又从事了检察工作;(2) 是何事,让您又选择了法学教育与律师行业;(3) 在教书与做律师期间,哪件事最让您感动;等等。恭敬不如从命,回答如下:

(1) 我是 1984 年以超过清华、北大的录取分数考上西南政法学院的(因为当时是高考一结束就填报志愿,是在还不知道分数的情况下盲报的)。我当时还不到 18 周岁,对职业生涯根本没有任何理性的打算。大学毕业后从事什么工作,也是组织分配的,个人选择几无余地。检察院于 1978 年复办,我于 1988 年大学毕业,当时司法机关法学专业毕业的很少,我又是跨省分配的,自我选择的可能性很小,自然而然就服从分配进了检察机关。当时,我是所在检察院第一个本科生。

(2) 我在检察院工作了 13 年(1988—2001),用 7 年时间(1988—1995)从书记员、助理检察员晋升到检察员,行政职务也从中层干部、检察委员会委员上升到副检察长(在负责公诉工作时,以社会青年的身份报考律师资格,以全市最高分通过并取得律师资格证书),当时是全省唯一一个不到三十岁的副检察长。2001 年,检察系统实施"153 人才培养工程",得知自己可能被列入专家型检察人才(即前面的那个"1"),而一旦入选,职业生涯的选择可能就身不由己了。于是,我萌生了离开检察系统到法学院教书并做兼职律师的想法,只是想换个角度来观察、体验自己要托付一生的法律职业。同时,我注意到,窘迫的经济条件、刻板的工作方式,也被很多人认为是我调离的原因。

(3)教学工作中最大的感动就是每年的毕业典礼,看着一个个对法律一无所知的法学新青年通过四年或七年的法学教育做好了成长为卓越法律人的准备时,我就有一种成就感。那个十多年前说要回来反驳我的学生终究没有回来,我相信他的观念、思维应该得益于大学的法学教育和此后的实践磨炼已经有所改变。在兼职律师工作中,令我深有感触的是一些无辜者因司法体制的缺陷或诉讼机制的沉疴而身陷囹圄,而我却不能使其获得司法公正。令人感动的是,有些被羁押甚至被判刑的无辜者,经由各方的努力得以辩冤白谤获得公正。

26. 《最强大脑》背后的最强规则

2016年2月1日 星期一

江苏卫视有个节目叫"最强大脑",被称为"国内首档大型科学类真人秀电视节目",有不少观众称被该节目"哇掉了一地下巴",也有人说"看了他们之后简直被自己蠢哭了"。然而,正如前几天一位记者感慨的一样(有些代表、委员年年审议检察院工作报告,却年年说自己不了解检察工作),不少每期不落收看节目的人,也就是图个热闹或猎奇罢了,对节目背后的规则并不那么关心。

其实,源自德国的这档节目,其中的规则问题与节目中的那些"最强大脑"一样值得关注。

(1) 模板交易规则。电视节目模板交易,本身必须遵守知识产权规则。国内近年收视率高的电视节目,有不少是花钱从国外买的电视节目模板,如这几天闹出知识产权纠纷的 The Voice Of XX(好声音节目模板)。江苏卫视自称其节目借鉴的是德国的《Super Brain》,从德国队与中国队曾共同竞技于《最强大脑》可以推断,双方就相关知识产权问题应该按照交易规则达成过协议。

(2) 竞赛评判规则。该节目的脑力竞赛规则规定,由一位专业的科学家和三位不专业的公众人物即明星共同担任评委(这有点儿类似法院审案的合议庭,不过,合议庭的人数可是单数哦),由三位明星评委根据选手在竞赛前对技能的描述各打出 0—5 分的预判分,由科学评委(即节目中的"Dr. 魏",被观众戏称为"叨叨魏博士")在竞赛后对选手打出 1—10 分难度系数分,再将难度系数分与预判分总和相乘,总分达 80 分者晋级;若科学评委打出 10 分难度系数分,则选手可直接晋级。该规则表明,科学与民主对决定的作出都是不可或缺的要素。

(3) 评委之间的规则争议。第一季明星评委梁冬曾以"科学要有温度"为据反驳 Dr. 魏,甚至在节目中激动得落泪,但占多数的明星评委依旧没能改变时时坚称"以科学为唯一标准"的唯一科学判官 Dr. 魏的决定,因为他对选手是否晋级拥有能够对抗多数评委的特权;即使三位明星评委都打了最高分 5 分,选手得 15 分,只要叨叨魏博士给出的难度系数分低于 6 分,选手的总分就必然低于 80 分并被淘汰出局;即使三位明星评委给选手打出极低分,但是只要叨叨魏博士给难度系数分打出满分 10 分,选手也照样能够晋级。在第二季中,高晓松也曾像梁冬一样质疑过 Dr. 魏,当高晓松辞去评审之位时,就有网友评论说他是被 Dr. 魏逼走的。还有那位带出一大把冠军的羽毛球教练李永波,也毫不留情表达了他对 Dr. 魏在《最强大脑》中"一家独大"的不满。问题是,只要规则不变,Dr. 魏的权力和地位就无人能够撼动。既然你同意参与这个游戏,你当然就得服从游戏的规则,即使它并不如你期待的那样完善。

(4) 评判规则修改。由于明星评委与科学评委的纷争不断,第三季《最强大脑》终于改变了竞赛评判规则。节目组通过新增"爆灯"环节,赋予除 Dr. 魏之外的明星评委们一项权利——对于自己格外偏爱的选手可以跳过 Dr. 魏的难度系数评分,通过"爆灯"令其直接晋级。显然,规则新增的这个环节无疑是对 Dr. 魏权力的明显减损,使得天平的砝码向民主一方倾斜。即使如此,科学评委与明星评委之间的口舌之争仍然屡有发生。比如,郭敬明对 Dr. 魏的不满就在现场爆发,Dr. 魏将郭反复纠缠某个因素喋喋不休的说法讥讽为"女人之举",显然犯了性别歧视大忌,也伤了郭的自尊。尽管Dr. 魏很快意识到自己的言语实在欠妥而当场道歉,但郭仍拂袖而去。此一细节表明,即使奉行"以科学为唯一标准"信条的判官,也会在情急之下言语失矩。理性与感性的冲突就是这样充斥在精英和大众的人性之中。

由上可知,这个节目有不少因素与法庭审判程序很像,不仅在评委组成上与合议庭类似,而且在评判规则上也是如此。即使科学判官一人拥有决定选手命运的生杀予夺大权,我们也仍然没有看到Dr. 魏滥用过这项权力。这或许就是因为两个机制的存在:一是节目通过电视向所有人公开,任何心智正常的人都会珍惜自己的"羽毛",不至于为了蝇头小利无视科学和规则而招致公众不齿;二是国内竞赛获胜的选手要组队与日本、德国等战队竞技,即使为了个人利益,评委也期望派出最强阵容去争取最好的成绩,而不会甘愿沦为千夫所指的罪人。这两个因素与审判公开、二审终审十分相像。

真理有时掌握在一个人(少数)手里,多数(外行)人未必认同。那么问题来了:是少数精英(科学)说了算,还是多数人(民主)说了算?规则的设计,不仅关乎效率,即让最优秀的选手获得最好的成绩,而且关乎公平,即让同样的选手获得同样的对待。真正的民主,并非简单地诉诸多数人的任意决断,个人或少数人也应该拥有其权利。只不过,无论多数达是少数,当你的决定涉及他人或公众的利益时,就都得服从事先确立的规则和程序。

27. 个案司法与社会动荡

2016年2月29日 星期一

又有法官被害,这种恶性事件屡有发生,令人头痛不已。

我于1999年通过答辩的硕士学位论文,最初的读者就是最早活跃于互联网的那群法律人,其中有些片段后来成为《检察日报》法律评论的内容。在论文中,我提到两个相反的司法现象:软弱与专横。

在一个体制机制存在诸多缺陷、亟待改革却又迟迟未能启动改革的环境里,司法就是这么会"变脸",时而懦弱,时而强悍,就像一个人具有双重人格。它既然遇强则弱,也同样会遇弱则强。无论是软弱还是专横,轻则有损个案的司法公正,侵蚀当事人对法律的信任,重则埋下仇恨的种子,引发严重的社会冲突。在微观层面,这种仅涉及个别人的恩怨情仇会激起变态的复仇心理,万一遇到偏执人格的亡命之徒,就会引发暴力袭击甚至报复杀人的极端个案(我任职检察院时就曾遭遇过公诉人被围殴的事例);在宏观层面,一旦引发或者契合负面的公众心理,就可能引发社会动荡,在人类历史上甚至有引发战争的先例,尽管这样的情形较为罕见。

一旦主流社会不把法律当回事,那司法自然也不可能真把法律当回事。假如根本就没有法律,或许也就算了,要么诉诸丛林法则弱肉强食,要么服从个人威权上令下从。而自国家产生以来,每个历史时期的主政者无一例外地都颁布了法律,确认或赋予各个群体以某些权利。社会成员一旦遇到纠纷,就会拿这些法律说事儿。而如果法官不能依法办案,当事人就有可能迁怒于法官(实际上,不依法办案的情况比较复杂,未必都出自法官本人的意愿,因为在非法治时代,法官基本上欲依法裁判而不能)。当这类现象不再是个案甚至成为常态时,法律就真的失去了绳墨规矩、定分止争的社会功能,个体的杀人、群体的骚动就在所难免,甚至会引发社会秩序的崩溃。

我国古代就有过此类教训。在战国、秦汉时期,华夏统治者推行了赋予"蛮夷"(此处不带贬义,可以中性理解为当时的少数民族)特殊权利的立法《蛮夷律》。西汉时期,该法总体执行得尚可。当然,下文会提到,西汉初年就已经有了针对蛮夷不依法办案的个案。西汉时期,中央政府之所以能够总体上较好地执行该法,可能是因为前秦南海郡尉赵陀与中央对立,割据南方,今四川、重庆、湖北、湖南一带的蛮夷之地对汉政权而言显得相当重要,中央必须安抚或优待这一带的蛮夷,以巩固边防。而主要优惠措施就是,蛮夷的义务被简化至每年只要交56钱就不用再服徭役、缴赋税。东汉时期,从地方到中央,对《蛮夷律》的执行不断打折扣,引发蛮夷地区的不稳定,不断有蛮夷造反,并且造反力量最终汇入了黄巾军,终致汉朝灭亡。

关于这部类似于今天民族区域自治法的《蛮夷律》的内容,法史学人曾代伟、王平原有如下归纳:"《蛮夷律》是战国秦汉时期华夏统治者在兼并巴、蜀、荆楚地区后推行民族政策的法律表现形式,关于蛮夷在赋税徭役方面享有特殊待遇的规定是其中的重要内容。它对于华夏政权的建立和巩固及少数民族地区的稳定,具有重要的积极作用;而《蛮夷律》在东汉时期被逐步毁弃直至废止,是当时民族地区社会动荡的重要原因。"《蛮夷律》之名,目前仅见于20世纪80年代发掘的湖北江陵张家山汉简。张家山汉简保存了一批早已失传的汉代法律文献,为法律史研究提供了真实生动而弥足珍贵的新资料。其中,出土于张家山第247号汉墓的《奏谳书》共有竹简228支,记载春秋至西汉初年的案例20余件。在汉高祖十一年(前196)发生的一件诉讼案件中,发现了罕见的传世文本《蛮夷律》佚文。"①

这个案件就是具有重要意义的"毋忧徭屯案"(发生在《蛮夷律》执行得较好的西汉初年,如前所述,类似情况到东汉日趋严重)。

"毋忧"是一个蛮夷人名。他作为蛮夷,已经向政府履行了缴纳56钱的法律义务,依法应当被免除徭役、赋税。但是,地方政府却错误地征其为屯卒(卒为劳工,不是军人,士才是军人)。"屯戍"是徭役的下位概念,既然免除徭役,那政府自然就不能再征其为屯卒。毋忧觉得政府没有依法行政,就逃跑了。但是,他很快被一个专司射弩的士兵抓获并送官府法办。逃避徭役,依法是轻罪;逃避兵役,则是应当腰斩的重罪。

在审判时,各级司法官员就定罪量刑发生巨大分歧,有主张采纳毋忧辩护意见从轻不论的,有主张从重处罚的,其中从重处罚的理由却是:法律只规定了缴纳56钱即免徭赋,但法律没说屯戍可免(这种从重处罚的意见纯属欲加之罪何患无辞,明显于法不合)。因争议太大,审理官员遂按规定奏请中央。不知何故,朝廷裁定腰斩毋忧。这个不依法判决的错案当然引发了蛮夷的强烈不满。到了汉朝后期,此类不执行《蛮夷律》的司法判决日益增多(甚至不断出现对《蛮夷律》的批评意见,反对给蛮夷优待),引发蛮夷暴动,边疆大乱。

---

① 参见曾代伟、王平原:《〈蛮夷律〉考略——从一桩疑案说起》,载《民族研究》2004年第3期。

个案引发战争的情形,在别国历史上也有出现。比如美国的南北战争,固然有其发生的历史原因,但是导火索却是美国最高法院关于黑奴问题的判决,其中之一便是1857年的斯科特诉桑弗特案。① 该案的判决不仅在当时成为诱发美国南北战争的原因之一,即使在今天它仍然具有重要的影响。当然,在这种历史的关口,法官能否因应社会的转型作出在事后看来正确的判决,的确需要勇气和智慧,尽管那个开辟美国宪法新时代的违宪审查案例只是无心插柳柳成荫之举。然而,尽管主审法官自己也是废奴主义者,但是囿于宪法的明文规定,他也只能作出相反的判决。这种恪守司法被动特质的判决令当时南北针锋相对的局面彻底陷入被动,以司法等理性途径解决争执的大门关上了,战争不可避免地发生了。

回到开头所说的突发事件,无论如何,法官被枪杀都是令人不能容忍的极端暴行。无论它是心智健全者基于偏执的罪恶复仇心理实施的严重罪行,还是精神病人的严重肇事,遇难者都是非常不幸的,令人哀伤。从犯罪学角度反思,查清原因,不仅为告慰无辜死难者在天之灵和善后所必需,而且为预防此类事件重演积累经验所不可或缺。作为法律人,除了悲愤哀伤,冷静反思,换位思考,多角度分析案件裁判的各种效应和针对司法人员的暴力事件的各种原因或者条件,个人审慎依法行事,国家强化司法执业人员的安全保障,都是必要的。这样做的意义,绝对不止于保护司法人员自身的安全,更是为了顾及个案司法可能引发的各种社会后果。

---

① Dred Scott v. Sandford, 60 U. S. 393(1857).

28. 万科之争中的法理与情怀

2016年7月9日　星期六

万科公司独董华生就万科之争说道:"万科事件之争并不是什么情怀与规则之争,而是人们对这里产生的合法不合理、合理不合法的困惑。因为情怀这个东西,说重要太重要了,但具体落实很难把握。且不同的人有不同的情怀。市场经济中人们要正常交换,必须要有统一认同的规则,否则买卖做不成,做成了发生纠纷也难以解决。从这个意义上说,我是彻头彻尾的规则派。尽管如此,我们也必须认识到,法律和规则都不是从天上掉下来的。法律是道德的底线,规则以情理为基础。脱离了一个社会大量不成文但实际起作用和普遍认同的习俗、道德和情理,任何法律和规则都会缺乏实施的支撑。成文法和正式规则总是在与大量的习惯法和深入人心的道德情理共同作用维持社会运转。"①

这番评论,以"合法不合理、合理不合法的困惑"置换"情怀与规则之争",能否做到言说在逻辑上的圆融周全,恐怕还得琢磨。接着,他又不厌其详地解释了什么是真的合法、什么是真的合理。事实上,所有这些"未完待续"的评论,涉及一个古老的话题:如何定义"天理—国法—人情"并在个案中处理好三者之间的关系。在这个

---

① 《华生:万科之争在争什么?》,界面网,2016年7月6日,https://www.jiemian.com/article/730629.html,2021年2月28日访问。

跨越三界的宏观框架中，对具体的个案而言，国法优先适用应为共识；所谓的天理、正义或自然法，最多无非是指导国法创制的原理，要用作定案的准则，恐怕难免众说纷纭；至于人情，不过只是法官自由裁量权限内酌予参考的因素，因为法律本身就是最大的人情，此外再以所谓的人情对抗国法，必然会导致法律丧失权威。总之，面对个案，离开国法而诉诸天理、人情，无异于舍近求远，往往会南辕北辙。

因此，无论哪家哪派，著书立说可以信马由缰，而定分之争则须确定、清晰。其前提是得先就国法达成共识，至少先就国法中最刚性的部分即规则消除分歧，然后就国法中明文记载的原则达成妥协。如果连国法都不能形成共识或妥协，那么所谓的情理只能是王婆卖瓜各说各理了。无论资本的权利还是管理的文化，可裁判的或可操作的部分就是白纸黑字写在法律规则和公司章程中的权利义务，就是可被法官识别且能与市场通约的写在法律原则中的价值取向。除此之外，只剩下诗人的独自吟唱、狂人的任性偏见或阴谋论的耸人听闻。

就个案纷争的解决而言，只有那些能被法律规则覆盖的道理才是可操作的真理，只有那些能被法律原则涵摄的情怀才是可认可的真情。规则派的弱点在于过于相信规则的确定、清晰，在思考和言说时只有规则、忘了原则；情怀派的软肋就是自认为一己价值偏好是比规则高雅的原则，而忘了一个法理：除非情理能与法律原则等置，否则情怀在规则面前便毫无搏击之力。

规则通常不论动机也不顾效果，只讲逻辑，比如"恶人做好事同样有效"，又如"我只管依法裁判，哪怕判决后天翻地覆也与我无干"。在非黑即白的简易案件中，刚性规则下的形式逻辑的确最有力量，任何巧言令色都不足以撼动其根基，辩驳者最后的话语无非是"规则本身不合理"，但如此辩驳通常并无实益，毕竟这是一个成文法国家。即使在普通法系国家,判例创制的难度也不亚于立法。

问题是,如果各方对规则本身的解读发生分歧,或者规则存在体系性的疏漏与违反,或者规则在创制时就刻意留白,那么,纷争的各方与围观的看客以及将来的裁判者,又该如何寻找救济、评论和裁判的根据?在法律框架下回答这个问题,就是求诸法律原则,毕竟法律原则的功能之一正在于指引对法律规则的解释。

如果公司法和公司章程就股权收购、股东与管理者权利义务的界定有明确的规则,那么,按照"规则优先"的通识,各方就不能扯抽象的原则,更不能拿离题万里的情怀说事。如果规则有违正义(天理),那也得由立法者依据法律原则按照立法程序进行审议,因为法律原则的另一个功能是引导法律的进步。解释也好,修法也罢,都是抽象行为,当下的纠纷如何解决,仍得由当事人或裁判者优先适用规则。如遇疑难复杂情况,则应在自由裁量权限内在原则的指引下扩张或限缩规则的适用范围,原则的这一功能就是指引自由裁量。

论争中,有人提及当事各方行为的其他枝节,比如,资金本身性质违法(如是犯罪所得的赃款)、获得资金的方式违法(如采用非法集资的方式募集);有人担心,无论在本次纷争中多么合理、合法,相关当事人都可能因为其他不法行为招致法律制裁进而影响其在本次商战中的胜负。事实上,各方在商战中的动机如何,本身不会成为法律定性评价的对象,除非有确凿的证据证明当事人有犯罪的目的并且基于该目的通过本次商事行为预备实施犯罪活动,而此节问题的证明并不是一件容易的事情。

说来说去,商事纷争中各方当事人的行为能否取得预期的法律效果,能否在商战中取胜,首先取决于其行为是否符合民商事法律和公司章程规定的规则。其次,相关疑难问题的是非判断,取决于对民商事法律基本原则和公司章程或合同目的的阐释。也就是说,包括规则和原则在内的法律规范是指引各方行为的准则,也是可能发生的诉讼中第三方裁判的依据。最后,法律规范是否合理,与天理、人情相符还是相悖,并非分析个案的恰当进路。

当然,在社会发展和制度进步的过程中,社会主流价值观的变迁,会对当下法律规范的利弊善恶形成修法的压力或动力。如果当下的规则足以大体公正地定分止争,那么法律会保持大体的稳定。如果当下的规则可能导致令人难以接受的结果,那么主流价值观就有必要经由法律原则牵引法律规则的变革。万科之争各方的行为和态度,固然与各方当事人自己利益诉求有关,但是若能使模糊的规则得以厘定,使落后的立法得以进步,那么商战本身的效益就不止于当事人自己,其外部的效应会惠及更多的商事主体。而目前的问题是,在穷尽规则之前就抱怨规则不合理,本身有无道理。

如德国法学家拉伦茨所说:"假使法学不想转变成一种或者以自然法,或者以历史哲学,或者以社会哲学为根据的社会理论,而想维持其法学的角色,它就必须假定现行法秩序大体看来是合理的。……它所关心的不仅是明确性及法的安定性,同时也致意于:在具体的细节上,以逐步进行的工作来实现'更多的正义'。谁如果认为可以忽略这部分的工作,事实上他就不该与法学打交道。"[①]既然是商家的利益之争,那就是法律纠纷,而纠纷的解决,就得诉诸法理。至于情怀,待岁月静好、万事无忧时再说不迟。

前天码的文字,就过了不到两天,笑话已有了新的梗,故事又有了新的情节。在这个世界上,最不可捉摸的就是人心,而世道无论如何变,还是有些规律、法则可以把握的。啰唆了半天,要解决的仍是那个古老的问题:与其拿情怀与规则说事,不如认真对待法律中的原则与规则。

---

① 〔德〕卡尔·拉伦茨:《法学方法论》,陈爱娥译,商务印书馆2003年版,第77页。

28. 万科之争中的法理与情怀

在万科事件中,似乎看不出存在原则与规则的冲突。而在农民未经许可收购玉米被判非法经营罪案中,经查《粮食流通管理条例》,其原则是"国家鼓励多种所有制市场主体从事粮食经营活动,促进公平竞争",粮食价格主要由市场竞争形成,但其规则却是,收购粮食须经许可,否则属于违法犯罪。《刑法》对非法经营罪罪状之一的表述是"未经许可经营法律、行政法规规定的专营、专卖物品或其他限制买卖的物品"。围绕农民收购玉米被追究刑事责任这事儿,情怀立马充斥了手机屏幕,毕竟很少有人没吃过玉米啊。然而,在法律上,这种情怀没用,有用的是以下两个:一是《粮食流通管理条例》关于放开经营、市场竞争的原则和资格审核、许可经营的规则是否存在冲突?二是《刑法》关于专营、专卖物品或限制买卖的物品是否是指一切许可经营的物品(如是否包括须许可才能收购的玉米)?

我想,专营、专卖、限制买卖物品的范围应当小于行政许可经营物品的范围,因为专营、专卖和限制买卖涉及的法益只是市场准入制度,经济生活中只有为数不多的物品(如烟草的批发)涉及这一制度,大量的行政许可涉及的则是公共安全、粮食安全、食品卫生、产品质量等与市场准入无关的其他法益,而非法经营罪的法益只是市场准入制度。因为没有行政许可,就以非法经营罪将人绳之以法,显然是望文生义的做法。

29. 禁止领导干部干预司法

2016年9月12日　星期一

今天,新华社播发了国务院新闻办公室发表的《中国司法领域人权保障的新进展》白皮书。白皮书提到:"进一步优化司法职权配置,确保审判权和检察权依法独立公正行使。中共十八大和十八届三中、四中全会对深化司法体制改革作出重大部署。2014年至2015年,中央全面深化改革领导小组召开了19次全体会议,其中13次涉及司法体制改革议题,审议通过了27个司法体制改革文件。"

就在阅读这个白皮书的同时,我接到某县法院刑庭的电话,告知明天要对我作无罪辩护的徐某取保候审。徐某已被关押实足20个月了,此前一审被判有期徒刑一年八个月。上诉后,我继续为他作无罪辩护,中院二审裁定撤销原判,发回重审。依刑事诉讼法规定,上诉不加刑,发回重审再次判决的不得加重处刑。重审时,我第三次作无罪辩护,并依法要求释放被告人,因为20个月的羁押期正好等于一年八个月的刑期,即使再审仍然维持一审判决,也因不能加重处刑而必须放人了。

在本案侦查羁押和审查起诉期间,适逢《领导干部干预司法活动、插手具体案件处理的记录、通报和责任追究规定》发布之际。在本案诉讼期间,中央及中央政法委在多个文件中三令五申禁止领导干部"为了地方利益或者部门利益,以听取汇报、开协调会、发文件等形式,超越职权对案件处理提出倾向性意见或者具体要求",同时要求法院、检察院对此类问题按期或立即登记、报告,党委政法委接报后会同纪检监察组织部门予以处理、通报,必要时向社会公开。而本案正是因为被告人与政府在工厂搬迁问题上未能达成协议而被县领导以协调会的方式干预司法、启动刑事追究的。

如果说以前司法被干预没什么好办法拒绝的话,而今中央明文禁止党政领导违规插手个案、干预司法,被干预了若再扯无奈,就是窝囊了。法官、检察官,尤其是院长、检察长,在个案办理中遇到领导干部干预司法的情况,不必再害怕打击报复了,可以如实记录并向上级政法委报告。

30. 人工智能崛起，人类应反思和恐惧什么？

2016年10月6日　星期四

在去年的伦敦"谷歌时代精神"大会上，霍金平静地描述了人类的命运："在未来100年内，结合人工智能的计算机将会变得比人类更聪明。"这位大科学家认为，届时，人类将被机器控制。

70多年前，科幻小说家阿西莫夫在其作品中首次提出了机器人三大法则：第一，机器人不得伤害人类或因不作为使人类受到伤害。第二，除非违背第一法则，机器人必须服从人类的命令。第三，除非违背第一及第二法则，机器人可以自卫。后来，阿西莫夫又加了一条第零法则，即机器人不得伤害人类整体或因不作为使人类整体受到伤害（据此，第一法则中的人类应该是指个体意义上的人类）。

三大法则或四大法则的逻辑看上去很圆满，其实除了超验的信仰，不存在永恒不变、普适八荒的终极真理。在法学领域，分析法学讲究逻辑自洽，正如美国科幻片《机械公敌》里说"我的逻辑完美无瑕"的薇琪，可结果又会如何？在人类生活的具体情景中，第一法则本身就存在无法解决的内在矛盾。

比如《机械公敌》中的情节，机器人认为人类只有待在家里才能避免伤害，而人类宁愿冒险上街也不愿待在家里，按照第一法则后

30. 人工智能崛起，人类应反思和恐惧什么？

半句，机器人有义务作为即阻止人类外出。如此，机器人便成了以保护人类免遭伤害为由限制人类自由的监禁者，这不正如那些以"我都是为你好"为由对子女行为横加干涉的父母？尤其是在伤害不可避免时，如果按照第一法则，是否意味着人类便不可避免地成为机器人的奴隶？

同样是《机械公敌》里的情节，当一成年男士和一未成年女生同时落水而机器人只能救起一人时，它经过逻辑运算得出男士生还概率高达45％而女生生还概率只有11％，它就会去救成年男士而不会冒着徒劳无益、浪费机会的风险去救那个可怜的未成年女生。这样，机器人的理性便颠覆了人类妇幼优先的基本伦理。

除了上述矛盾，机器人也不可能像纯粹法学那样做到价值无涉，更不可能做到万事逻辑圆满。因为它们要么被人利用，要么进化到有了爱恨情仇的地步。若是前者，则机器人与人类的冲突实质上仍是人类自身的冲突。这种冲突不仅发生在人与人之间，而且也常常发生在同一个人身上（比如我们经常会说一些言不由衷的话，做一些令自己后悔的事）。第二法则"必须服从人类的命令"也不堪一击。疯子、暴君、无知无耻之徒，即使你无可奈何地斥其禽兽不如，他们也都是货真价实的人类，作为不具情感、态度、价值观的机器人，又该如何区分？

若是后者，即机器人进化到有了爱恨情仇的情感能力和自我反思与价值判断的评价能力，那么机器人就成了另外一个人类。同一个人类都不可能天下无事、世界大同，两个人类又如何相互包容、和谐相处？除非有超脱这两个人类以外的第三方，否则这第三法则（机器人可以自卫）又如何确保在不伤害人类、不违背人类命令的前提下实行？

有人会说，既然人类能造出如此高能的机器人，那就一定能够让机器人只行善不作恶。这一期望，就如大学低年级本科生对正义

「123」

的钟爱那样,终究只是一种美好的期望、一种单相思式的钟爱。自有文字记载以来,文学作品和政治法律作品中便不乏自然法思想和正义的学说。事实上,追求正义的自然法学也并不必然能给人类带来正义,诸多不正义常常假借正义之名而行。有人说自然法学就像一个媒婆,可能给你带来一个美女,也可能给你牵来一头恐龙。

又如,纳粹的罪恶并非源于它的法律价值无涉,相反,其法律充斥着貌似美好的价值,恰是假借了正义之名(如法律人所知道的,纳粹废除罪刑法定原则的借口是,有一些必须惩罚的罪恶行为虽法无明文但违背了国民道德情感,这个虚幻的说辞成了纳粹僭越法律、出入人罪、滥施刑罚的最佳借口)。正如有个法理学家所说,尽管我们无法定义什么是正义,但我们至少知道什么是不正义。看来,正义作为一种观念,它本身就映射了生活中不正义的存在,我们恰恰经由不正义才定义了正义。唉,这是多么无奈的现实。

AI(人工智能)会否进化成人类的敌人尚未可知,但人类为自己订立的法则却时常与人类自己为敌,则是不争的事实。(补记:近几年大数据和机器学习促成的算法自动更新表明,即使程序的设计者和拥有者也无法完全了解算法是如何决策的,这种无人能晓的算法黑箱,对人类而言,不是一个好的征兆。)值得庆幸的是,虽然无法如自然科学那样对正义作出精确的界定,但是人类的法律总的趋势确实在朝着正义的方向进步。这种趋势,与其说是我们发明的,还不如说是我们发现的。

31. 囧在旅途

2016年11月10日　星期四

人生就如旅行，期望一路顺风，却难免磕磕碰碰。

开车从杭州出发去温岭市看守所会见当事人，走过无数趟的这三百多公里路，今天却是各种麻烦接踵而至：(1) 返程刚出发，轮胎漏气，返回补胎。(2) 刚从 ETC 进入高速，发现杭州方向封路。(3) 遂往温州反向行驶 38 公里，再回来又遇黄土岭隧道封闭。(4) 下高速经临海再上高速，车子报警没有油了。(5) 到临海服务区加油时发现加油站正在拆除。若继续在高速上向下一个服务区前进，恐怕得趴窝在路上。于是决定在临海北再下高速，在手机地图指引下加了油，终于返杭。

其实，我要说的是，命运从来不会亏待任何人。比如，没有今天的这些折腾，恐怕也不会看到美丽的温州雁荡山和灯火辉煌的钱江新城。

32. 五十岁生日"以身说法"

2016 年 12 月 11 日　星期日

什么叫法律事实？什么又叫自然事实（自然事实常被人误说成"客观事实"）？在这个特别的日子里，以我的生日为例给大家说一说。

今天是我国"入世"15 年的日子，请记住国家改革开放的重要时刻；今天也是黎明出生 50 年的日子，请了解一点明星的八卦。至于我的生日，每年有三回甚至五个，就像当下互联网上的舆情或者判决书中的案情，在某个事件背后，真相会有两个或三个或 N 个，因而不必太过认真。

说说我的生日。我的生日是 1966 年的农历十月三十，户口登记时农历、公历不分，我的生日便成了公历的 10 月 30 日，后来的身份证也是这样记载的。这样一来，便把农历十月三十这个自然事实（我妈可以作证，因为那是她的受难日）变成公历 10 月 30 日这个法律事实了。自然事实没变，变的是这世界上两套不同历法中同一个日子名称背后不同的时间。

长大后才知道我出生那天的公历日期是 12 月 11 日。于是，农历十月三十（真的）、公历 10 月 30 日（虽是法律事实却不是自然事实）、公历 12 月 11 日（也是真的，但除了 1966 年，其他年份大多不等于农历十月三十）、农历十月三十对应的每年公历日（也是真的）、公历12月11日对应的每年农历日(也不假)这五个日子,便都是我的生日,尽管母亲只生了我一回。

一个生日都有这么多可能,更别提讼争了。

问题是,人们往往相信真相只有一个。正因为如此,要么真相很快翻转、感觉被骗,要么事件似是而非、不知深浅。其原因不外乎以下几端:令出多门、规则不一(庙堂的、江湖的、显性的、潜在的)、判断标准不同,取证范围有别等,这样结论自然不同。如果程序不正,那么事实更加难清。再加上社会转型、利益纷争、观点众说纷纭、案件层出不穷,让人更加无所适从。

据我预测,律师的好日子还有35年左右。20世纪80年代,邓小平提出到21世纪中叶中国将"达到中等发达国家"水平,距今还有35个年头。上个月,在我校承办的中日韩大学生法律英语演讲赛活动中,我从一位日本法学院院长那里了解了日本法律服务业和司法考试的有关近况,这些年日本刑民讼案已呈现下降趋势。另外,法学知识将来会渐渐变成社会常识,法律与生活、精英与大众将渐成一体。通过纵向的历史分析、横向的国际比较和观察可以预计,21世纪中叶以后,诉讼爆炸时代将会结束,包括法律服务业在内的各行各业将真正结束量的扩张增长模式,迎来精耕细作时代。

那时,85岁的我,还会与现在(25岁左右)刚进所的退休老头老太们(25+35=60),一起喝茶吃饭吗?

33. 社会活动六则

控辩点评

2016年9月18日　星期日

今天,应邀担任由浙江省永康市检察院、司法局和金华市律师协会永康分会联合举办的永康市首届控辩大赛评委并作点评,金华和永康两级检察院、律协等精心组织,本所律师参与指导,参赛选手认真准备,效果不错。晚上十点返回杭州,在钱江大桥上瞄了一眼传说中的灯光秀。

听宪法讲座

2016年11月18日　星期五

今晚18:30,浙江工业大学(以下简称"浙工大")屏峰校区理学楼报告厅,中国法学会宪法学研究会副会长林来梵教授作"人人平等及其所面临的问题"的宪法讲座。刑辩是唯一被写入宪法的律师业务。因此,公法、私法、刑事法从业人员,有兴趣者应该多关注宪法学的研究进展。

业务比赛评委

2016年11月26日　星期六

自古绍兴出师爷,而今律师辩论中。绍兴市首届律师辩论赛今天在绍兴电视台举行(该市以前举办过检察官、律师控辩赛,这次是律师之间的辩论)。第一个案例的案情涉及律师执业行为涉嫌犯罪的问题。若选手平时能更多地阅读有关律师职业伦理的著作和文献,则辩论会更精彩。比如,根据联合国《关于律师作用的基本原则》第18条,不得由于律师履行其职责而将其等同于其委托人或将其执业行为等同于委托人的诉讼事由。因此,律师为当事人依法提供咨询服务,该执业行为与当事人接受咨询后实施的行为不能等同。

宪法季去永康讲法治

2016年12月1日　星期四

一次令人印象深刻的法治培训活动。永康市委理论中心组成员,市党政和司法各机关、各部门、各镇街班子成员,全市各单位中层干部,七八百人,偌大的报告厅座无虚席,没人迟到,两个半小时的宣讲无人提前退场,足见学风不错。全面推进依法治国,全面从严治党,司法体制改革,监察制度改革,面对执法司法实践中疑难复杂情况的法治思维和法治方式,法律风险的防范控制……全体人员全神贯注,可见依宪执政、依法行政、公正司法这些宏大议题与官民双方皆息息相关。

为检察官和律师讲课

2016年12月7日 星期三

上午在浙江大学为山东淄博检察官讲"刑事疑难案件的诉讼机制和司法方法",下午在浙工大为全省300名申请律师执业人员讲"刑事辩护疑难杂症与刑辩律师的综合素养"。后面这个课是初级版,前面那个课是升级版。

顺访马氏庄园

2016年12月15日 星期四

人称"马青天"的马丕瑶,其宅第有一副对联:不爱钱,不徇情,我这里空空洞洞;凭国法,凭天理,你何须曲曲弯弯。

赴安阳办案,抽空前往探访。马氏庄园位于河南安阳市西约20公里的西蒋村,被誉为"中州第一名宅"。马丕瑶是清末名臣,曾官至两广巡抚,所到之处皆全力清除积弊,造福黎民。此宅跟这些历史名人有关:慈禧太后,光绪皇帝,左宗棠,梁启超,袁世凯,孙中山,刘伯承和邓小平。

34. 不要忘记自己的童年

2016 年 12 月 12 日　星期一

1. 一个音意双修的词汇

"霸凌"竟然是英文"bullying"的中译,该词无疑是难得的音译和意译绝佳的少数词汇之一。最初听到这个词汇,是在媒体关于我国台湾地区的相关报道中,一开始还以为它是海峡对岸常用的汉语词汇,后来才知它是一个英文词汇的中译。还有一个说法是,该词本就来自我国大陆地区。

2. 重要的是概念

当然,"霸凌"一词起源何处并不重要,重要的是成人如何正确理解孩童的世界。尽管每个人都有过童年时代,但并非每个人都能理解并善待儿童。大人应该时常蹲下来倾听孩子的诉说,体验并护航他们的成长。所谓监护,教育和保护实为应有之义。

3. 勇毅是正面的品质

所谓勇,该出手时就出手(如面对霸凌行为);所谓毅,当自制时必自制(如对于嫉妒心理)。研究表明,9 岁—12 岁童年渴望同伴的友谊,稍长些少年时则在乎同龄人的评价。但是,童年和少年时光并不都是美好的回忆。不是有些人长大变坏了,而是有些人天性顽劣,爱欺负人。教育的目的之一是学会与人相处,如果学校、老师没做到位,那么家长和孩子自己必须做到:面对同学的暴力侵犯,正常的反应就是自卫和反击,有时甚至不惜矫枉过正,否则后患无穷。

记得我童年时,忘了为啥,我的右臂被一同村同学咬伤(现在还留有疤痕)。好在那时没有计划生育,我有众多的兄弟姐妹,当天傍晚我联合弟弟和妹妹在打麦场上把那家伙结结实实地修理了一顿,从此与他再无"战事"(二十年后听老家人说该同学失踪,我还多少有些惦念)。

我自小特立独行,倒不是没有朋友,只是不参加支书儿子组织的打打闹闹游戏,显得有些不合群。不过,他家有权(别拿支书不当干部),我家有学问(我爹是教师),两家大人之间也是客客气气的,他还送过我一个男孩都喜欢的军帽上的五角星(这让我回忆起来还是有些美好)。有一次,我俩发生了冲突,我没有顺从或屈服,并且回家后也没有向大人隐瞒。要知道,一般人都不敢惹他,谁也不愿得罪大队干部。但当晚,他妈妈上门来了,态度极好,还送来了一样礼物。或许因为我从来不主动惹是生非,所以与我起争执的人免不了被推定有"罪",而我凭着人格惯性也免去了自证清白的负担吧(说起来真是不幸,这位同学去年突然离世,令人唏嘘不已)。

霸凌,是未成年人世界最丑恶的现象,必须反击,躲是躲不开的。没有勇敢,绝无和平共处。

4. 为什么上学

成绩很重要,但上学绝对不只是学习书本知识,更重要的是与老师、同学一起成长。尤其是小学时期,体验友谊,学会合作,比每门课一百分要重要百倍。我的整个小学时期都不开窍,成绩烂得不行,但我至今仍记得三四年级时与同桌的快乐相处,这让我体验到了与亲情有别但同样珍贵的友情。尽管中考顺利并进入重点高中,但高一仍然是全班倒数第五,好在这未影响我遇到迄今为止还在友好交往的同学。不知何故,从来不在课堂外加班复习的我,高二突然发力，成绩稳居全县第一，并一直保持到高考，使我有机会选择全国最好的大学。

　　成人与未成年人，好像不是同一个物种，其实他们都是人类，只不过大人们大多虚伪地背叛了自己的初衷，还美其名曰"成熟"。真是迂腐。

35. 互联网专车第一案判词赏析

2016年12月31日　星期六

2016年12月30日,山东省济南市市中区法院就原告陈某诉被告济南市城市公共客运管理服务中心行政处罚一案作出裁判。本案因涉及载客司机对滴滴专车软件的使用而被称为"互联网专车第一案"。此案经历四次延期,2016年年底方才宣判。判词部分摘录如下:

当一项新技术或新商业模式出现时,基于竞争理念和公共政策的考虑,不能一概将其排斥于市场之外,否则经济发展就会渐渐缓慢直至最后停滞不前。

但是同样不容否认的是,网约车的运营需要有效的监管。网约车这种客运行为与传统出租汽车客运经营一样,同样关系到公众的生命财产安全,关系到政府对公共服务领域的有序管理,应当在法律、法规的框架内依法、有序进行。只要是有效的法律、法规,就应当得到普遍的尊重和执行,这是法治精神的基本要求、法治社会的重要体现。

因此,在本案中,我们既要依据现行有效的法律规定审查被诉行政行为的合法性,以体现法律的权威性和严肃性,同时也要充分考虑科技进步激发的社会需求、市场创新等相关因素,作出既符合依法行政的当下要求,又为未来的社会发展和法律变化留有适度空间的司法判断。

综上,本院认为,陈某的行为构成未经许可擅自从事出租汽车客运经营,违反了现行法律的规定。但虑及网约车这种共享经济新业态的特殊背景,该行为的社会危害性较小。因此,在本案审理中,应当对行政处罚是否畸重的情形予以特别关注。

本院认为,行政处罚应当遵循比例原则,做到罚当其过。处罚结果应当与违法行为的事实、性质、情节以及社会危害程度相当,以达到制止违法行为再次发生的目的。

自古以来,司法实践中的疑难案件都是考验人类智慧、检验法律制度的重要课题。它既是亚里士多德研究政体、提出法治的切入点,又是"海瑞定理"的原因。[①] 疑难案件凸显了法律与社会、立法与司法、自由与秩序的冲突。大部分疑难案件源于规则欠缺或者规则不确定(规则漏洞、规则模糊和规则冲突),也有一部分疑难案件源于规则与社会的脱节(规则清晰、确定,但因其内容不良而使司法的结果违背社会的规律,即合法但不科学、不正义)。

本例行政诉讼涉及的就是一件合法但不正义的行政处罚案。判决必须依法进行,判决必须合乎正义。如果正义与否的判断标准只是现行的法律,或者正义的含义限于法律正义这种形式正义,那么世上就不存在疑难案件。然而,法律毕竟只是生活之形式而不是生活本身,而正义的含义不限于法律上的形式正义,还包括经济、政治上的实质正义。比如在本案中,若只论法律规定而不问科技进步和市场规律,则网约车的存在确实与现行法律抵触。问题是,现行法律虽然清晰、确定(出租车业务须经许可才能经营),但网约车是

---

① 参见苏力:《"海瑞定理"的经济学解读》,载《中国社会科学》2006 年第 6 期。

技术进步带来的市场创新,"共享经济新业态"(判词中的说法)这种生活逻辑或实质正义与普遍守法这种法律逻辑或形式正义发生了冲突。

这类疑难案件如何解决?的确进退两难。通常的解决办法是,立法时在程序法和实体法上赋予司法机关自由裁量权。比如,在刑事立法中,赋予检察机关对有罪案件不起诉这种程序法上的自由裁量权。一旦遇到于法有罪、情有可原的案件,程序法上的不起诉就是避免实体法律与生活冲突的出路。

对此类案件,如果检察院以非法经营等罪名起诉到法院,或者政府作出行政处罚决定后被相对人提起行政诉讼,那法院又该如何裁判?在法院无权审查法律的前提下,若法律规则与社会生活(科技进步、市场创新)脱节,法院既不能削足适履般机械适用规则去阻止社会进步,又不能无视法律的确定性、安定性作出悖法判决,实体法上的自由裁量权(定性依法进行但责任酌情减免)的行使便成为常用方法。同时,该自由裁量权的行使必须经由合理论证,否则,若武断下判,恐总会有一方不服。而比例原则就成为法院实体法自由裁量权行使的指南。比例原则要求目的正当(普遍守法、依法行政是正当目的,科技进步、市场创新也是正当目的),损害最小(当有两种方案可供选择时应当选择对公民、法人权益损害最小的方式执行或适用法律),损益相称(执法的代价应当与收益合乎比例,本案判决指出的过罚相当)。

当然了,及时修改滞后的法律有助于避免或减少此类法律适用疑难。问题是,世界上不存在永远与时共进的立法,法律具有与生俱来的时滞性的弊端。因此,探讨解决法律适用疑难的司法方法还是必要的。

36. 所有与所用

2017年1月3日 星期二

元旦晚上,与朋友讨论《中国土地制度史》一书阅读心得,谈到了"所有"与"所用"的微妙关系。联想到当下,一方面,中央不断出台政策竭力保障民营经济、平等保护产权;另一方面,我们总能在个案中看到一些地方、一些执法单位我行我素,顽固地说抓就抓、想罚就罚甚至送人入监。有时,法律和政策确认或赋予民众某种权利,立即就会有人任性地挟权力横亘在相关权利面前。

权利(right)与权力(power)的关系就是这样。当然,不能完全把问题归结于个人的素质,甚至也不能说它就是一个体制问题。因为权利本身有其内在的矛盾,其复杂程度可能远超我们的想象。

比如土地,它既是资产,又是资源。作为资产,产权必须明确,即明确权利归属,而权利归属明确并不意味着只能是权利人占有、使用自己的土地。因为物权不是只有自物权,还有他物权。无论国家所有还是集体所有,土地都可以通过使用权、承包权的设计量化为个人所用。从这个意义上说,"所有"是抽象的规则概念,"所用"是具体的行为事实。个人的所用在事实上缓解了所有制的呆板僵硬。

正因如此,国家的用途管制同样可以削弱甚至消解集体或个人的所有权。比如,农村土地归集体所有,虽可发包给个人所用,但农民只能将其用于耕种，不得用于开发房地产；农村宅基地也只能一户一宅，且不可跨村转卖，农民集体所有权不敌国家管制权。又如，城市的房屋所有权虽可为个人所有，但政府可通过税收增加、数量管制限制交易，使个人房屋所有权贬值或不能实现。

这种用途限制或者交易管制使得所有权被压缩，这就是所有权弹力性的另外一面。所有权弹力性是对所有权伸缩性特征的一种形象化描述：所有权是权能完整而又有弹性的权利。从完整性角度看，所有权权能虽可分离但只是暂时的，正如气球虽可被压扁但一旦松手即刻恢复圆满一样，分离出去的权能最终都要回复到所有权中来，使所有权恢复其原来的圆满状态。

权利与生俱来的这种所有与所用的矛盾，正如市场与政府的关系、自由与秩序的关系、政策与法律的关系、理念与现实的关系、立法与司法的关系，就这样纠缠着、摇摆着、互动着。市场、自由、政策、理念、立法就像被挤压的气球或者受到大人监护的孩子，而政府、秩序、法律、现实、司法就像那只挤压气球的手，可以让气球呈现出不同的面貌，或是拥有监护权的大人，会对孩子指手画脚，有时即使错了也不会承认，正如大人在孩子面前错了大多不愿认错，往往嘴硬地坚持，即使改，也是偷偷地进行。

缺乏社会阅历的法律人，往往会对法律的形式逻辑情有独钟而忽略了社会的实质正义才是制度的终极目的，正如法学院大一法学新青年对自然法尤其偏爱而忽略实在法才是权利义务责任的权威来源一样。

回顾改革开放近40年的历程，总的趋势毋庸赘言，但某些细节上的疏漏与错误在各种各样的运动式执法中可见一斑，甚至酿成不少与产权有关的冤假错案。如上所述，一边是政策和立法为个人确权、放权，一边是某些官员和司法任性地取缔、罚款；一边是上面反复强调民营经济保障、产权平等保护，一边是下面把复杂问题处理得武断、随便。

有次在东部某市出庭,为一民营企业老板辩护,我在辩护意见中引用了最高法、最高检关于保护民营经济的规范性文件,当值法官、检察官竟然不知有这些文件。目前,我国法治领域突出的问题无非两端:简单问题(产权归属),被人为整得复杂化;复杂问题(权利冲突),被人为简单化处理。这样的执法、司法,会使得权利、义务和责任处于不清晰、不确定或不公正的状态。

37. 节前送温暖

2017年1月24日　星期二

　　春节快到了，在办的案件、在押的当事人，要逐一过问一遍。前两天，我北上去了河南安阳，同事南下去了浙江东阳。今天上午，我又去了上海二看。自由不自由都要过年，唯愿天下无贼也无冤，希望里面的人能够放宽心。

　　今天在等候会见时，看到看守所内墙上挂着介绍检察院驻监所检察职能的宣传板，其中一条是，在押人员为控告投诉有权与检察官约谈，约谈由检察官在谈话室独立进行，看守所不得干预。

　　忽然想到，一个人涉嫌犯罪被羁押后，无论是否有罪，在判决前，除了办案人员外，他能够见到且能够帮助他们获得公正对待的，一般只有两种人：一种是驻所检察官，另一种就是辩护律师。鉴于对一切拥有公权力的公职人员的道德操守、职务违法和职务犯罪的一般监督权归属于监察委员会，检察院能做的，或许只有监督诉讼和保障人权。

　　我在从事公诉工作的时候，有一年的大年三十下午，漫天大雪，我去看守所释放了一个十七岁的少年（无罪不起诉），把他交到他父亲的手里。每到除夕，我的脑海里就会浮现当年的画面。

　　现在为师不为官，面对当事人的诉求，唯有尽力发表意见。暂时放不出来的，也只能进去看看，转达他们家人的惦念，告诉他们家人都好，希望在里面的他们也能好好地过年。

38. 高羁押率怎样才能降下来？①

2017年2月5日　星期日

　　自从有了论坛、微博、微信，人们的交流就方便多了。在转型期的社会，社会热点与法律案件高度重合。法律人尤其是律师借助互联网发表见解，扩大知名度，可以说是利己利人的事情。我作为兼职律师，不必为了案源去刻意营销宣传，但同样会就有意义的话题从法理视角发表意见，这些意见常常会被门户网站或传统媒体转载。比如这篇文章，就是同在一个群里的小编直接拿去发表的。

　　在我国的司法程序中，一个嫌疑人在被交付审判前，大多被先行拘留、逮捕。审前羁押率、轻罪起诉率都很高，这是个大问题。

　　第一，在我国的刑事诉讼法中，有一条罪从判定原则。换句话说就是，一个人在被判决定罪之前，是被假定无罪的。既然推定无罪，那么原则上就不该关押，除非嫌疑人涉嫌的犯罪极其严重、人身危险性极大，不羁押有重新犯罪、逃跑、自杀、妨害作证等危害社会、妨害诉讼之危险。

　　第二，定罪判刑前的拘捕羁押，事实上等于剥夺了人身自由，与

---

① 原载于《人民法院报》2017年2月5日第8版，少量内容有调整。

徒刑并无实质差别。而一些案件,诉讼的结果可能是无罪判决;不少轻罪案件,审判的结果可能是免刑、缓刑或者财产刑等不用入监的刑罚,只是因为大部分当事人审判前已被拘捕,到了审判阶段,为了不得罪侦查、公诉机关,法院只得来个关多久判多久,认可审前羁押的合法性。这明显违背了罪责刑相适应原则。

第三,宽严相济是我国的基本刑事政策。刑事追诉和审判,在法定程序和自由裁量空间内,应充分考虑当事人行为的特殊情况、社会原因以及案件处理的方法和结果对社会可能造成的各种影响,审时度势,灵活处置,而不是只要有罪就一律关起来送审。

高羁押率、高起诉率,不仅浪费了大量的司法资源,使社会承担了过高的法律代价,而且还会导致司法人员疲于应付,使"案多人少"成为一些司法机关的普遍现象。这个矛盾,是否与司法人员的观念有一定关系?

当我们讨论这个话题时,常常引用外国的"保释为常态、羁押是例外"作为论证的依据。其实,不必舍近求远,我国有些地方也做到了。比如苏州,经济发达,外来人员多,在流动或外来人员犯罪率占到90%的情况下,去年起诉的1.8万多人中,审前羁押率只有35%左右,与法治发达国家非常接近。

苏州的实践证明,慢慢把羁押率降下来,对诉讼基本没有多大影响。当然,羁押率、起诉率高低是一个复杂现象,进行调节是个系统工程,不能大收大放。但是,在法治框架内,在政策指导下,宽严相济、高低适宜,还有很大空间。

39. 司法三义

2017年4月29日 星期六

依法办事,就是用体现多数人意志或立法者意志的法条约束精英化的少数人对个案争议的解决。在现代社会,它是多数原则在法律实施或社会治理中的要求。

面对法条,人们大致有三种不同的态度:

(1) 狂妄任性的法律工具主义。认为法条不过是其实现个人目的(无论是治国安民的理想抱负还是蝇营狗苟的养家糊口)的一个选项,对其有利就用,对其不利就不用;不是规则在治理,而是人在治理;只要有可能,人可以随时将法律视如敝屣,弃之不用。在生活中,欠缺法治思维的官员多为法律工具主义者。

(2) 形左实右的法条主义。他们视法条为天理人情的化身,既然如此,三段论就成了不二法宝,面对疑难案件、自由裁量等法律大前提并未提供标准答案的情形便不知法学方法,更罔论法律续造。常见的后果是落入演绎逻辑的威权窠臼,用形式上的法条至尊掩盖实质上的司法擅断,将角色分化、平等交涉、中立裁判等正当程序之精义抛至九霄云外。在生活中,那些刚从法学院毕业、拥有高等文凭资格、不懂经济社会的资浅年少法律人极易如此。他们被"人民的律师"布兰代斯讥讽为"人民的公敌"。但是,谁没年轻过?当然,我也曾经试过。

(3) 持中守正的法治主义。无论实体法适用的难易,办案都遵从正当程序,越是以审判为中心,越要控辩平等。简单案件,严格依法办事;疑难复杂案件,讲究法律方法。法律的适用是手段与目的、形式与实质、多数与少数、程序与实体、利益与正义、国家与社会的中介、桥梁和纽带。立法因此获得生命延续,不至于沦为"作家之死",任由读者(司法者)曲解作品(法律文本);正义因此得以实现,不至于让人在摆脱赤裸裸人治的祸害、羞答答德治的虚伪后又陷入以法律为名却以任性为实的威权擅断泥潭。这样,权利得以救济,秩序得以恢复,个人的意志最终得以契合社会的规律。这才是社会需要的、大众期盼的正义。

在社会转型时期,人们开始摆脱法律工具主义,却不得不为法条主义埋单;在社会转型成功后,法治主义必将彻底摒弃法律工具主义,也将克服法条主义。这既是法律成长之路,也是法律人养成之道。

40. 谁能从律师的有效辩护中受益?

2017年5月9日 星期二

律师受聘担任嫌疑人或被告人(统称"被追诉人")的辩护人,为其作无罪或者罪轻辩护,这既是律师的法定和约定职责所在,也是律师的职业伦理要求。辩护的受益者自然是作为当事人一方的被追诉人。除此之外,还会有谁能从中受益呢?难道是作为对方当事人的被害人?抑或是作为控方的检察官?其实,换个角度思考,又何尝不是?!

律师的有效辩护尤其是有效的无罪辩护,直接受益者固然是被追诉人。同时,对于被害人一方来说,这也关乎其切身利益以及其所期待的正义。

试着想一想这种情形:法院判处被告人死刑立即执行,犯罪给被害人家属造成的伤痛因判决而得以抚慰。可是,十年甚至二十年后,被害人家属原本生活已归于平静,突然"亡者归来"或"真凶再现",其内心一定是崩溃的。假如在当初的诉讼中,那个被冤判的被告人能够获得律师的有效辩护,或许能够更早通过司法程序惩罚真凶,被害人及其家属也不必再次经受伤痛。

此外,作为控方的检察官、居中裁判的法官甚至与个案无直接利害关系的社会公众,都会从律师的有效辩护中受益。因为检察官负有法律监督职责和客观公正义务,法官更应公正司法,公众有获得公正司法的基本权利,而所有这些美好的价值,都需要通过一个能够为被追诉人提供有效辩护服务的司法制度去实现。这正是2004年《宪法修正案》关于国家尊重和保障人权的题中应有之义。

因此,无论是观念上、体制中还是行动上,没有律师有效辩护,或者律师不敢辩护,不仅会害了被追诉人,而且可能坑了被害人,最终对警察、检察官和法官甚至全社会都不利。

以上就是我要说的基本观点。还有兴趣的话,请继续往下看:为什么?怎么办?

为什么

这要先看什么是法律人和社会公众追求的法律正义。

法律关系起因于事实(主要是人的行为,而那些原本与人的行为无关的客观事件,终究也是因为人的行为而具有法律意义),法律的内容是权利义务、后果是法律责任。行为侵犯了权利、违反了义务,行为人就得承担相应法律责任,受害者就应获得法律救济。无责任,何谈义务?无救济,哪有权利?这些就是基本的法律正义,是文本上的法理。

以刑事司法为例。所谓犯罪,就是严重侵害权利、违反义务,因而触犯刑法,应受刑事责任追究的行为。有罪应罚,无罪不罚,罚与不罚都应依据证据证明的事实,根据业经确定且内容良好的法律,诉诸正当程序。这就是基本的刑事司法逻辑。不这样做,就不科学,其后果就不人道。若让无辜的人承担刑事责任,被告人固然冤枉,其实被害人也很受伤:冤有头债有主,岂能加害替罪羊!而刑及无辜的警察、检察官等法律人,极有可能被追究责任,无论是故意的徇私枉法,还是过失的玩忽职守。

在司法实践中,无罪的人之所以会身陷囹圄甚至被判处死刑,原因无非有三(前两个借用党的十八大报告的措辞):

40. 谁能从律师的有效辩护中受益？

1. 领导以言代法、以权压法，插手个案、干预司法

尽管自 1997 年正式提出依法治国至今已经二十余年，全面依法治国也讲了三年，这种事情还是屡有发生，在某些地方甚至还颇为严重。套用一句媒体中常见的话：十八大以后仍不收敛、不收手。这并不奇怪，不能奢望法治的罗马城能在一天内建成，也不要以为国家全面推进依法治国了，权力就立马全部被关进法律的笼子里了。要是真这么认为，套用我老师的一句话："那属于法治浪漫主义的幻想。"当然，有效推进依法治国的理想是要有的，而现实却是必须正视的。

我去年接手一件这样的冤狱：被告人被关押近两年，今年初被宣布无罪。原因竟然是，被告人的公司因县政府反复变更城镇规划而被勒令停工、搬迁，被告人认为停工损失和搬迁补偿不合理。官民双方的争议并没有进入法律程序，就这么耗了多年后，副县长召集税务、公安和街道办事处对被告人采取措施，试图强迫其签字接受搬迁方案，被告人午夜趁看管人员打瞌睡跳窗逃离。一年后，税务、公安机关早已完成罗织逃税罪名的有关手续，并上网追逃，被告人一返回便被刑拘关押。检察院对该案进行审查后认为不符合公诉条件，不能定罪判刑，将案件先后两次退回公安机关。

此时，原副县长已升任县委副书记并兼任政法委书记。该领导干部公然违反中央禁令，召集公检法开会，就本案明确提出必须起诉和判刑的意见。就这样，检察院提起了公诉。我当庭作的是无罪辩护。照道理讲，无罪辩护的案件，法庭控辩一定激烈。然而，公诉人第一轮作了例行公事的发言后，面对无罪辩护，竟无一句答辩回应。我猜想公诉人的内心一定是这样的："辩护人啊，我真想对你说，其实我也认为无罪啊，你就大胆辩护吧，你的无罪辩护意见，也是我想说但发不出来的心声啊！"

然而，法院一审还是判处被告人有期徒刑一年八个月。二审阶

段我继续作无罪辩护,并投诉那名县领导违规插手个案、干预司法。最终,市中院撤销原判,发回重审。

重审时我当然继续作无罪辩护。这下县法院进退两难了:原判已被市中院撤销,若无新的证据或事实,再作与以前相同的判决,那多不合适?由于被告人羁押期限已满原判刑期,刑诉法又规定重审不得加重刑罚,判得更重更加不可以;既然羁押期限已满原判刑期,判得比原判更轻也不行啊,那关的时间算什么呢?

于是,解铃还须系铃人,检察院撤回起诉,对被告人作了不起诉的决定。

2. 个别冤案源于干警徇私枉法,胡作非为

虽说自媒体时代表达零门槛,投诉也容易。但是,一个拥有司法技术又缺乏职业伦理的法律人,公器私用,设套作局,出入人罪,那威力可就大了,大到可以直接让你有话不能说,有冤无处申,最后会让你没脾气。

前些天,我辩护的一个案件得以无罪结案。这个案件虽然不像众所周知的冤案那样曲折离奇、轰轰烈烈,但是其中的问题同样令人触目惊心。该案被告人本身也是一个执法者,在案件侦查初期,他曾作无罪辩解,结果还是被关押,直到"自愿认罪"才被取保候审。案件侦查终结后他又被起诉,被审判,折腾许久。

一审期间,被告人权衡再三,作出了一个对他来说极为艰难的决定:无论是为了确保个人的声誉清白,还是为了化解同袍的执法风险,即使再被关押,他也得为自己作无罪辩解。

之所以说这个决定对他来说极为艰难,是因为,即使真正无罪的人,作无罪辩解也是有风险的。因为一旦法官不中立或者盲从检方的指控而认为其有罪,那么不认罪的被告人就会被法官认为没有悔罪表现。而按照刑法规定,没有悔罪表现的被告人是不能判缓刑的,果真这样的话,他就会被再次收监。

我与同事认真听了他的辩解,研究相关证据,了解背景资料,认为被告人的行为根本就没有犯罪,不但其执法行为不符合渎职犯罪的法定要件,相反他在执法中的做法完全符合中央和省里关于该系统执法体制改革的要求。于是,我们作出了一个并不艰难的决定:坚定地为他作无罪辩护。幸运的是,本案正值该县法检两院换届,检察长和院长都是新官上任。本案开庭后宣判前,检察院决定撤诉,无辜的被告人得以避免被定罪判刑的厄运。

问题来了:既然被告人是无罪的,又为啥被如此折腾?虽然目前尚无确实的证据证明该案发生的原因,但是当事人自己非常清楚背后的玄机:只因在过往的一次纠纷中他曾得罪过手握公器的对方当事人,于是赢了民事官司却惹了刑事是非。

3. 案情疑难复杂,判断失误

新中国法学院系第二次复办始于 1978 年,转眼就要 30 周年了,颁发了数以百万计的法学学位和学历证书。目前,拥有硕士学位、研究生学历的法律人比比皆是,即使在基层、偏远地区,法律人也大都拥有学士学位、本科学历。然而,学位不等于学术,学历不代表能力。全国八百多所法学院,又有几所能够教授学生处理疑难案件的方法技能?

法学虽然是正义之学,但是在知识的分类上,它是标准的实践智慧,因而法学被称为"应用性学科"。从现象到规律,是第一次升华,得到的是理论知识;从理论到实践,是第二次升华,得到的是解决具体问题的方法技艺。后者比前者更加不容易。

一直以来,法律实务界与法学学术界似乎总有一层隔膜,理论与实践两张皮。法学院招聘拥有法学博士学位和留学背景的教师并不难,每一个法学院院长的邮箱里每年都有数十上百封符合这种条件的求职信。但是,拥有实践能力的师资却少得可怜。虽然"法律诊所"遍布祖国各地法学院,但是真遇到疑难杂症,恐怕还是名医难寻。

　　正如五四青年节前一位优秀的青年法官所说："很多案子并不是黑与白、是与非的简单冲突，其中既交织着复杂的法律关系，还包含着价值判断和利益衡量。有时候，一个法律上说得过去的裁判，却不能很好地修复社会关系；有时候，一个看似简单的案件，却在社会上掀起了轩然大波。法庭内外，法律、舆论、道德无时无刻不在交汇与相互作用。我们不能只是机械地适用法律，还需要有国情意识和人文关怀。"[①]这位法官说的，就是疑难案件。

　　更糟糕的是，不仅法学理论和法学教育不接地气、缺乏实践智慧，而且有法学教育者认为疑难案件根本就是不存在的或者是不应当存在的。他们一门心思想着如何制定法律、如何完善立法，觉得那就是为生民立命，简单地认为只要有了法条并严格执行法条，就能万事大吉，就会为万世开太平。例如，我曾亲耳听到某个不知司法办案为何物的法学院院长说研究疑难案件的人是神经病。

　　唉，这种痴迷创制、止步于立法的法学研究、法学教育，发表了成千上万逻辑圆满却不敷应用的法学论著，晋升了一批又一批熟悉法条但不会办案的法学教师，也培养了一批又一批只懂法条却不研究经济和社会的法学毕业生。

怎么办

　　以上说的第一种情况是领导插手个案、干预司法。虽有中央发文禁止，但基层有时仍难免执行乏力。警察、检察官、法官也是人，让他们亲手把无辜之人送进监狱，也会良心不忍，然而在游离于法律之外的权力面前，又有多少人能够仗义执言、舍身为法？恐怕不

---

　　① 刘黎：《做法治中国的信仰者与践行者》，载《人民法院报》2017年5月4日第1版。

少人还是会身不由己地随波逐流。此时,在法律程序内能为被告人发声的差不多就只有律师了。然而,在此僵局、困境中能排除干扰让警察、检察官、法官解脱的,并非只有律师。按照中办、国办 2015 年 3 月 18 日《领导干部干预司法活动、插手具体案件处理的记录、通报和责任追究规定》,司法人员应当对这些来自法外的干预如实记录并向主管机关报告,主管机关应当及时处理。因此,誓言忠于法律的警察、检察官和法官,要相信不只是你一个人在坚守法治,在确保不刑及无辜这个问题上,律师是你依法办案的可靠同盟,而以言代法、以权压法等破坏法治的现象也已经有了抵挡和克服的制度力量。

第二种情况即个别法律人徇私枉法、胡作非为。这种情况往往一人作祟,牵扯着一批同事、同行。也就是说,只要一个人作弊弄法,就可能坑得其他诉讼环节的法律人陪着背黑锅、受窝囊气。因此,律师对这种案件认真辩护,其效果不仅仅是保护了被冤枉的当事人,或许还能让枉法者悬崖勒马,并能使守法者不致遭连累。法律人正确的做法,应当尊重律师的辩护执业权利。比如,审查起诉程序中的检察官,在审查办案时对侦查部门的起诉意见和律师的辩护意见至少做到同等重视,以克服司法的惯性,依法对嫌疑人是否有罪、应否起诉作出判断。

第三种情况即案情疑难复杂、判断失误。疑难案件虽然数量不多,但是往往真假难辨、是非难断,的确最让人耗费精力。俗话说得好,兼听则明。律师虽然只负责提出无罪或者罪轻的意见,但是至少可以帮助官方法律人避免因判断失误而刑及无辜或者罪罚失衡这种各方都不希望发生的结果。在审理者裁判、裁判者负责且终身负责的制度下,有效辩护的律师,无异于司法人员的好朋友。人家来帮助你避免失误,哪有不欢迎的道理?

说了半天,其实就是一个理:除了犯罪嫌疑人、被告人,作为对方当事人的被害人,作为拥有司法权的警察、检察官、法官,都要认真对待律师的辩护。

说大家都会因律师的有效辩护而受益,并不是说警察、检察官和法官都不用做事,都听律师的就行了,而是说在几千年行政兼理司法铸造的威权主义、德主刑辅观念造成的人治传统和法律工具主义背景下,希望所有法律人、政治家和社会公众都能正确认识正当程序对于司法公正、对于社会正义所具有的特殊重要意义,而角色分化、控辩平等、裁判中立以及被追诉人能够获得有效辩护对于个人、社会和国家,都是稀缺的、珍贵的。

套用约翰·多恩的诗句"不要问丧钟为谁而鸣"。既然法律要求律师不平则鸣,那么作为法律人,其实你我都不聋,都应当耐心倾听。因为待到犯下大错,后悔根本就没有用。没有哪个人身处孤岛,每个人都是法治共同体的一分子,一个人蒙冤受难,就是所有的人共同不幸。律师法规定律师的使命是三个维护,而离开了维护当事人的合法权益,又何谈维护法律的正确实施和整个社会的公正?与其说这是刑辩律师的使命,毋宁说这是全体刑事法律人共同的使命。

41. 辩冤白谤，出罪免刑

2017年5月11日　星期四

2017年春，照例要提交律师年度执业考核表。在总结一年来的律师执业情况时，我顺便回顾了这十几年所办刑事案件的有效辩护或有效代理结果。因为第一身份是教师，既不能误主业，又要全力保证服务水准，所以我对每年兼职办理的案件刻意进行总量控制。

近30年法庭岁月、控辩人生，回头看，真是光阴似箭、岁月如梭。在检察院工作13年后，我调入法学院并担任兼职刑辩律师也16年了，辩护成功的无罪、罪轻案件好几十件（包括撤销案件、不起诉、指控的重罪不成立改判轻罪、免刑或实报实销恢复自由、避免无期徒刑或死刑）。

有效辩护的成功案例如下：

（1）某警察渎职案。该案曾被写进省检察院向人大所作的工作报告，是当年全省八大渎职案件之一。吴警官在某省属单位任职侦查支队长，被检察院以徇私枉法罪立案侦查、拘捕、公诉。在公开审理中，我为他作无罪辩护。庭审从上午9点持续到晚上9点。法庭旁听区座无虚席，除了少量家属，几乎都是司法人员，有检察官、法官，当然也有被告人的警察同事。经过两年多的诉讼，检察院最终决定撤回起诉，不再指控。被告人吴警官无罪获释。后经党政机构审查，他的行为连违纪都不构成。十年后的今天，吴警官又成长为支队长了。

（2）王医生被控强奸罪案。王医生被以强奸罪立案侦查、拘捕、公诉、审判，先后羁押380多天。在不公开审理（案涉个人隐私）中，我为他作无罪辩护（又是开庭开到半夜）。在审理期间，法院采纳了我的意见，对被告人取保候审，先把人放了出来。后来，检察院撤回起诉，将案件原路退回公安局，以没有犯罪事实为由作出撤销案件决定，王医生回到医院继续履行救死扶伤的职责。

（3）某人大代表、书记杜先生被控聚众斗殴罪案。该案被告人因个别村民上访而被立案侦查，侦查机关在报请人大常委会许可后对其采取了强制措施。在开庭审理前，我申请非法证据排除，并申请法院成功调取侦查机关在纪委双规期间的讯问录音录像资料，在庭前会议上有理有据地提出了排除非法口供的意见；在公开审理中，我为他作无罪辩护；开庭审理后，检察机关撤回起诉，杜先生得以无罪释放。

（4）某外资企业董事长何先生被以涉税犯罪羁押、监视居住，折腾了几年。我坚持为其作无罪辩护，后检察机关撤销逮捕决定，公安机关撤销案件，何先生无罪。

（5）某人武部季部长被以贪污罪逮捕，在检察院审查起诉程序中，我为他作贪污罪不能成立的无罪辩护。后检察院不再以贪污罪指控，改以滥用职权轻罪提起公诉，我继续为其作无罪辩护，法院当庭对季判决免刑，并予释放。

（6）某项目经理马先生被以巨额诈骗立案侦查，并曾被拘留关押。经我提出无罪辩护意见后，检察院依法对马先生作出不起诉决定，马先生得以无罪。

（7）某村委会赵主任被控贪污重罪，我经过仔细分析案情并认真取证，提出贪污罪不能成立的无罪辩护意见。该意见被法院采纳，后法院判决认定贪污罪不能成立，以串标轻罪从轻发落。公诉机关不服判决提起抗诉,上级法院驳回抗诉、维持原判。赵主任有效避免了轻罪重判。

(8) 某局长被以受贿重罪拘捕、公诉,经我作无罪辩护后被判处与羁押期限相同的刑期,宣判后即已刑满,很快获得自由。

(9) 某民营企业主被检察院以贷款诈骗重罪起诉,法院以合同诈骗罪对其定罪判刑。二审阶段,当事人委托我为其辩护。经研究案情,我依法提出不构成贷款诈骗或合同诈骗犯罪的无罪辩护意见,二审法院后改以骗取贷款罪这一轻罪定性,刑期缩短一半。

(10) 在非洲某国有公司的周老板被以走私罪判处重刑,二审委托我为其辩护。我提出罪轻辩护意见,周老板二审获得改判,刑期大幅缩短。

(11) 青年李某被以故意杀人罪诉到法院,我以被害人有严重过错为由作罪轻辩护,建议法院从轻处罚。辩护意见被采纳,李某获从轻判处有期徒刑,避免了无期徒刑以上之重刑。

(12) 青年毕某因与女友分手、一帮酒肉朋友"帮忙"而轮奸犯罪,一审被判处死刑立即执行。在高院二审中,我以事实不清、证据不足为由为他作无罪辩护,高院部分采纳辩护意见,改判死缓,毕某从而保住性命。

(13) 某男士因妻子受辱而持刀杀死他人,一审被判处死刑立即执行。在高院二审中,我以死者有过错为由作罪轻辩护,辩护意见被高院采纳,该男士被改判死缓,得以继续过他的下半生。

(14) 男子武某参与他人共同巨额诈骗,途中同伙犯意改变而共同抢劫杀死一人。受理委托后,我作证据之辩,最终使其保住了性命。

(15) 某企业被指欠薪、袭警,我与同事一起分工合作,皆作无罪辩护。后一人获得不起诉,一人避免被逮捕,仅处以拘役缓刑。

(16) 某执法队长正常执法却被控玩忽职守,我与同事一起为他辩护。经阅卷、踏勘现场、调取大量书证资料,再结合省委省政府执法体制改革的相关政策文件,在法院公开开庭审理时我们提出了无罪辩护的意见。在法院宣判前,公诉机关撤回了起诉。

(17)某公司董事长被以逃税罪拘捕、公诉,因领导干部干预司法导致一审法院对其定罪判刑。在二审程序中,我坚定地为他作无罪辩护,并向有关机关反映领导干部干预司法并插手个案办理的错误行为。二审法院采纳了我的辩护意见撤销原判、发回重审,我继续作无罪辩护。案件最终由检察院撤回起诉、不再指控,被告人无罪。

(18)某物流公司董事长被某机关以涉黑犯罪督办追究刑事责任,他被拘捕、公诉后,公司业务大受影响。受理委托后,我听取了本人辩解,认真阅卷,发现被告人除了事后为公司涉案员工支付费用因而涉嫌包庇这一轻罪外,并无证据证明其参与了聚众斗殴、故意杀人重罪,有证据证明其不在现场,而且死者一方欺行霸市、主动挑起事端,有严重过错。最终,法院以轻罪结案,判决尚未生效时羁押已满刑期,他遂获取保候审,依法释放。

类似案例还有若干,记不起来了。无论案情轻重,我都能全力以赴,把案件存在的问题给展示出来,把当事人的冤屈给表达出来,争取司法公正正义,维护当事人合法权益。当然,也有一些令人遗憾的案件,我虽用尽洪荒之力作无罪辩护,当事人却最终仍然被定罪判刑,这些案件每每想起来我都感到十分痛心。

总结之后,我发现有一个规律类似"首因效应",嫌疑人涉案后越早委托律师,就越有可能获得有效辩护,被冤枉或错判的可能性就会越小。

总结自己办案的心路历程,感慨万千。不仅因为所办案件大多疑难复杂,而且发现自己在办好每一个案件后都能有所收获。把这些像珍珠般的心得串接起来,就是一个美丽的项链。

42. 为什么律师会为"有罪"的被告人作无罪辩护?

2017年5月24日　星期三

经常会有人问:假如你明明知道被告人有罪,你还会为他作无罪辩护吗?或者公众普遍认为被告人有罪,你还会为他作无罪辩护吗?

答:我怎么会"明明知道"被告人有罪?其一,我不会"明明知道"。其二,假如我真的"明明知道","知道"被告人犯罪大致有两种情形:

一是我目击了被告人的犯罪。如果那样,我就成了证人,而证人有作证的义务且证人不可替代,证人和辩护人又不可混同,因而我将无法担任我明明知道有罪的被告人的辩护人。

二是我事后听人说或者有证据证明被告人犯了罪。如果仅凭听人说就能判断被告人有罪无罪的话,那爱八卦的人岂不都成了法官?而人世间又会有多少人被人"说"上了刑场?不仅如此,有证据证明被告人犯了罪,他就真的有罪吗?如果以下问题不解决,恐怕"明明知道"就会成为"莫须有":证据客观吗?证据充分吗?取证方法是否合法?司法程序是否正当?

至于公众普遍认为某某有罪,那是公众的社会心理,作为一种非正式评价,辩护律师在"民意与公案"的纠缠中必须无视它的存在,或者正视它可能给司法造成的压力并通过积极的辩护去屏蔽它对被告人权益可能造成的伤害。事实上,执政党也意识到了这个问题,因而在《中共中央关于依法治国若干重大问题的决定》中首次明确:"规范媒体对案件的报道,防止舆论影响司法公正。"

看到这里,你可能不屑地笑了:你以为万千读者只有你懂法啊!不要诡辩。

中!

重新设问:你作为被告人委托的辩护人,经会见、阅卷并参加法庭调查,发现证据都是客观的、合法的,也是充分的,还达到了排除合理怀疑的证明标准,你的委托人也就是被告人确实有罪,你还会为他作无罪辩护吗?

答:辩护律师认为被告人有罪或者无罪,这个问题暂且放一边,先解决一个前提性的问题:作为法律服务合同的双方当事人(委托人和律师),谁有权对最终的辩护方案(有罪辩护、无罪辩护抑或其他辩护)作出抉择? 律师还是委托人? 当然是委托人。如果连这个前提都不能同意,那么恭喜你,你就是一个标准的"独立辩护"主义者。请你不(继)要(续)读下去。

因为诚实有效地履行无罪或者罪轻的实体辩护职责,有勇有谋地反守为攻、启动非法证据排除以履行"最好的辩护"即程序性辩护职责,为被告人的合法权益尽心尽力,这是刑辩律师的分内事,终极目标是通过维护被告人权益以维护刑事法治和社会公义。而刑事法治和社会公义的最大威胁来自刑事司法权力的滥用或懈怠,国家的宪法和法律把它们作为假想敌,执政党的政策也公开正视它们对法治的严重危害(以言代法、以权压法和徇私枉法),所有这些破坏法治的力量,最直接的压迫对象就是刑事案件中的犯罪嫌疑人、被告人。受托为其辩护的律师,无论是常规的防御性实体辩护还是最好的进攻性程序辩护,都是把维护委托人权益作为工作的初衷和起

42. 为什么律师会为"有罪"的被告人作无罪辩护？

点的。于此，刑辩律师岂能跟自己的委托人闹独立？

当然，从法律上看，辩护律师负有不得制造伪证、不得妨害作证这种法定的消极（不作为）客观义务，律师不能服从委托人违反法定义务的不法要求，如此而已。因此，除非为履行法定义务所必需，律师不具有相对于委托人的所谓独立辩护的权利。另外，被告人有权获得辩护，这可是《宪法》唯一明确提及的律师业务。既然辩护权是一种宪法性基本权利，那么从职业保障角度看，律师的辩护就具有不受公权力压制的独立宪法地位，而且2004年《宪法修正案》明确规定"国家尊重和保障人权"。如果说辩护的"独立"具有一定的正向价值，那么"独立"的对象应仅限于客户的不法诉求和公权力的任性打压。除此之外，刑辩律师不能以独立辩护自居去随意处分委托人的实体利益和程序权利。

如果根据自己的专业技能和诉讼经验认为无罪辩护不仅徒劳无益而且对被告人不利，那么我会与被告人一起分析各种利弊，由被告人对有罪辩护还是无罪辩护作出最终决定。如果被告人放弃作无罪辩护的诉求而选择罪轻辩护并且反对律师作无罪辩护，律师就没有了作无罪辩护的可能。作为受托辩护的律师，在涉及委托人重大利益的问题上，不能与委托人背道而驰，也不能自说自话，道理很简单，律师是委托人权益的雇佣军和代言人，被告人委托律师的目的是为其辩护，而不是花钱请个第二公诉人反其道而行之。尽管律师执业中有某些不因委托人意志而改变的法定义务，但在依法执业前提下诚实地履行法律服务合同约定的义务，为实现委托人权益而工作，这是律师的职业操守。

再问：若委托人坚持要求律师对犯罪事实清楚、证据确实充分且办案程序合法的有罪刑案作无罪辩护，你会答应吗？

答：我可能答应。因为我不是法官，我认为事实清楚、证据确凿、程序合法，不等于案件本身就是事实清楚、证据确凿、程序合法。

在诉讼实践中,相信有不少律师遇到过这样的情形:一开始,律师会见被告人并查阅法律文书、诉讼案卷后认为案件几乎没有辩点、辩无可辩,但是,时常会有柳暗花明又一村的意外之喜,诉讼最终有重大转机,被告人获得了合法的宽缓甚至无罪处理。

与这种合法形成的最终结果相比,起初认为的毫无辩点是否太过自负?当初的辩无可辩是否太过任性?既然我们都不喜欢司法的自负任性,那么我们又有什么理由让自己自负任性?律师认为被告人有罪,既不等于法官认为被告人有罪,也不等于事实上被告人真的有罪。诉讼,充满着各种不确定性。偏执,不是一种优秀的品质,无论法官还是律师。

接下来问重点:在那些普遍认为有罪的案件中,你如何看待律师的无罪辩护?

答:只要能达到辩护的目的且辩护的手段合乎正当程序,无论哪种辩护都可以存在,而且必须被容忍,即使律师自己也相信经辩护后被无罪释放的被告人真的有罪或者公众普遍认为他有罪。

两害相权取其轻,两利相权取其重。一个"事实上"①有罪的人,之所以能在正当程序中脱罪,除了法官徇私枉法所致这种不可接受的情形外,有不止一种可以获得合法判决无罪的情形。

比如,在取证方法上警方或控方犯有致命的错误(这种情况在"世纪大审判"辛普森杀妻案中就出现过),律师申请检察院或者法院启动非法证据排除程序,原本的控方就转换为程序违法的被控告方。司法组织对原本的被告方提起的程序违法之诉进行程序性审查,结论很有可能就是司法认定取证方法非法、定罪证据被依法排除,而结果往往会是定罪证据不足,当然不能定罪。

---

① 这里的"事实上"不是经法定程序由法官裁判认定的法律事实,而是公众普遍认为的自然事实。

42. 为什么律师会为"有罪"的被告人作无罪辩护?

又如,虽然定罪事实都有证据证明,而且证据也都经法定程序查证属实,但是综合全案情况无法排除合理怀疑,如果严格遵守刑事诉讼法规定的证明标准,那么依法也只能作无罪判决。

排除非法证据致定罪证据不足而无罪,无法排除合理怀疑致案件不能达到法定证明标准而无罪,是目前各国立法的普遍选择,我国 2012 年《刑事诉讼法》也对此作出明文规定。这一原则之所以成为各国通例,是因为,如果允许对公众普遍认为有罪的人以错误的方法定罪判刑,或者对虽有定罪证据但案件无法排除合理怀疑的被告人定罪判刑,或者对根本就没有定罪证据但不知何故大家却普遍认为有罪的被告人定罪判刑,那么我们同样也会让有罪的人逍遥法外,因为只要公众普遍认为他无罪即可。

立法在两难场合作出这种选择,等于拿个案可能在实体上不正义的结果作为奉献给整个正当程序的祭品。

在司法诉讼实践中,律师辩护的不少疑难案件情形大抵如此。律师不能因为纠结而放弃法定职责和合同义务,否则就是把个人的价值观凌驾于当事人权益和法律制度之上,显得矫情或傲慢。

其实,在实体的追求与程序的正义发生冲突无法两全时,法庭也只能如此:坚守程序正义。因为法官知道,唯其如此,方能督促检察官和警察尽量不犯错误,尽力承担排除合理怀疑的义务;因为容忍检警的错误,降低证明的标准,带来的绝对不止"事实上"有罪的个案当事人逍遥法外,还有可能使无辜者锒铛入狱甚至被判死刑。

请尊重当事人的选择,理解宪法对辩护所作的庄严规定。尤其是当律师为那个包括你在内的公众普遍认为有罪之人作无罪辩护时,你的理解就是对公民宪法权利、国家刑事法治的一份支持和尊重。

43. 命·运

2017年7月1日　星期六　建党节

时、空、人的组合,有时会令人有意想不到的体会。

今天从杭州西郊留下出山去市区延安路办事,路过多个与岳飞有关、与冤狱有关的建筑,结合前不久去过河南安阳的相关场所,分别记述如下。

(1) 三千年前,文王拘而演《周易》,画地为牢羑里城。这便是河南汤阴县,岳飞故里。2016年12月中旬,我忙里偷闲前往参观。

(2) 近一千年前,朝廷插手个案,操纵司法,发明"疑罪从有"(即"莫须有")。有宋一人,还是岳飞,绝代奇冤,后虽平反,但人死不可复生。彼时的爱国,因了皇帝的家天下,命中注定的悲剧:如果不抗金,会亡国灭种;要是你把金人赶回东北,将那两个老皇帝给迎回来,现任皇上宋高宗又何去何从?不杀你杀谁?皇帝是教唆犯,罪魁;秦桧是实行犯,走狗。杭州西湖风波亭,原为南宋最高法院大理寺监狱内设施,岳飞在此被毒死。今天,一对情侣或许不知此亭血腥悲惨的历史,以不太优雅的姿势坐在那里谈情说爱。

(3) 还是在这个城市,位于杭城西郊的原余杭县城,一百多年前,官员听信传言,刑讯逼供,杨乃武与毕秀姑身陷囹圄,数年后平反。杨乃武墓、小白菜文化园距今浙工大法学院大约七八公里。

(4) 清朝末年,清廷命浙江吴兴(湖州)人沈家本修订法律、变法改制，浙江建立了现代司法制度，有了检法两院。现位于杭州市中心延安路庆春路口的是杭州城市建设陈列馆，宋时此处有岳飞府邸，明时为浙江省按察司，清末宣统元年（1909）建"红楼"于此，是现代司法机构浙江高等审判厅、高等检察厅以及杭州地方审判厅、检察厅的办公地点，民国时为浙江高等法院与杭县地方法院，1949年为杭州市人民法院。

（5）清宣统三年（1911），退伍士兵方得胜纠集他人持械抢劫钱店银洋并伤人，被宁波检察厅起诉，宁波审判庭审理后判处死刑（绞立决，尚有待报省里和朝廷二审、核准。当时，清廷规定，凡建有现代司法机构的地方军政不得干预司法，其他地方继续实行行政兼理司法的旧制）。在方得胜被押回检察厅时，有游手好闲之徒高呼就地正法并砸烂检察厅设施。次日，宁绍台道知会宁波知府、鄞县（当时另有其名）县令等人，未经告知检察厅，即将方得胜拉出监所就地处决，以弹压治安。宁波检法二厅长联名以辞职相要挟，向浙江巡抚提出抗议。此案堪称中国法制现代化以来行政为回应民意而无视司法尊严插手个案之第一例，不知当时建立只有两年的浙江高等审判厅作何感想。当年的办公楼目前只留局部，东侧因道路扩建而被拆除。

（6）十几年前，安徽张氏叔侄二人助人为乐却被以杀人、强奸罪名拘捕、起诉并一审判处死刑，万幸高院二审改判保命，坐牢十多年后于2013年平反。该案被害人尸体发现于西湖区留下镇小和山高教园区东口南侧留泗路边沟内。

（7）2013年和2014年，中共中央决定司法改革并提出全面依法治国；2015年3月，中办、国办发布《领导干部干预司法活动、插手具体案件处理记录、通报和责任追究规定》。执政党庄严宣布要依法执政，并身体力行，将自我纳入法制轨道，这在宏观上是正确的、在微观上是公正的。

44. 司法中心主义

2017年9月2日　星期六

关于司法改革尤其是刑事司法体制和机制改革,据我的观察,不能只从法内或实操切入,而应以更宽广的视野观察正在发生的改革实践。

综合一系列涉法深改文件,目前正在进行的司法改革,在规范意义和制度意义上绝不止于某个特定文本上的"以审判为中心",也不只是关系到检察官、法官或检察院、法院的地位升降。

无论法社会学上的纠纷解决,还是分析法学上的权利救济(义务及责任实施),表述为"司法中心主义"或许更加贴切。以刑事司法为例,其意有五:

(1) 从全社会即宏观视角,除法律有特别规定外,凡权利义务争议即涉法涉诉纠纷,均应以司法为正式、权威的解决途径,党政不再像过去那样以维稳心态和大包大揽姿势去处理涉法涉诉信访。

(2) 从个案即微观视角,在党政领导与司法个案关系上,禁止领导干部个人或者假借组织以协调会等名义插手个案、干预司法。

(3) 在刑诉领域,整个刑事司法活动凸显裁判中立、终局和权威,侦查、捕诉固然有各自价值和地位,但罪与刑的适用应"以审判而不是侦诉为中心"。为此,必须通过证据裁判规则如非法证据排除规则等实现庭审实质化。

（4）在审判程序中，虽然"以审判为中心"具体落实为庭审实质化的"以庭审为中心"，但不能把"以审判为中心"的含义局限于以庭审为中心。

（5）在审判前程序中，侦查强势、检察弱势和追诉强势、辩护弱势的状况应该转向以公诉为中心，检察院审查案件应保持客观中立，凸显审判前程序的司法属性。

参照何家弘教授对"中国式冤案"的原因解读可以发现，刑事司法中的冤错，其直接原因大多是证据问题（当然，在事实无争议情况下定性冤错，在司法实践中也是存在的）。无论是因为程序上的问题还是实体法适用上的问题所致，背后都是法律内的正当程序和司法方法问题，或者是政法体制和司法机制等制度问题。

司法体制改革是在既有政法制度框架内进行的，同时深化改革又对司法体制、机制等作出了很多重要的改变。如前所述，可以从五个角度用"司法中心主义"概括当下的相关改革。而之所以说"以审判为中心"的刑事司法改革在整个司法改革中处于"四梁八柱"的地位，是因为它抓住了问题的症结。不妨再重述一下有关的改革措施。

在司法与党政的关系上，党政领导机关不再直接处理涉法涉诉问题，党政领导干部不得以个人或者假借组织名义以协调会方式违规插手个案、干预司法；在检察与监察的关系上，司法改革叠加监察制度改革，基于加强党对反腐败工作的领导与整合反腐败资源的考虑，职务犯罪侦查权调整改革试点正在进行，检察权中的侦查职能有重大改变；在司法与社会的关系问题上，既要求司法公开，同时又首次明确媒体报道不得以舆论干预司法的独立与公正；在司法内部各部门、各层次的相互关系与司法机制上，强调以审判为中心，通过落实证据裁判规则、非法证据排除规则等庭审实质化措施，强化法官及合议庭的职权与责任，界定院长、庭长与审委会的权限；在被追诉人权利和律师执业权利尤其是刑事辩护权利保障上，史无前例地从中央到地方出台无数的规范、文件予以强调,刑辩专业律所和团队如雨后春笋大量出现,尽管仍有问题亟待解决,但是会见难、阅卷难等顽疾得以改观,有效辩护可能性增大。

所有这些改革,归根结底,都是为了让司法回归本位。至少在事实上可能呈现某种效果:在既定政体框架下,行使追诉权的主体与行使辩护权的主体,除在正当程序内依靠专业技能说服审判主体以获得符合自己诉讼职能的诉讼结果外,再指望依靠过去通行的联席会议、人来人往、领导机关协调甚至打压、利诱达到诉讼目的,会越来越行不通。

这事实上等于赋予法律人整体(包括侦、检、辩、审各方)更多的自治可能性。因此,如果说地位提高,首先是整个法律职业的地位提高;其次才是法律职业内部不同法律人地位的提高,相比较而言,警察、检察官受到比以往更多的约束,律师辩护空间得到有效拓展,法官可以根据法律和良知自主作出裁判。

直观而言,法官、律师更像法官和律师,警察、检察官更像警察和检察官。法官不再去干控辩双方(主要是控方)的活,公诉人不可能躺着就能胜诉,警察和检察官也不大容易在正当程序外左右法官的裁判;律师必须强化职业伦理、提升法律服务能力,以有效维护当事人合法权益、维护法律正确实施、维护社会公平正义。

总之一句话,法官的中立与权威可能逐步加大。当然,眼下还有不少问题。比如,有限的员额如何消化巨大的工作量,入额人员待遇如何提升以适应权责加重,还有那些德不配位或能力不足的人,面对突如其来的扩权,是否会因幸福来得太突然而忘乎所以。此外,律师执业也更加要依靠技术而不是去勾兑或者被人际关系困扰。因而,司法中心主义会使我们更加接近法治的理想。

45. 律师与医生

2017年10月11日 星期三

又感冒了。

去医院才发现,上次使用病历本是一年八个月前。看了几个医生,联想到最近办案中遇到的检察官、法官,不由得胡思乱想比较一番。

越来越感觉法律人跟医生有点儿相像,但又有所不同。

比如,身体不舒服去医院,看的科室不同,医生开的处方可能就不一样。不过,医生至少还是比较谨慎的,不会不顾及诊疗的后果。

而围绕行为或利益发生的争端,如果行为或利益被法律明确规定为自由、权利,或者被法律明确禁止、取缔,那还好办,各方举证、发表意见,法官用三段论就能判明是非。

但是,有的案件跟诊断不明的病症一样,所涉行为、利益应受保护还是禁止,法律也会语焉不详。围绕法律语焉不详的行为或利益发生的纠纷,如果诉至民庭,法官通常会认为其只是普通的民事纠纷,因为民事权益并不限于法条的规定,法无明文规定并不影响纠纷的解决。而一旦案子关涉刑事诉讼或者被公诉到刑庭,检察官、刑事法官就有可能产生与民事法官不同的看法,会认为那是一起犯罪,尽管罪刑法定原则要求法无明文规定不为罪。

不同的是,医生一般都比较谨慎,对于诊断不明的,往往先采取保守的或者减轻痛苦的措施,未必会对生命健康造成大的损害。而盲人摸象的刑事法律人一旦执着地认为自己认识的就是事实真相,发生争端的案件就是犯罪,便会以掌握法律真理者自居并运用其手中的司法权力定罪处刑。刑罚的属性就是一种剥夺性痛苦,被判刑就意味着生命、自由、财产等权利被剥夺。

而真相很可能是:发生争执的事项原本就处于灰色地带,由民事法官运用法律原则妥善调处,完全正当。对于法无明文规定的情形,即使闹到政府,恐怕政府也不敢轻易进行行政处罚。然而,就是这些按照罪刑法定原则万万不可轻易入刑的情形,却可能被某些刑事法律人起诉、判刑。他们的脑子里除了刑事制裁,似乎再也没有其他法律储备了,只要属于被他们认为不对的事,总能找到一个罪名。

其实,基本的法理是:刑法上的468个罪名,规制的都是侵害了私法、公法、社会法或经济法所保护的利益或所规范的秩序的行为。如果行为或利益在私法、公法上是可以容忍甚至是被保护的,那么它就不应该被刑事追究。毕竟犯罪必须是对社会有危害的行为,而"危害"并非抽象概念,一个行为被认为有危害,一定是它侵害了前述法律保护的具体法益,犯罪的本质特征被法律化为行为对前述法益的侵害。如果一个行为在民商法、行政法上都被容忍,那么它就根本不应该成为刑事制裁的对象。

以刑法和民法不一样因而刑事司法不能引用民事规范之类的主张,是无源之水、无本之木,不可能带来刑事司法的公正。

综上,要想合法公正地评判一个行为是否为犯罪,刑事法律人在作刑事评价之前一定要先用民法、行政法、经济法或社会法去衡量该行为有益还是有害,然后再用刑法规定的犯罪要件去裁量案件事实。

46. 女法官丈夫的刑辩

2018年4月4日 星期三

　　某基层法院刑庭副庭长施女士,因丈夫吴副市长涉嫌职务犯罪被提起公诉,要求为丈夫作无罪辩护,申请排除非法证据,但是她的要求被法院拒绝了。

　　不久,一名陈律师站出来说,她曾经为一名涉嫌职务犯罪的局长辩护,主审法官就是施副庭长。陈律师当时所提要求及理由,与这次施副庭长所提完全相同,结果也一样,施副庭长拒绝了陈律师。说实话,在近20年的律师执业生涯中,我也曾为多名被控职务犯罪的警察、检察官和法官作过辩护,他们中也有人提出与施副庭长相同的诉讼请求。我在看守所会见时问过他们:你以前办理刑事案件可曾遇到过相同的情况?当你是办案人员的时候,是否重视并采纳过犯罪嫌疑人、被告人及其辩护律师所提出的这种诉讼请求?令人遗憾的是,他们的回答如出一辙:未认真对待犯罪嫌疑人、被告人、辩护人的这种请求!

　　圈内评论大致这么几种:其一,施副庭长作为副市长的家属,必须尊重法庭关于非法证据排除所作的决定,因为这符合她一贯的做法。其二,丈夫都这样了,作为家属,自己又是刑事法官,居然不请律师为丈夫辩护,非要自己亲力亲为,可见她事到临头都没有真正认识到自己忽视律师辩护作用的错误。其三,法院以她做过询问笔录系证人身份为由不让她做丈夫的辩护人,没毛病;法院同意让她做辩护人才是有问题的,因为证人不可替代,辩护人可以另选。

虽说这些评论略显刻薄甚至有点儿幸灾乐祸,但说的也算事实。对这类事情,不能落井下石,不能寻求恶有恶报的满足。值得进一步思考的是,经中央全面深化改革领导小组(以下简称"深改组")历次会议讨论、被最高法作为以审判为中心的诉讼制度改革"牛鼻子"的非法证据排除规则,为什么操作起来如此困难?如何增强法律人的规则意识,破除司法惯性,重视当事人辩护权利保障?

这些制度的进步,无论是对国家、社会还是每一个人,都有好处。当然,无论法官、检察官还是律师,法律人严格依法办事、独立不阿之勇气,对于司法公正来说,其作用与制度一样重要。

我在攻读硕士、博士学位研究生时选择的专业方向是法理学,法理学关注的问题主要是宏观的法律制度和微观的司法方法两类。在读书时,我曾经认同广泛存在于教科书、专著、论文中的观点:法律思维和司法推理以三段论演绎为基础方法,这种思维方式没有价值判断的空间;只有在疑难案件的办理中,才需要引入辩证思维,此时才会有价值判断。

随着年岁渐长,办的案件越来越多,我慢慢地发现,在所谓"形式"逻辑的背后,无时无刻不存在"实质"的判断。即使是简单案件,也有一个自由裁量的问题:捕还是不捕,诉还是不诉,判重刑还是判轻刑,立法并未给出确定的裁量标准而须由司法者便宜行事。不同的法律人因为人生阅历和价值取向不同,对同一个案件的自由裁量可能出现大相径庭的结果。更重要的是,司法人员对程序法的适用更因诉讼职能的差异而呈现完全不同的价值偏好,这种偏好导致三段论演绎思维被严重扭曲,有时候甚至会结果导向使所谓"职业共同体"面临质疑。这可能是控、辩、审三方都需要反思的问题。

套用一句广告词:我们给当事人提供的,不仅是裁判结果和法律服务,更是通往公正之路。

47. 发现刑辩的乐趣

2018年4月23日　星期一

记得有一次跟同事从温岭回杭州的路上，聊到青年律师的职业乐趣、职业倦怠和职业动力、职业发展瓶颈之类的话题。回想在检察院从事公诉工作时，我也曾经有这样的思考。

工作三五年后，基本生活需求得到满足，常规工作套路逐渐熟悉，有人开始感觉人生不过是一天又一天的重复，工作兴趣锐减，动力不足。当然，也有人是因为不得其法、屡战屡败而打退堂鼓。

无论成败，有句话说得好：不畏浮云遮望眼。古语又说，风物长宜放眼量。人生就是一场旅行，我们目前所到之处，并非最后的目的地。相较归宿，更值得珍惜的是沿途的风景。

当我们奔波于看守所、法庭，回复着家属一个又一个电话、微信，审阅着一本又一本文书、案卷，遭遇着一次又一次偏见、傲慢时，我们自觉不自觉地会放大执业过程中的负面信息，偶尔甚至会心灰意冷。

今天听到同事说他对诈骗案的办理多有"斩获"，我也检索了自己经办的案件。一回忆，还真有同类"成果"。看来总结不只在年末，随时都可以。

这几年，我经手办理或者与同事合作办理业已定谳的刑案也有一个规律：凡是企业董事长委托的，基本上都以无罪告结。当然，未

必是规律,也可能是巧合。罗列一下:

某外企董事长,被关押折腾多年,经我持续辩护,案件终被撤销。

某私企董事长,因领导干预司法,被拘捕、起诉、审判,经我全程辩护,二审发回重审,后检察院撤回起诉。

某私企董事长,因股权纠纷被人举报,身陷监所,经我辩护,当事人获得释放,案件被撤销。

某央企总经理,为一块价值 20 多亿元的土地出让,与国内排名居前的多家著名地产公司人员一起被"一网打尽",经我们依罪刑法定原则提出犯罪要件不合的辩护,当事人全部获得释放,公安机关撤销案件。

诸如此类的案件,办理时举步维艰,最终化险为夷,取得成效。其原因既与案件本身有关(比如老总本身具有识别能力,认识到有辩护空间而前来委托),又与我们的坚持不懈、潜心研究有关。后者尤其重要,因为同类案件不乏被定罪判刑的。能救一个是一个,挽救一个人,就是挽救一个家庭,挽救一个企业。多少个人甚至社会和国家因我们的付出而得以抚平创伤,当事人的处境因为我们的工作而变得更安全、更美好,而他们也一定会回报社会和国家,我们同样会跟着受益。

这么说,并不是说体制内法律人没有我们高大上。其实,好多我们辩护成功的案件并非他们故意使坏,他们往往也是抱着匡扶正义、维护法度的初心办案,只是因为认知等非道德因素而弄错了事实或用错了法律。当然,仍有个别地方或单位未能贯彻全面依法治国方略,领导人任性干预司法,错误插手个案,造成相关法律人身不由己。

不以物喜,不以己悲。刑辩不仅渡人,其实也在渡己。不以一城一池论成败,不忘初心方得始终。回头看看我们所走过的路,沿途有太多美好的风景,邂逅太多有趣的人,做了不少有意义的事。

记得读中学时就在日记本上摘录过这么一句话:劳动一日,可得一夜的安眠;勤劳一生,可得幸福的长眠。为了每晚睡得香,白天用力去打仗;要想一生不后悔,不要轻易变方向。

48. 含冤十二年的物美创始人清白归来

2018年5月31日 星期四

今天,最高法对原审被告人张文中诈骗、单位行贿、挪用资金案进行再审公开宣判,改判张文中无罪,原审判决已经执行的罚金及追缴的财产依法返还。该案的再审对今后的产权平等保护、对涉及非公经济案件的司法公正都会有推动作用,这也是最高法成立以来亲自再审纠正的第一例经济犯罪、财产犯罪案件。最高法之所以改判物美控股集团有限公司(以下简称"物美集团")及张文中等人无罪,是因为原生效定罪判决在事实认定和法律适用上确有错误,导致刑及无辜。

2007年12月25日,河北省衡水市检察院向衡水市中院提起公诉,指控张文中犯诈骗罪、单位行贿罪、挪用资金罪。2009年3月,河北省高院以诈骗罪、单位行贿罪、挪用资金罪判处张文中有期徒刑十二年,并处罚金人民币50万元。张文中服刑期间获两次减刑。2013年2月刑满释放后,张文中向河北省高院提出申诉。2015年12月,河北省高院驳回申诉。2016年10月,张文中向最高法提出申诉。2017年12月27日,最高法作出再审决定。今天,最高法根据再审查明的事实、证据,综合评判如下:物美集团作为民营企业,具有申报国债技改项目的资格;张文中等人决定以其下属企业诚通公司的名义申报,并未使主管部门产生错误认识;物美集团申报的

48. 含冤十二年的物美创始人清白归来

物流、信息化项目并非虚构；物美集团违规使用3190万元贴息资金，不属于诈骗行为。

原判错误的原因，既有司法过程中对案件事实认定上的法律技术问题，又有司法人员的司法理念问题。

在事实认定上，根据最高法公布的信息，物美集团在距申报截止时间比较紧的情况下，为了增加申报成功的机会，以国有企业诚通公司下属企业的名义进行申报（当时国家经贸委规定国债技改项目重点用于国有物流企业的技术改造）。虽然如此操作在程序上有欠规范，但作为民营企业的物美集团始终是以自己企业的真实名称进行申报，不应使审批机关对其企业性质产生错误认识。因此，原判认定物美集团不具有申报国债技改项目的资格，属于事实认定错误。也就是说，在申报项目时虽然不规范地使用了诚通公司下属企业的名义，但是物美集团并没有回避自己的真实主体身份，同时国家经贸委虽然规定国债技改项目重点资助国有物流企业，但是并未禁止民营企业申报。

在法律适用上，原判未能正确区分双方互为给付活动中的诈骗和单方给付活动中的诈骗两类不同的情形，导致裁判规则错误。无论是目前的刑法教科书、学理文章还是法律规定、司法解释等规范性文件，对诈骗犯罪特征和要件的表述都是以生活中常见的双方互为给付活动中的诈骗为蓝本，对不太常见的单方给付活动中的诈骗关注不够，以致衡水市中院和河北省高院的一审二审判决错误地用互为给付中的诈骗罪裁判规则去审判单方给付中的被诉诈骗行为，最终酿成错判。

民事法律行为可以分为有偿法律行为和无偿法律行为两类：有偿法律行为的双方当事人互为给付一定对价（包括金钱、财产和劳务），如买卖合同是有偿法律行为，一方交付货物，另一方支付货款；无偿民事法律行为并非双方都无偿，而是一方当事人承担给付义

「175」

务,另一方当事人不承担相应给付义务,如赠与就是日常生活中典型的无偿法律行为。学校或企业申报政府项目获得财政资助,政府实施的就是对学校科研或企业经营活动的无偿法律行为。也就是说,有偿法律行为双方互为给付,无偿法律行为单方为给付。

常见的诈骗犯罪大多发生在互为给付的有偿法律行为中,一方为了非法占有对方货款,欺骗对方说自己有货物要卖,在对方给付货款以后,行为人却不给付货物,而是收款后跑路。这就是典型的双方互为给付活动中的诈骗犯罪,其构成要件是行为人主观上有非法占有目的,客观上实施了隐瞒真相或虚构事实的欺骗行为,导致对方产生错误认识而给付财物,行为人却不履行给付义务,无对价占有对方财物,使对方遭受财产损害。而在单方给付活动中,原本就是单方给付,不存在对价,所以不能仅因受领财物的一方无偿获得对方给付的财物就认定其诈骗,而应以受领财物者有无欺骗给付财物者使其给付的社会目的落空作为判断诈骗是否成立的标准。如前所述,赠与是合法的单方给付行为,只要给付财物的一方是自愿的,其赠与的目的实现了,那么受领财物的一方得到财物就是合法的,不成立诈骗罪;如果受领财物的一方隐瞒真相或虚构事实,使对方信以为真单方给付了财物却又不能实现相应的社会目的,那么受领者的行为就是诈骗犯罪。

在日常生活中,除了赠与外,单方给付活动还常见于科研项目申报、政府政策补助等领域。例如,大学教师或研究所研究人员向教育部申报科研项目,申报成功后教育部会下拨一定经费给申报者,这些经费纯属教育部单方给付,并不要求申报者给予对价的回报。而教育部之所以愿意做这种没有经济回报的事,是因为它追求的是社会目的,即通过资助合适的人推动科技进步。只要申报者将经费真实地使用于科研活动,教育部立项资助的社会目的就实现了,因而也就不存在诈骗犯罪。同理,物美集团当年向国家经贸委申报物流领域的国债技改项目,只要国家经贸委立项资助的社会目的能够实现,物美集团把所得资金真实地使用于物流技改项目,那么就不构成诈骗犯罪。

我国立法对不同所有制企业的法律地位即权利义务存在歧视性规定,导致司法过程中未能平等对待非公有制企业。本案中,因为国家经贸委曾规定技改项目重点资助国有物流企业,法院审判时就以物美集团不是国有企业作为判断其申报属于诈骗的依据。这种理念显然不符合产权平等保护的市场经济法则和国家政策精神。

相信该案的再审将对今后的产权平等保护以及涉及非公经济案件的司法公正产生积极的推动作用。从这个角度看,此次改判的背景尤其值得关注。

2014年党的十八届四中全会通过的《中共中央关于全面推进依法治国的决定》明确要求:"健全以公平为核心原则的产权保护制度,加强对各种所有制经济组织和自然人财产权的保护,清理有违公平的法律法规条款。"为此,2016年11月4日印发的《中共中央国务院关于完善产权保护制度依法保护产权的意见》明确指出:"公有制经济财产权不可侵犯,非公有制经济同样不可侵犯。"

这些重要的政治决定和政策意见,与既有法律规范相比有重大改变。原判当时甚至目前的立法和司法,对非公有制经济财产权的保护还存在诸多歧视性的规定和做法。如《宪法》规定"社会主义的公共财产神圣不可侵犯""公民的合法的私有财产不受侵犯",字里行间产权区别对待意味明显。而在司法实践中,在审理诈骗罪、非法吸收公众存款罪、骗取贷款罪等财产犯罪和经济犯罪案件时,极易出现把民事纠纷、一般违法与刑事犯罪相混淆进而导致刑及无辜的现象。

49. 赢在细节①

2018年6月30日　星期六

浙工大屏峰校区是个有山有水、有情有义的美丽校园。

浙工大法学院的毕业典礼本来是一个很正规的场合,应该由院长、书记讲话方显隆重。院长因公出差,书记又坚定地要求我来代院长致辞,恭敬不如从命,我决定利用这难得的职务之便,给学生们讲一些可能既不会写进教科书也不会写进论文的小道理。

善待自己,过好生活

第一,善待健康。希望毕业五十周年时大家还能愉快地回母校相聚。世卫组织对健康的定义是生理、心理和社会适应性的健康。诸位皆已完成160多个学分的课程,法学课程中讲的是法理人格,思政课堂上说的是伦理人格。今天我要告诉大家的是,这些高端的品质,无一不依赖于人的生理、心理和社会适应性的健康。《孝经》中说:"身体发肤,受之父母,不敢毁伤,孝之始也。立身行道,扬名于后世,以显父母,孝之终也。"再伟大的梦想,再壮阔的事业,没有身心和社会适应性的健康,都将归零。

第二,推己及人。要善待自己,也必须善待自己的家人和亲友。

---

① 原载于2018年7月1日"司法方法"微信公众号,少量内容有调整。

生活中常见这样的现象：在外对朋友两肋插刀，在家对亲人横眉冷对。人格何以如此分裂？值得认真反思。要善待己之所出和己所出：己之所出者，爷爷奶奶外公外婆、父母也，他们是赋予我们生命的人；己所出者，儿孙也，延续我们生命的人。爱人伴侣，是陪伴我们度过人生的忠实盟友，爱是举案齐眉、相敬如宾。

第三，过好生活。这四个字有两种读法：一是实体法的读法，就是过上好生活；二是程序法的读法，就是无论生活好坏，都要好好地过。我国现代美学奠基人朱光潜先生说，人生第一桩事是生活。我们应该过什么样的生活？这不仅是个人，也是这个转型期的国家所要认真思考的问题。曾几何时，为了GDP破坏了生态。有多少人，为了权力破坏了规则。更多的人，为了财富忘了初心，不择手段。这是否就是我们想过的生活？工作之后，很多人常常会因为事务繁忙而忘记了生活。比如，搁置自己的兴趣，把自己变成工作的机器、他人的工具；待人接物忘却仪式感，吃饭、行走、睡眠以及与人相处都混乱而粗鄙。又如，吃完自助餐后剩下很多食物、杯盘狼藉，而不是吃多少取多少，吃完之后将餐具餐巾纸等摆放整齐以方便服务员的打理。这些生活的细节，反映的恰恰是生活的质量、人生的志趣。

第四，注重细节。我曾经为购买一套房屋而造访过三户人家，他们分别是韩国人、我国香港人和台湾同胞，房屋的装修、摆设都没有特别豪华，当然也谈不上奢侈。我最终买下的是我国台湾同胞的房子。收房后，有几个细节让我心生感慨：除了按照合同约定带走的东西外，房东交给我的房屋窗明几净，所有的家具摆放有序，甚至抽屉里各种购物袋都是折叠整齐的，书橱里那本十年前的时尚杂志还留着她做的各种标注，看得出她对美的追求和对细节的讲究。不难看出，这位20世纪70年代大学毕业目前已经退休的女士的生活是多么从容、优雅而又简朴、淡定。希望你们能从中得到启示。

善待社会、干好工作

人是社会关系的总和。如果我们只知道自己而不考虑别人,那我们就成了精致的利己主义者。其实,每一个人都无法离开他人而独自存在。自由平等的陌生人之间可以互相交换权利、互相设定义务,这种契约的总和就是市场。市场的存在意味着人格的独立、产权的清晰、交易的自由、责任的负担,而这些恰恰是我国《宪法》确认的核心价值观"富强""民主"的根源以及"文明""和谐"的基石。

三十年前,我跟大家今天一样,参加完毕业典礼,怀揣着西南政法学院的学历学位证书来到浙江参加检察工作。我至今仍清楚地记得公诉过的两个刑事案件:一个案件的被告人毕业于某水产大学,跟我一样于1988年8月18日正式上班。不一样的是,他进步更快,工作不久就被任命为某水产养殖场的场长助理,分管珍珠养殖。造化弄人,他成了监守自盗的犯罪人,我成了这个案件的公诉人。我清楚地记得他的名字和他犯罪的动机。逝者已矣,我们不必再提起他的名字,但是他的教训值得每个毕业生汲取。他在回家探亲时算了一卦,说年内必然发达。于是,在一个月明星稀的夜晚,他爬窗进入单位仓库,窃取了价值巨大的珍珠。为此,他被判刑五年,美丽的女友离开了他,他在监狱结束了自己的生命。他的教训是自己内心的贼,让他害了社会,毁了自己。

另外一个案件的当事人是一名财会专业毕业的女生,在一家国有医院担任出纳。医药回扣普遍存在,她的单位也难以抵挡诱惑。我相信,每一所大学的财会专业老师都会教导学生不做假账、公私分明。但是,当科主任让她把巨额回扣另立小账并在年底分掉时,她不仅唯命是从,而且也分得比工资多几倍的赃款。她的教训是,盲目服从领导命令,抛弃了财会人员不做假账的底线义务。

诸位读的是法学类专业。这是世界上第一所大学博洛尼亚大学最早设立的三个专业之一(本校前校长张立彬教授就在该校留过学),也是社会科学的鼻祖。当今世界上200多个国家和地区几乎无一例外都选择了法治道路,我国也于1996年提出了依法治国。2014年,我国又提出了全面依法治国。

作为法律人,己身不正焉能正人?如果会计可以损公肥私做假账,法律人可以徇私枉法办冤案,那么农场也可以生产有毒有害农产品,公司可以制造销售假冒伪劣工业品。如果那样,我们就陷入了互害的循环而难以自救。雪崩时,没有一片雪花是无辜的。

无论诸位学习法律是为了养家糊口、安身立命,还是为了治国安邦、经世致用,都要承担起自己作为一个公民、作为一个法律人的责任,为这个社会变得更加公正更加美好竭尽绵薄之力。作为法律人,底线就是永远不办假案,无论是有意、过失还是无知;目标是,在每一个案件中都秉持法律的理性,持中守正,不留遗憾。

要善待这个社会,就必须从细节做起,干好自己的工作,不能让梦想停留于幻想。

尊重规则,做好事业

大道理是,法治是服从规则治理的事业,法律要获得普遍的服从,法律又必须制定得良好,要实现良法善政。

我要说的是小道理。我们法学院位于屏峰校区,门口的主干道叫留和路,就是西溪且留下的"留",小和山与世界和平的"和"。你们入读的前三年,这条路坑坑洼洼,几乎没有一个窨井盖是端正的。我们也经常见养护工人修修补补,但是一直没有根本改观。你们大四的时候,这条路突然一夜之间平整了,因为我们学校的体育场馆被用作大运会的竞赛场地,有关部门终于把这一段铺好了,而我们的芳邻浙江科技学院门口依然如故。

诸位可能好奇,这与规则有何关系?是啊,规则是什么,它能否给市民提供一个合格的通行便利?

其实,无论是乡间道路还是城市街道,都有一个质量标准。这个标准是法律法规所确认的。我曾经利用列席省两会的机会通过人大、政协向市政部门提出过相关建议。诸位将来都可能主政一方,你的辖区是否存在类似的问题?你能否履行规则确定的义务,让这个社会服从规则的治理?

诸位学习的法学,正是规则的知识。毕业后,期待各位能够尊重规则,为自己经办或主管的每一个案件的相对人、当事人送去法律规则的公正。

熟悉规则是诸位的长项。但是,知识不会自动成为解决问题的方案。建议大家要知行合一,牢记法学的实践理性。

多年前,你们的一位学姐在市中院实习,在骑自行车下班回朝晖校区宿舍路上被出租车刮碰受伤。同行的同学立即把她送去医院,我接报后也赶到医院看望,涉事出租车司机满脸愧疚。后来,该女生拿着一份申请来到我办公室要求补助。我问她赔偿可曾了结?她说没有证据。我问她:你不是有诊疗记录吗?不是有同学看到了那个事故吗?她说:这能成为证据?我说:诊疗记录证明你被碰伤的结果,同学证言证明该结果是出租车司机造成的,还要什么证据?她方才恍然大悟。这个例子固然极端,但是,缺乏经验的法律人往往把规则当成抽象的概念,不能与生活中的事实有效地等置对接。这是学院派的通病。当然,也可能与实践教学和课堂教学之间的壁垒有关,我们需要不断改进法学的研究和教育。

尊重规则,还有一个重要的使命:当规则上逆天理、下违人心时,法律人应当推动它与时共进。当实体的规则明显不公正时,要善于在原则的指引下,运用程序的自由裁量权缓解它的僵硬。

小道理先讲到这里。请允许我把这些归纳为四个建议。前不久,我应上海市律协邀请,到上海政法学院上合组织国际司法培训

基地为青年律师讲课,也分享过这四个建议:

一是知识要有广度。毕业不是学业的结束,而是实践教学真正的开始。法律是生活之形式,法学不能止于纯粹的逻辑推演。大学里教的,大抵是法教义学;社会需要的,还有社科法学。被称作"人民的法官""人民的律师"的法律人布兰代斯说过:只懂法条,不研究经济和社会的法律人,极有可能成为人民公敌。建议诸位不但要阅读法学著作,更要阅读其他学科领域的书籍,更要认真阅读这个社会。

二是思考要有深度。绝大部分同学都将走上法律职业岗位,理论要追求逻辑圆满,技术要讲究切实可行,对接个案的形而下思考必须深入,要把法律的形式正义落实在个案纠纷的解决中。

三是工作要有力度。主观上要意志坚定,客观上要行动果敢,以精湛的技能实现司法公正和诉讼目标。

四是做人要有温度。在同行间以理服人,对当事人要诚信服务。人品是最好的品牌,优质的法治产品来源于法律人的优秀品质。

诸位,老师只能陪伴至此,人生的旅程很长,更多时候需要你们独自面对挑战。人生在世,有三件事会无法割舍:母亲、母校、母国(祖国)。正如母亲会关注你们的成长,母校随时欢迎你们返回这里。你们取得成绩,我们愿意倾听你们的喜报;遭遇挫折,学院愿意成为你们的后盾。期待诸君为祖国的法治事业做出各自的贡献,祝愿大家前程似锦!

50. 神药：专治各类疑难案件[1]

2018年7月7日　星期六　七七事变81周年

今天看了电影《我不是药神》，故事素材源于真实案例。电影中的白血病患者有两个提问：为救命而违法有错吗？为活命而走私有罪吗？药贩子有两个回答：生命就是钱，世界上只有一种穷病。结局有两个：中国对进口抗癌药实行零关税，昂贵的专利抗癌药也被纳入医保。

这部电影一上映就叫座，剧情最终结局也算圆满。但是，它提出的价值冲突问题，不仅在医药领域，而且在经济、政治、文化等诸多领域都会发生。这些冲突最终要么形成法律领域的疑难案件，要么成为舆论场上的热点话题。

毋庸置疑，对专利保护期内的高价药品禁止侵权仿制和走私贩卖，自有其合理性。如果有能力、肯投入的大药厂无法获得期望的收益，它们就会缺乏继续开发新药的动力，那么更多的患者将得不到拯救。毕竟新药的研发不仅成本高昂而且风险巨大，保护专利，保护的正是药企未来研发新药的能力和动力。无论药企的研发动机如何，新药研发能力的提升，毫无疑问有助于维护整个人类的健康利益。

---

[1]　原载于2018年7月1日"司法方法"微信公众号，少量内容有调整。

50. 神药：专治各类疑难案件

问题是，在特定医保制度、药品专利制度以及药品生产、进口和销售许可制度下，那些既缺乏经济能力又无社会保障的患者，他们生命健康的脆弱与法律制度的刚性相遇，不仅给社会，而且给司法出了一道道难题：当他们为救命而违法、为活命而犯罪时，应否谴责？可否处罚？司法应如何抉择？这些社会和司法诉讼中的疑难"杂症"，可有对症神药？

刑事案件有简单案件和疑难案件。简单案件，是指法律规范明确，事实证据无疑，可以按照三段论得出明确结论且各方不存争议的案件。疑难案件，大体上可分三种：程序法上的疑难案件，实体法上的疑难案件，法律外价值冲突引发的疑难案件。

程序疑难，是指因证据或程序问题导致司法推理小前提不确定，案件难以得出结论。实体疑难，是指行为事实清楚，证据程序也无问题，但实体法的适用存在障碍，如难以发现可供适用的法律规则，对法律规则的理解、解释存在分歧等。法律外疑难，是指证据、程序和法律规则均清晰确定，规则与事实能够对接，结论不难得出，但结论与政策、情理、规律、正义等明显冲突，各方对法律结论存在严重分歧。

疑难案件原本是积累司法诉讼经验、促使法律进步的契机，但因制度或方法的原因，往往会走上冤错不归路。业经法院再审纠正的错案是最好的例证。

河北聂树斌案、内蒙古呼格吉勒图案，事实、证据和司法程序均存在明显的问题，程序法上的疑难案件却以两个年轻人付出生命代价而告终，司法公正当然也受损严重。山东于欢案、河北张文中诈骗案，事实、证据或许并无问题，但如何适用刑法规则准确评价案件事实，各方分歧严重。内蒙古农民收购玉米案、天津气枪案，虽然事实清楚，证据确凿，法律要件也算齐备，但犯罪的本质特征社会危害并不存在，行为人却被拘捕、起诉，一路畅行无阻被押到法庭被告人席,直到自媒体发酵引发几乎全社会广泛关注,方才使最终的裁判结果有所缓和。

诸如此类的疑难案件,极少在审判前程序及时刹车终结诉讼的,以致当事人、司法机关和全社会一起受累。而比较罕见的一例,则是陆勇代购抗癌药品案,检察机关能在审查起诉程序中及时作出不起诉决定。该案因电影的演绎进一步引发全民关注,进而获得"神药案"的美誉。

神在何处?对今后处理同类案件,有何真知灼见值得参考借鉴?

该案中的价值冲突,属于前述第三种疑难:事实证据没有疑问,实体规则也清晰确定,但定罪判刑却令人难以接受。这种法律外的疑难,法律规范的价值与其他社会价值的冲突,即使定罪判刑是合法的,也会被认为是不合理的。

涉案法律规则有二:(1)按照《中华人民共和国药品管理法》(以下简称《药品管理法》)等行政法关于假药的界定和行政违法责任的规定,即使药品确有疗效,未经许可而生产销售或走私贩卖,也仍然会被法律界定为假药。(2)按照我国《刑法》关于销售假药罪的法定要件及其刑事责任的规定,刑法上的假药适用《药品管理法》的界定。据此,销售确有疗效的药品,就治病而言,行为并无任何实际的危害后果,只是因行为方式被禁止就可能入罪判刑。

销售假药犯罪作为行政犯,在《刑法修正案(八)》取消了"足以危害健康"的要件表述后,其本质特征社会危害的判断只取决于行为人对行政法义务的违反。这一修改,导致确能治病救人的神药,仅因产销行为无行政许可,在行政法和刑事法上就一律无差别地被视为假药,进而导致行为人被定罪判刑。

人们不仅要问:行政许可或监管秩序的目的何在?当然是为了给患者提供安全有效的药品,防止假药、劣药危害人类健康。问题来了:在正式的药品许可制度、监管秩序和医保制度下,那些缺乏经济能力和社会保障的患者以不法手段取得确有疗效的侵权仿制药品,又该如何评价?

有学者认为,由于缺乏一种明确的价值立场,缺乏一种创造性释法的勇气,导致最佳纠正机会的丧失,造成本质类似的行为继续被定罪,形成另外一种方式的"安提戈涅之怨"——法律的遵循与生存需要满足之间的挣扎。因此,迫切需要理论为实践提供一种有效的方法论去摆脱困境,而理论却从未对此予以足够的关注,在舆论非同凡响的时候无动于衷。刑事立法的修改从结果无价值向行为无价值退却,刑事司法解释再进一步从行为无价值向形式犯退却,最终导致把实质无害的药品依法认定为形式上的假药,招致法律运行的结果与民众普遍的经验认知大相径庭。[1]抗癌药代购第一人陆勇案将法律修改引发的困惑上升为一场守法要求与求生渴望之间的博弈。该案最终被不起诉,但不诉的理由回避了药品是否假药这个关键问题,而是认为代购行为不属于销售行为。

《对陆勇决定不起诉的释法说理书》认为:"陆勇的行为是买方行为,并且是白血病患者群体购买药品整体行为中的组成部分,寻求的是印度赛诺公司抗癌药品的使用价值。……陆勇有违反国家药品管理法的行为,如违反了《药品管理法》第39条第2款有关个人自用进口的药品,应按照国家规定办理进口手续的规定等,但陆勇的行为因不是销售行为而不构成销售假药罪;……"

回到问题本身,《药品管理法》通过行政许可建立药品监管秩序以确保药品合格、安全进而达到治病救人的目的,然而滑稽的是,这种严格的规定造成了一个自相矛盾的冲突:未经许可生产销售而被

---

[1] 参见孙万怀:《生产、销售假药行为刑事违法性之评估》,载《法学家》2017年第2期。

认定为"假药"的药品却真能治病,"假药"在事实上与"国法"的规范意旨呈现完全正相关的关系。该状态充分表现了犯罪的形式特征与行为的实质特征、司法的抽象正义与个案的具体正义之间的高度紧张。

出路何在?假定僵硬的实体法律尚未修改,执法和司法如何解决冲突、缓解紧张?这里试谈一下回答这些问题的制度通道与司法方法。

1. 制度通道:实体法的不足与程序法的纠偏

当实体法的文义与立法宗旨明显背离,或者严格按照文义解释适用法律会导致个案司法结果明显不可接受,程序法便不该缺席。

检察官、法官在个案裁判时对此类问题的处理,既应尊重实体法规则的确定性,也要秉持法律原则和法律目的对个案作出妥当处理。为避免个案裁判与整个立法规范的意旨相去太远,并防止个人罪刑擅断、随意出入人罪,应该建立疑难案件特别司法程序。

当承办法官遇到此类问题时,制度应当赋予其启动特别程序的权力。当然,该权力不可滥用,否则规则可能被伤得体无完肤。具体来说,可由专业检察官会议和专业法官会议进行必要的过滤,检委会或审委会对疑难复杂案件的司法处理承担决策职能;若涉及重大争议,必要时由上级司法机关审查;对于一些引发全社会争论的典型疑难案件,可以考虑建立二审终审程序。

2. 方法通道:法之理在法外与非正式法源的司法化

公认的可以用来弥补法律不足的非正式法源,主要有政策、学理、习惯和正义。

以政策为例,基于罪刑法定原则这一刑事法治的基本原则,政策虽不可以成为填补法律漏洞的入罪根据,但对于僵化的法律规则来说,政策却具有出罪功能,即政策可以成为司法机关不适用可能导致个案不公正的法律规则的正当理由。

50. 神药：专治各类疑难案件

有一个相关的问题是法律规则与法律原则在司法诉讼中的相互作用问题。尽管用作裁判依据的大都是法律规则，但法律规则并非法律规范的全部，法律原则也是法律规范的重要组成部分。它不仅有指引法律解释的功能，而且在疑难案件司法诉讼中还有限制规则适用和填补规则空缺的功能。问题是，在司法实践中法律原则的作用被普遍忽视，法律规则被当成了法律的全部。其实，彰显法律价值取向的法律原则才是法律规范的灵魂，属于法内资源。

在现实生活中，"神药案"之类的法律外疑难案件，即事实清楚、规范确定但价值冲突的疑难案件，之所以引人关注，或许是因为它比较罕见，因而会成为新闻。而更多的疑难案件则恰恰相反，处于法律规范的空缺或边缘地带。

因刑事法律实行罪刑法定原则，法律规范完全空缺地带的行为，因法无明文规定而不为罪，立法直接将这种虽有实质危害但法律缺乏规制的行为除罪，因而不存在司法上的疑难。

但是，在法律规范的边缘地带，法律概念和法律规则与生活事实的等置对接呈现模糊状态，该地带的行为一旦进入刑事诉讼，就形成难以用形式逻辑三段论解决其法律适用问题的疑难案件。

为了解决问题，在方法上，必须引入辩证逻辑的实质思维，超越法律形式逻辑，进行经济、政治和文化等实质的利益衡量，对涉案行为进行价值判断。

司法方法或法学方法论的功能，正在于搭建实质思维与形式逻辑的桥梁，对于法律规范体系内的疑难案件（德沃金所说的 hard cases）或边缘地带的疑难案件（哈特所说的 boardline cases），需在法律原则指引下运用价值判断、利益衡量澄清作为三段论推理大前提的规范意旨，使疑难案件得以运用形式逻辑在法律程序内获得妥当处理。司法方法是实质思维形式化、价值判断客观化的方式，是恪守罪刑法定原则前提下澄清规范意旨的技术。

在程序上，控方对价值填补负有证立责任。目前，我国刑诉法只就事实认定赋予控方举证责任，而对法律适用中规范意旨的澄清却并未明确规定为控方的义务。依诉讼原理，在控审分离、审判中立和控辩平等的正当程序中，控方对其指控负有说服法官的义务，乃不言自明之理。在以审判为中心的诉讼制度改革过程中，控审分离、审判中立和控辩平等虽尚不尽如人意，但规定控方对疑难案件法律适用负证立责任，仍然具有现实意义。

总之，如果实体的法律规则会使司法诉讼对个案的处理形成不正义的结果，那就应该谨慎行事。既要维护法律规则的权威，又要妥善处理个案中的疑难问题，程序法的作用不应被忽视。而建立疑难案件特别诉讼程序，不失为兼顾这两个价值的制度通道。在该程序中，法律原则对法律规则适用的制约、指引功能，非正式法源对法律规范的澄清、对法律弊端的祛除作用，是正当化个案裁判的制度和知识基础。

51. 律师刑辩的魅力[①]

2018年8月5日 星期日

有人说,刑事辩护是最高端的律师业务,因为刑事辩护保护的是人,维护的是人的生命、自由等精神性人格利益,而其他律师业务保护的大多是钱财,维护的是物质性财产权利。实际上,高端也好低端也罢,精神也好物质也罢,恐怕都难以成为其是否有魅力的根据,因为人可以变得很猥琐,钱财也可以挣得很端庄,而且再高尚的人格也无法离开钱财的供养。

距离产生美,魅力往往来自理想与现实的距离,有时近在眼前、触手可及,有时求之不得、可望而不可及。刑辩是一个既充满希望又充斥着遗憾的工作。刑辩律师遭遇的不只是遗憾,还有弥漫在官方和民间较为普遍的误解:那被告人明明就是一个坏人,你却巧舌如簧地为其脱罪。巧言令色鲜矣仁,刑辩律师非好人。

8月1日,某微信公众号发了一篇文章(后被删除),文章中有这样的内容:"凶手高某和他的律师,在法庭上开始无耻的表演。""他们无耻的表演达到了目的,因案情重大,法庭未当庭宣判。"

在这个被害人是警察的刑事案件里,案发地市检察院检察长担任公诉人,市中院院长担任审判长,足见司法机关的重视程度。同

[①] 原载于2018年8月5日"司法方法"微信公众号,少量内容有调整。

时,我国《宪法》《刑事诉讼法》《律师法》皆规定,被告人有权获得辩护,可以委托律师担任辩护人。但是,该文作者却把律师在法庭上发表辩护意见说成"无耻的表演",早就忘了宪法和法律关于被告人有权获得辩护的庄严规定。

律师在法庭上的发言,既要依据事实和法律,也必须服从于"无罪或者罪轻"的诉讼目的。同时,只有控辩对抗,才能有助于法庭查明真相以实现司法公正。只要不危害国家安全、不恶意诽谤他人、未严重干扰法庭秩序,就不应追究律师的法庭言论。这原本是法律常识,律师依法履职,即使意见不被采纳,又何耻之有?如果律师当庭完全同意控方意见,要求法庭判处被告人刑罚,那么他是无耻还是有耻?

你看,刑事正义既不容易得到,法庭辩护又容易招致记恨,看来刑辩是一个经常讨人嫌的工作。

然而,这份既不圆满又讨人嫌的工作,却总有不少人趋之若鹜,甚至愈挫愈勇,矢志不渝。

刑辩,到底有何魅力?

魅力之一:面对舆情,众人皆醉我独醒的职业理性

刑辩律师的魅力就在于与众不同,卓尔不群。众人皆醉我独醒,刑辩律师不见证据不作评论,没有规范不下结论,保持独有的理性,便是一种。

有真醉,有装醉。是否醉,不仅取决于酒量,还取决于态度。

在互联网时代,热点公案,往往掀起国人皆曰可杀的舆论狂飙。议题设置,有时就如浓烈的酒,会让人沉醉。

通过为特定的被追诉人辩冤白谤、作无罪辩护而保证潜在的无辜者不会蒙冤进而使公众受益,这本来是刑事辩护的目的。但有时它会招来控方不满,而且公众也不会理解律师为特定被告人所作的辩护,公众的直觉总是不自觉地跟着舆情或者跟着他人设置的议题走。

在官僚特权和草根民粹有意无意促成的热点公案中,刑辩的价值在于:通过律师与控方的辩论,让裁判者透过舆论的迷雾看清事实真相,阻止诉讼沿着权力或民意开辟的错误道路狂奔。律师不是为了取悦官僚而战斗,也不只是停留于维护当事人的权益而辩护,其工作的意义不是一句维护法律和正义所能概括的。

对此,只有老子在《道德经》中的一句话可以准确表达。老子曰:"天地不仁,以万物为刍狗;圣人不仁,以百姓为刍狗。"这句常常被望文生义地误解的话,本意是:天地和圣人价值无涉,一视同仁地对待万物和百姓。正如《陈太史评阅史记》中所说的"见善不喜,见恶不怒",刑辩亦然,这并不是说我们善恶不分,而是说刑辩律师依法履职,价值无涉,服从天下之公器,不存一己之好恶。

这就是刑辩的一大乐趣:无惧人言,做正确的事,救助他人,快乐自己。

魅力之二:面对个案,众人皆专我独博的知识结构

专业化,既是社会分工的结果,又是提高效率的需要。因此,医院内设内科、外科、儿科和妇科等,法庭内设民庭、刑庭、行政庭和知识产权庭等,同样律师也分民事、刑事、诉讼和非诉讼等业务方向。

问题是,正如有些疑难杂症的诊治需要各科医生会诊一样,有些疑难案件的解决,也需要各部门法律的协同,仅靠刑事法本身不足以准确认定事实,也无法准确适用法律。

一个经验丰富的刑事律师,不只是刑事法律专家,其知识结构比民商、行政法业务者至少要多一层。

《刑法》规定的四百多个罪名,没有一个可以与民商法、行政法或社会法无关,相应地几乎没有一个疑难案件可以只从刑事法中找到解决问题的答案。

在刑辩道路上走得越远、见识越多,知识结构就会越完善,技能便会越精湛。

第一是丰富的背景知识。主要是指法律外的经济、政治、科技和人文等社会知识。美国大法官布兰代斯有句名言:只懂法条、不研究经济和社会的法律人,极有可能成为人民公敌。用今天的话说,就是我们不能停留于法教义学或分析法学的研究,对疑难案件而言,我们需要进行社会科学的论证。

第二是法律内的民商法、行政法和社会法等非刑事法律知识。民庭和行政庭的法官可能不需要研究刑法,但刑庭法官却必须理解民商法和行政法,否则自然犯、法定犯的把握便无法做到形神兼备。

第三才是刑事法本身。

对刑事作业而言,三者不可或缺。我们可以通过实践中常见的涉税犯罪来说明背景知识和民商法、行政法等知识在刑事司法诉讼中的作用。

比如,同样是虚开增值税专用发票罪,发生在不同的时代背景、不同的地域、不同的行业时,往往会有不同的司法结果。奥妙何在?那就是法律尤其是刑法往往比较抽象,它的要件常常被淹没在丰富多彩的生活现象里,而刑辩需要具备将法律要件事实还原为生活事实的技能。

又如,消费税开征后油品行业的逃税手法是,炼油厂和油品贸易企业通过货物名称的改变(变名销售)逃避缴纳消费税的义务。然而,由于《刑法》第201条对逃税罪的追究规定了独特的行政前置程序,此类行为并不能直接入刑。问题是,有些地方会以虚开增值税专用发票罪追究偷逃消费税者的刑责,这种做法是严重违反罪刑法定原则的,因而必然导致错案发生。事实上,增值税作为价外税,只要交易真实存在,增值税便不会减少,故交易是否存在才是关键,至于交易标的的品名如何,并不重要。改变品名只会涉及其他税种及征管规则,如成品油有消费税,非成品化工原料等就没有消费税,将成品油变名为"芳烃"等化工原料,消费税就被偷逃,但这种交易并未危害增值税及其征管秩序。

刑事司法中的出入人罪,有时就是因为司法者对社会背景知识和民商、行政法律欠缺了解所致。

刑辩律师的乐趣正在这里:我们没有教条主义的资本,也没有任性的特权,我们所赖以立足的只是对包括被告人在内的三教九流的全面了解、对社会本体的理性把握和对公众生活的深刻同情。基于此,我们善于用法律这个单调的形式来安放生活丰富多彩的内容。

魅力之三:面对诉求,众人皆私我持中的辩护效益

私和公只是相对而言,有时可能只是一个数量问题,并无本质的区别。1982年《宪法》规定社会主义的公共财产神圣不可侵犯,国家保护公民的合法财产。2016年《中共中央国务院关于完善产权保护制度依法保护产权的意见》确认,非公有制经济财产权与国有产权受法律同等保护。在民法上,公有财产同私有财产一样被视为平等保护的民事(私)权利。

你看,通常意义上的公和私与法律意义上的公和私,不是相同的概念。即使公私分明,也仍然不可忽略二者的相辅相成。对此,曼德维尔在《蜜蜂的寓言》一书中的洞见值得关注。[①]

[①] 曼德维尔是与国际法之父格劳秀斯、大哲学家斯宾诺莎等人齐名的荷兰思想家。他在出版于1714年的《蜜蜂的寓言,或私人的恶德,公众的利益》一书中描述了一个"蜜蜂的国度":每只蜜蜂都在近乎疯狂地追求自己的利益,虚荣、伪善、享乐等恶德在每只蜜蜂身上表露无遗。但是,整个蜂巢却呈现出一派繁荣的景象。后来,邪恶的蜜蜂突然觉悟了,变得善良、正直、诚实,然而整个蜜蜂的王国却变成一片萧条景象。这就是后来被称为曼德维尔悖论的著名论断:"私人的恶德若经过老练政治家的妥善管理,可能被转变为公众的利益。"意思是不存在只有公义而无私利的所谓理想社会,因为私欲的"恶之花"结出的是公益的"善之果"。参见〔荷〕B.曼德维尔:《蜜蜂的寓言(第一卷)》,肖聿译,商务印书馆2016年版。

刑事律师为被追诉人辩护使其无罪或者罪轻，或为人辩冤白谤，天经地义。刑事律师客观上不负有检察官那样积极的全面的客观义务，伦理上也不负有法官那样中立的全面的公正义务。刑事律师的责任就是为被追诉人的无罪或者罪轻而工作。既然如此，何来众人皆私我持中？

其奥妙在于，被害人、公诉人和审判员都能从刑事律师的有效辩护中受益。

有人困惑：律师受聘担任被追诉人的辩护人，为其作无罪或者罪轻辩护，受益者自然是作为当事人一方的被追诉人，除此之外，对方当事人或者司法官怎么会从中受益呢？

其实，换个角度思考，怎么不会？我在2017年5月9日的日记《谁能从律师的有效辩护中受益？》一文中有过详细分析，此处略过。

以上三端，并不是说其他人都睡眼蒙眬或是偏狭任性，而是我作为曾经的公诉检察官、现在的兼职刑事律师对自己职业经验教训的总结，也是对自己未来工作的期许。

我也希望，刑事同行能够深刻认识到，作为为被追诉人辩护的刑事律师，职业伦理和法律规则要求我们时刻保持清醒，要求我们更多地洞察世道人心，要求我们全面地理解自己的职责使命。

如果做到了，那我们会因为刑辩的魅力而使自己变得更有魅力！

52. 三十年法律人生

2018年8月13日　星期一

今天上午,作为首个从事法律工作满三十年的律师,我应邀在律所总结了自己的执业经验,向大家分享了心得体会,总结起来就是三段经历、三个职业和三个荣誉。

三段经历

1. 贫困的童年

1966年12月,我出生在河南南阳伏牛山脉刘山脚下的后河村。因刘山水库建设,全家于1967年迁居粮房村。大家知道,南阳是一个盛产法学家的地方。就在我出生后的第五天,联合国通过了两个人权公约(《公民权利和政治权利国际公约》《经济、社会和文化权利国际公约》)。这个地点,这个时间,似乎在冥冥之中指引着我走上法律职业人的道路。

我的早期经历有两个关键词,一是"饥饿",二是"孤独"。小时候,尚未改革开放,物质生活与精神生活都极度贫瘠。一大二公的集体劳作,产量低、分配少,吃饱一日三餐都是奢望。能接触的读物,大都是毛选、《长征回忆录》之类,专业书籍只有父亲的医学读物,如《汤头歌》小册子。

2. 改革的少年

1978年,我读初一,和全国人民一起迎来了决定国家和人民命运的改革开放。同时,高考是那年恢复的,检察院也是那年复办的。

3. 成长的青年

1984年,我以优异成绩进入西南政法学院(1995年更名为"西南政法大学",以下简称"西政")法律系(当年西政新生第一名),在嘉陵江边歌乐山下开始了本科学习。在那个百废待兴、气象万千的年代,我接触到许多以前读不到的优秀作品,视野得到拓展,精神生活逐渐丰富起来,成了名副其实的"八十年代新一辈"。

三个职业

1. 检察官

1988年,本科毕业,我被计划分配至红船启航地——南湖畔的浙江嘉兴,开启了职业生涯的第一个阶段——检察官。正是这个职业,奠定了我法律职业生涯的基础。

在13年检察工作中,我主办、分管各类案件约2000余件、涉及3000多人。任职检察官期间,我格外重视办案质量,无论起诉、追诉还是不捕、不诉,抑或监所检察、民行监督,都尽力做到客观公正,有效维护公民权益。因此,先后多次被上级记功。

在检察院工作期间,我以全市最高分的成绩通过了律师资格考试。我先后陪同陈圣时检察长到西政和华东政法学院(2007年更名为"华东政法大学",以下简称"华政")招录了四批二十几个本科生和研究生,其中一位就是后来和我一起创办刑事专业律所的徐宗新。

1996年,在担任了一年多副检察长后,我考取了首届计划内公费法律硕士研究生,在苏州河畔的华政获得了专业素养的提升。曾经为林彪、"四人帮"反革命集团案被告人辩护的苏惠渔教授的刑法学、《法学》杂志总编郝铁川教授的法理学等课程和来自华东各地法律界的同学，令而立之年的我开阔了眼界，三年的深造刷新了我对法律和社会的认知。

在这段经历中，我28岁获任党组成员、副检察长，得到的最大锻炼是对原则的坚持和对秩序的服从，养成的美德就是与同事的团结。不论选择什么职业，无论是作为终身事业还是作为谋生手段，都要明白它是人生不可分离的一部分，都要尽力做好，不给以后留下遗憾。

2. 法学教师

2001年，我调入浙工大法学院从事法学教育和研究工作。在大学这个精神共同体中，作为一名研究、传承与应用法律知识的学者，最大的收获是学会自主、创新。与检察官不同，在专业领域，教师相对自由，必须保持对前沿理论的敏感，对法律实践的洞察，所思所想不应浅尝辄止，思考成熟后要及时成文发表。

在办案、教学和管理工作之余，我先后在核心期刊和各类杂志发表数十篇论文，在《检察日报》发表法治评论近百篇，出版著作、教材多部。

3. 刑事律师

2003年，我开始兼职律师的职业生涯。虽然律师工作既不同于检察官也不同于教师，但它们是相互关联、相互促进的，做检察官和教师期间培养的品质对律师工作有很大的帮助。比如，律师工作虽然不需要像检察官一样上令下从，但是律师团队需要团结与合作。面对社会发展中的各种问题尤其是司法不公问题，牢骚太盛防肠断，风物长宜放眼量，律师不应该止步于清谈，不能只做一个看客，而是应当以主人翁的姿态来思考与解决问题，为社会提供优质的专业法律服务。为此，律师也需要像检察官那样执着坚守，像教师那样学术创新。在国家全面推进依法治国的新时代，法治建设地区间的不平衡也是一个客观存在的现实。我近几年辩护的案件大多是疑难复杂案件,之所以每年都有获得无罪处理的成功案例,赢得委托人和业界的肯定,是因为我的责任意识、理性态度和法治立场。

在浙工大工作并兼职律师业务期间,我一方面与徐宗新律师一起创办了刑事专业律所,并争取到省律协的支持,在浙工大创办了律师学院暨刑辩分院,协助省律协承担律师上岗培训等公益工作;另一方面,我集中精力研究疑难案件的诉讼机制和司法方法,研制了"疑难案件控辩之道""刑事法律风险防控"等系列课程,并先后在北京大学、浙江大学、华东政法大学、江苏警官学院、浙江警察学院、上海政法学院等院校开课,听课的警察、检察官、法官、律师、公务员、企业家等近两万人。

无论什么职业,人品都是最好的品牌。既不要做锱铢必较的悭吝人,又不能当没有原则的烂好人。要有舍有守,业务上要细致入微,做人上要大气磅礴。

三个荣誉

在这三段职业生涯中,凭借自己的团队意识、创新精神以及专业水平,我先后获得省级"十佳公诉人"、省部级"哲学社会科学优秀成果奖"和"浙江省优秀专业律师(刑事专业类)"三个省级荣誉。

我坚信,只要不断努力,总会有所收获;同时要像竹子那样"未出土时先有节,已到凌云仍虚心"。

53. 解约退费

2018年8月14日 星期二

《律师法》第2条规定，律师"是指依法取得律师执业证书，接受委托或者指定，为当事人提供法律服务的执业人员"。律师的业务来源有客户委托和法律援助机构指定两种：委托，双方自愿；指定，法定义务。

客户委托律师提供法律服务是要付费的，按照价格法的规定，律师服务收费价格不属于政府定价范围。国家发改委、司法部曾于2006年制定行政规章《律师服务收费管理办法》，规定"律师服务收费实行政府指导价和市场调节价"；而法律援助机构指定律师提供法律服务，则由法律援助机构支付少量的补贴。虽然《律师法》规定"律师应当维护当事人合法权益，维护法律正确实施，维护社会公平和正义"，属于很庄严的使命，但除了法援机构指定法律援助的少量补贴外，国家财政是不拨款的。也就是说，肩负这"三维护"使命的律师，国家是不发工资的。

因此，有饱满的业务，能从客户那里收到足够的律师费，是律师养家糊口、安身立命的物质保证。客户委托律师，须与律所签订法律服务合同，因而律师费必须交入律所账户，律师个人不得私下收费，私下收费属于会被司法行政部门停止执业的违法行为。

只要律师根据律师法和全国律协的规定勤勉尽职，按照法律服务合同收取律师费,无论诉讼结果如何,都是不会退费的(部分风险代理业务除外,但在刑事诉讼中双方不得采用与诉讼结果挂钩的风险代理)。委托人对律师的服务不满意或者基于其他考虑要解除法律服务合同的,若无正当理由,律所是不会退费的。因此,在通常情况下,基于合同的约束或者双方的契约精神,解约退费是小概率事件。

我担任律师以来的近二十个年头里,极少遇到客户解除委托要求退费的情况,但同行中解约退费的却时有耳闻。我曾分析过自己很少遇到解约退费情形的原因,大概是因为我是兼职律师,受理案件是有选择的,诚意委托的才会受理,而且客户大都是同行和老客户介绍来的,双方有互信的基础。同时,在签订法律服务合同前,我会按照规定讲清楚法律服务的内容,引导客户对律师服务有正确的认识,确立适当的诉讼目标,以免期望值过高而落差太大。双方缺乏了解,律师为了接单而承诺太多,或者客户期望值过高,抑或第三方介入(主要是同行的不正当竞争、个别司法人员的撺掇)等,都可能导致法律服务关系处于不稳定状态。

案件办多了,就会发现不少案件的案情及其所涉法律问题是雷同的,但每一个案件的客户(委托人或当事人)却存在很大差别。这种差别不仅体现在客户的经济条件和支付能力上,而且体现在客户对法律服务内容、过程的认知和对诉讼结果的期望上。

疑难复杂案件的诉讼,律师与客户的相互信任、通力合作是非常重要的,最忌前线作战后院起火。为避免这种情况,律师在提供法律服务的过程中要注意客户的体验,维护好与客户的关系,理解他们的心理关切,满足他们的合理诉求,保持与客户的及时沟通,无论进展顺利还是困难,都要如实及时反馈,既不能让客户有一种"花钱雇个爷"的感觉,也不能为了讨好客户而报喜不报忧。

曾有律师说过"律师最大的对手不是诉讼的对方,而是自己的客户"这样的话,把客户当敌人,这显然是不对的。为什么会有这种说法呢?可能是因为客户付费委托律师以后,律师在服务过程中与客户的沟通出了问题。

法律服务过程中的解约退费,有多重原因。有的与律师有关,如律师收费后未勤勉尽职,甚至耽误了客户委托的事项,客户当然有权要求解约退费;有的与客户有关,如客户认为自己对法律事务有把握了,不再需要律师了,或者认为付费太多,后悔了;有的与双方沟通不良、信息不对称有关,如律师辛辛苦苦做了大量工作,但是客户却不知道甚至有了误解;也有的与第三方有关,曾有当事人反映说,侦查人员在他面前说律师的坏话,要他写信给家属去律所解约退费,或者同行撬走了客户。

我只遇到过一次客户解除委托要求退费的情况。

那是一件合同诈骗案,犯罪嫌疑人从农大毕业后开了一家工厂,与一台商建立了代理销售设备及代为进行售后服务的合作关系。双方友好合作几年后发生了纠纷,台商将他控告到公安局经侦大队,说他合同诈骗。公安局立案侦查,拘捕了嫌疑人。

在侦查阶段,我与同事多次到看守所会见在押嫌疑人,并与公安侦查人员沟通。负责侦办案件的是一位副大队长,态度挺好,每次都能认真听我们发表意见。我们认为该案很可能只是一件不构成犯罪的合同纠纷(侦查阶段不能阅卷,只能根据嫌疑人及其家属提供的情况结合与公安局沟通获得的信息作出初步判断),副大队长说该案是经检察院批捕了的,无论如何都会在侦查终结后移送检察院审查起诉的,是否起诉,由检察院决定。

因为正值盛夏酷暑,嫌疑人比较胖,看守所又没有空调,他难以忍受监所生活,每次会见都痛哭流涕,然后承诺增加律师费,求我们无论如何要救他出去。为了让他平静下来,我们每次都会跟他详细探讨辩护方案、分析案件走向。在案件移送检察院审查起诉后,我们经阅卷确信该案完全不能定罪，遂向检察官递交了无罪辩护意见书并做了当面沟通，然后到看守所向嫌疑人反馈辩护的情况，嫌疑人看到了希望。

恰在此时，嫌疑人家属联系上了当地一家律所，该律所有一名律师说他不仅是那个台商的法律顾问，而且跟公安局也很熟，只要由他来办，这事儿可以搞定。家属中有一个是嫌疑人的外甥，比较明事理，就把这些情况告诉了我们。我告诉他：这个律师与对方当事人有法律服务关系，再接受你们的委托担任辩护人，这种情形在法律上属于利益冲突，而按照规定律师是不能受理存在利益冲突的案件的；至于律师与司法人员的关系，我们应该相信司法机关会依法公正办理案件，能够说服司法机关的是律师的专业意见而不是私人关系，勾兑是既不被允许也可能害人害己的做法。

嫌疑人外甥认为我们分析得很有道理，但是嫌疑人的妻子终究还是相信了那个当地的律师，解除了对我们的委托。按照规定，委托人这样解除委托是不能退费的。律所主任考虑到毕竟案件尚未进入审判程序，就把部分律师费退给他们了。

这个案件最终的处理结果没出我们的预料，检察院按照我们提出的意见认真审查后发现原批捕不当，双方只是合同纠纷，嫌疑人的行为不构成合同诈骗罪，就作出了不起诉决定，释放了嫌疑人。

54. 刑辩的意义：
为"坏人"说话，让好人受益

2018 年 8 月 19 日　星期日

　　本篇是作者 2018 年在 TEDxLuqiao 的演讲稿。这次演讲的主要目的不是为了推广律师业务，而是试图消除普遍存在的对刑事辩护的误解。TED 是由英文"科技"（technology）、"娱乐"（entertainment）、"设计"（design）三个词的首字母拼写而成，TED 演讲作为一年一度的创新盛会，于 1984 年由理查德·沃尔曼（Richard Wurman）在美国加利福尼亚州创立，建筑师、科学家、教育家、诗人、剧作家、创业者、设计师等纷纷参与其中。TED 的独特性在于它用讲故事的方式传播思想，每位演讲者用 8 分钟的时间表达其观点和理念。

　　提到律师，古今中外，这个职业好像都不太受待见。中国律师业鼻祖邓析，春秋末期在郑国开创刑名之辩新思潮，为成文法的生成做出过卓越的贡献，但国君却不这么看，他认为邓析"操两可之说，设无穷之辞"，"以非为是，以是为非，是非无度"，使"民口欢哗，郑国大乱"，进而罗织罪名将他杀害。无独有偶，欧洲文艺复兴时期，英国剧作家莎士比亚借剧中人之口匪夷所思地喊出了那句令人毛骨悚然的话："我们的第一要务就是干掉所有的律师！"（The first thing we do, let's kill all the lawyers!）这得有多大的仇恨呐！

而我今天要给大家分享的话题是：为"坏人"说话，让好人受益。为了过上有尊严的幸福生活，我们必须理解律师制度，支持律师工作，尤其是涉及生杀予夺的刑事辩护工作。有时候，我们只有经由律师的法律服务才有可能得到司法的公正。

首先，为什么"坏人"有权利获得辩护？

有的人很容易愤怒，似乎愤怒取之不尽、用之不竭，很廉价。一旦遇到坏人坏事，恨不得将其就地正法，不必啰唆。然而，无数次剧情反转的热点事件，不停地给我们当头棒喝。其实，真假善恶有时候不是那么容易分清楚的。

1. 实体法问题：好与坏是否泾渭分明？

著名的"电车难题"讨论的就是这个问题：当电车刹车失灵时，前方的轨道上有五个人正在施工，而另一个轨道上只有一个人。扳道工能否为了救五个人而把电车改道去轧死那一个无辜的人？如果他扳了道岔，轧死一个人、救了五个人，他的做法是好还是坏？

这是典型的好坏难分的疑难案件。在法律和道德上，生命是无价的，一个人的生命和多个人的生命具有同等的价值，为了拯救五个人而牺牲一个人的做法不属于正当的"紧急避险"。如果你是那个扳道工，你会被控故意杀人，请问你如何为自己辩白？

2. 程序法问题：在被审讯的场合，好人和坏人谁更容易说谎？

先来看看聂树斌案的教训。因为有人向公安人员反映康某某遇害前后有一个穿蓝色背心、骑 28 寸自行车的青年在附近出现过，1994 年 9 月 23 日，还没有过 20 岁生日的青年聂树斌恰好身穿蓝背心、骑着 28 寸自行车路过现场附近而被公安人员当作嫌疑犯抓了起来。9 月 28 日，在被抓五天后，聂树斌"交代"他强奸并杀害了康某某。1995 年，聂树斌被判处并执行了死刑。20 多年后的 2016

年,最高法再审判决认定,没有证据证明聂树斌犯故意杀人罪、强奸妇女罪。

很多人可能有一个疑问:为什么聂树斌在1994年9月28日交代了他没有犯下的罪行?当然,他可能遭遇了刑讯逼供。而我想再告诉大家一个更为可怕的情形:即使没有刑讯逼供,在被审讯的过程中,无辜的好人也可能作出虚假的有罪口供!

日本法律心理学者浜田寿美男,好奇于无辜者在未受刑讯逼供的情况下为何会谎称自己犯了罪,在仔细分析四个冤案后,他将自己的发现写成了一本小册子《自白的心理学》。他在书中写道:无辜的人向虚假自白转变的过程有三种类型:替身型自白、自我同化型自白和迎合型自白。在冤案中,这些虚假自白源自审讯的压力场,迫使真犯供认的审讯的压力同样会使无辜的人作出自白。虽然有心理准备的坏人未必会说真话,但对法庭审判抱有期待的无辜好人却更容易说假话,即承认自己并未犯下的罪行。因为越是无辜的好人,越难以忍受当下审讯中的精神痛苦,反而对交代犯罪后可能引发的未来的刑罚缺乏现实感。[1]

各位没想到吧,这就是真相:好人有时候反而更会说谎。

为了防止冤案,必须引进一种力量。这种力量能防范侦查中的非法取证,能对抗检察官的刑事指控,打破那个能让好人说假话的审讯压力"场"。这种力量就是"辩护",拥有这个力量的职业人员就是刑辩律师。

其次,什么才是称职的律师、有效的辩护?

为无辜者辩冤白谤,是刑辩律师的天职。为"坏人"说话,是为

---

[1] 参见〔日〕浜田寿美男:《自白的心理学》,片成男译,中国轻工业出版社2006年版,第69—71、80页。

了防止司法机关误把无辜者当作罪人。而事实经常真假难辨,行为时常好坏难分,什么样的律师才能做到有效辩护?

美国曾经有一个被称作"人民的律师""人民的法官"的著名法律人布兰代斯,他有两个忠告:

(1)人民公敌说。即只懂法条、不研究经济和社会的法律人,极有可能成为人民公敌。

(2)诉讼要点说。法律人如果不想成为人民公敌,除了按法律规则或先例办事外,还应该对案件作更加充分的实质论证。这就是话:规则之上有天理,规则之下有人情。

一个称职的律师,应该不仅仅是法律专家,而且还是世事洞明、人情练达的社会活动家。他们不是法条的复读机,而是运用法律有效解决社会问题的智者。

亚里士多德在对知识进行分类时,将法律知识归入实践理性。实践出真知,一个好的刑辩律师,不但应该有先进的法治理念、完善的知识结构,更应该有丰富的实战经验,正如一个汽车专业的博士生要学会开车恐怕也离不开初中文化的驾校教练耳提面命一样。

普通公众要分辨律师的工作,不仅要看他说了什么、写了什么,更要运用大数据去检索他曾经代理或辩护的案件,看他的工作是否做到了位,看他的代理辩护是否发挥了作用。尽管数据未必全面,尽管优秀的律师未必能把所有的官司都打赢,但是一个不尽心、不负责的律师打赢官司只能算作侥幸。

最后,谁能从律师的有效辩护中受益?

律师为犯罪嫌疑人、被告人(统称"被追诉人")辩护,追求的当然是他们的合法权益。然而,能从律师辩护中受益的,绝非只有这些被追诉的人。

1. 为"坏人"辩护，有利于实现好人的正义

在那些被纠正的冤案里，我们常常发现受到伤害的不仅是有辜的被告人，还有被害人及其家人。他们曾经以为司法机关已经惩罚了罪犯，若干年后生活往往已归于平静，却发现原来法院判错了，无辜者替坏人背了黑锅，真凶依然逍遥法外。因此，即使站在被害人的立场，我们也应该理解并尊重被告人的辩护权，理解为"坏人"说话的律师，其实他们的工作也关系着好人（被害人）的正义是否能够伸张。

2. 为"坏人"辩护，有利于官方法律人（警察、检察官和法官）正确履职

绝大多数业已纠正的冤案错案，大都不是公检法故意制造出来的，他们也想找出真正的罪犯，最终却走向了事实和法律的反面。而辩护律师，就是主权者人为创制的一个合法对立面，就像一面镜子，可以让警察、检察官端正自己的衣冠，可以在与检察官的对抗中让法官看到案件的另一面。从而促使司法机关的决定更加接近客观真相和法律正义，使官方法律人不会因为办错案件而受到法纪追究和良知拷问。

3. 为"坏人"辩护，有利于实现包括你我在内全社会每一个人所要的公正

每一个人都有可能被指控有罪，无论你是否真的有罪，因而所有人都是潜在的冤案受害者。律师辩护，是对公权力任性的阻止，是构建没有恐惧且司法公正的社会不可缺少的支柱。为此，我国宪法规定，被告人有权获得辩护。获得辩护是公民的一项基本权利，这项权利既不专属于无辜者，也不专属于罪犯，而是属于包括官员和普通人、好人和坏人在内的所有人。

当然，辩护的任务并不是要否定对犯罪的揭露、证实与惩罚，而是要否定错误的指控以及追诉过程中的违法，以使侦查、起诉这些

公权力不得任性行使,使审判建立在各方意见都能被听取即兼听则明的基础之上。

总之,请理解刑辩律师的工作,支持他们为被告人辩护。哪怕在媒体的报道甚至炒作里被告人是罪恶滔天甚至国人皆曰可杀的,哪怕被害人是你的亲友,都不要忘了:那些被关押、被控告的人,可能有罪,也可能无辜,没有了律师的辩护,不准他们获得辩护,不仅有可能使他们受害于不公正的司法,而且被害人一方也无法得到应有的公正。

愿天下无冤!

祝大家有一个平安幸福有尊严的人生!

55. 史上最短公诉词

2018年10月8日　星期一　寒露

最近收到一名当事人徐老板微信发来的图片,是一张当地中院国家赔偿决定书的照片。徐老板无辜被关了一年八个月,经过我近两年坚持不懈地无罪辩护,他最终求得了公正,获得了无罪的诉讼结果,当地中院决定给他国家赔偿20万元。

今年也是我从事法律工作整整三十年的年份,在三十年的法律职业生涯中,我只遇到过两个案件的公诉人在法庭辩论阶段自始至终只说一句话的,堪称最短公诉词,本案就是其中一个。

这个案件发生在沿海某山区小县城。民营企业的徐老板被控犯逃税罪,我是他的辩护人。一审开庭时,在法庭辩论中,公诉人自始至终只说了一句"审判长,公诉意见同起诉书"。另一个案件发生在浙中某地,在这件合同诈骗案二审开庭时,出庭检察官在法庭辩论阶段也只说了一句"出庭检察员认为原判shi当"。有的南方人讲普通话会有地方口音,所以单凭这句话没法听明白到底是"适当"还是"失当",结合语境也难以判断。

今天先说说那件逃税案。

近三十年前,徐老板在县城边上的开发区依法取得一块国有土地使用权,办理完成县市省三级审批,开始建造厂房。按规划可建四层,但在造到两层时,政府通知要求其停止施工,理由是县城规划变更,开发区要搬迁,这个地方有了新的用途,要建设市民广场。其实就是县政府要搬到这里了。因厂房未能竣工,公司不能正常营业,为了减少损失,徐老板只能将已造的沿街两层厂房用于出租,带承租户到街道办事处办理了与房屋租赁有关的纳税事宜,并按规定缴纳税款。

在搬迁过程中,徐老板认为自己公司的厂房土地性质与隔壁公司完全相同,但补偿标准相差极大,因而拒绝搬迁,坚持讨要说法。后来,整个开发区就剩下徐老板这一个厂区,市民广场和县政府大楼早就投入使用,唯独这个厂子的半拉子厂房还杵在那里,与周边环境极不协调。县里反复派人要求徐老板签署搬迁协议,拆除厂房异地安置,但一直无法达成补偿安置协议。2013年12月30日,徐老板被叫到街道办事处,政府多个部门的人反复劝说,徐老板不为所动。当天午夜时分,徐老板翻窗逃离。据他自己讲,为了上访,他去北京一个朋友家中住了一年多。2015年初,徐老板返回故里,1月14日被县公安局刑事拘留,2月6日被县检察院批准逮捕。

后来的案卷材料反映,在他逃离的第二天,税务部门就在他的厂房门口张贴了《催缴税款通知书》;三天后,即元旦假期结束一上班,税务部门就将他的"逃税线索"移交给了县公安局。县公安局迅速立案侦查,并决定对他刑事拘留、上网追逃。为了以逃税罪追究徐老板的刑事责任,县里煞费苦心,把他以前出租沿街两层厂房缴纳的税款办了退库手续,然后再以他未在税务部门限令的时间内缴税为由启动刑事诉讼程序。

2015年,该案由县公安局侦查终结移送县检察院审查起诉。在某省机关上班的徐老板儿子辗转找到了我为其父亲辩护。经阅卷并初步了解情况,我发现这是一件县级政府为了达到拆迁目的而动用刑事手段冤枉无辜的案件。从诉讼流程看,县检察院应该也发现了问题,先后两次把案件退回县公安局补充侦查;在县公安局第三次把案件移送审查起诉后,县检察院在45天法定审查起诉时间的最后一天下午把案件起诉到县法院,罪名是逃税。

　　据该县多名知情人士透露,县委县政府分管领导曾多次召集公检法和税务部门协调该案,明确要求税务局移送、公安局立案追逃、检察院批捕起诉、法院定罪判刑。此时,党的十八届四中全会关于全面依法治国的决定早已公布,中共中央办公厅、国务院办公厅也于2015年3月印发《领导干部干预司法活动、插手具体案件处理的记录、通报和责任追究规定》,其中第8条规定:"领导干部有下列行为之一的,属于违法干预司法活动,党委政法委按程序报经批准后予以通报,必要时可以向社会公开:……(四)为了地方利益或者部门利益,以听取汇报、开协调会、发文件等形式,超越职权对案件处理提出倾向性意见或者具体要求的;……。"本案明显是地方领导干部为了地方利益而以开协调会方式干预司法的典型事例。

　　逃税罪的前身是偷税罪。两罪的最大区别是,逃税罪刑事责任的追究实行行政前置,而以前的偷税罪,公检法机关可以直接启动刑事司法程序。《刑法》第201条第1款规定:"纳税人采取欺骗、隐瞒手段进行虚假纳税申报或者不申报,逃避缴纳税款数额较大并且占应纳税额百分之十以上的,处三年以下有期徒刑或者拘役,并处罚金;数额巨大并且占应纳税额百分之三十以上的,处三年以上七年以下有期徒刑,并处罚金。"第4款规定:"有第一款行为,经税务机关依法下达追缴通知后,补缴应纳税款,缴纳滞纳金,已受行政处罚的,不予追究刑事责任……"税务部门在徐老板逃离街道办事处后立即张贴《催缴税款通知书》,责令其三天内补交所有税款,并在三天后以徐老板未按期缴税为由将其以涉嫌逃税犯罪移送公安机关立案侦查。效率如此之高,看上去与县领导多次召开的协调会不无关系。

检察院起诉指控徐老板的逃税犯罪事实主要是，徐老板出租沿街两层厂房，有营业收入却未缴纳城镇土地使用税，经税务部门通知仍然未缴纳税款。徐老板的辩解是，他的公司取得土地使用权后，因政府规划变更令其停止建设，公司连厂房都未能造好，别说营业了。同时，买地建厂房的贷款等巨大的财务成本压得他喘不过气来，为了生存，他只能把门面出租，收些租金勉强度日。事实上，租金收入已经向政府缴纳了相关税收。

《中华人民共和国城镇土地使用税暂行条例》第7条规定："除本条例第六条规定外，纳税人缴纳土地使用税确有困难需要定期减免的，由县以上地方税务机关批准。"该省财政厅曾经发文规定，企业获得土地使用权后因客观原因未能正常营业、缴纳土地使用税确有困难的，可以免征。既然徐老板的情形在行政法上符合免征土地使用税的实体条件，那么其纳税义务就是可以豁免的，而逃税罪作为法定犯，以负有行政法上的法定义务并拒绝履行该义务、侵害国家税收为入罪前提。如果义务符合免除条件，那么责任自然不能追究。

于是，在一审开庭审理中我提出了无罪辩护意见。按照《刑事诉讼法》规定，法庭辩论阶段的发言顺序是：公诉检察官先发表公诉意见（俗称"公诉词"），然后由被告人自行辩护，最后由辩护律师发表辩护意见（俗称"辩护词"）。三方发言完毕，第一轮辩论结束，由审判长归纳双方争议焦点，按同样顺序进行第二轮辩论。

在第一轮辩论中，令人吃惊的事情发生了。审判长宣布法庭调查结束，开始法庭辩论，先由公诉人发表公诉意见。出庭支持公诉的检察官却只说了一句话："审判长，公诉意见同起诉书。"

我在调到法学院任职前当过13年的检察官，自己出庭或观摩别人开庭不下几百次，对于辩护人可能作无罪辩护的案件（通过在法庭调查阶段辩护人的法庭发问就可以判断辩护人即将发表什么种类的辩护意见),从来都没有出现过公诉意见简略到只有一句话的情况!

轮到徐老板自行辩护时,他情绪非常激动,用半普通话半吴语方言滔滔不绝讲了很久,以致男审判长制止他发言时没有拿捏好音调,以近乎女高音的尖叫喊了一声被告人的名字,把我着实给惊到了。

我的辩护用时大约45分钟。这是多年教学工作养成的习惯:简单问题,几分钟讲完;疑难问题,控制在一节课讲完。

虽然自以为无罪辩护逻辑圆满,但是因为县委县政府此前多次"协调"过本案,可以预见一审法院不会作出无罪判决。不出所料,2016年4月19日,县法院作出判决:(1)被告人徐老板犯逃税罪,判处有期徒刑一年八个月,并处罚金人民币2万元;(2)所偷逃的税款,责令被告人徐老板予以退缴。被告人徐老板当然不服,以其行为不构成犯罪为由提出了上诉。上级法院依法组成合议庭审理本案。

在二审期间,徐老板继续委托我担任他的辩护人。按照法定程序,我先向市中院和市检察院提交了无罪辩护意见书,并且就县委县政府领导插手个案、干预司法的行为请求市中院依法调查,向市委政法委报告,以排除干扰。听说市检察院承办检察官为本案专门去了市税务局了解相关政策,市中院合议庭在听取辩护律师意见和出庭检察官意见后,以"原判认定被告人徐老板犯逃税罪的事实不清,证据不足"为由,依照《刑事诉讼法》第225条第1款第3项之规定,裁定撤销县法院一审刑事判决,发回县法院重新审判。

发回重审期间,徐老板被羁押的时间已经快满一年八个月。我向法庭提出对徐老板取保候审的请求。即使重审依然作出有罪判决,法院也担心刑期倒挂(关押时间超过所判刑期),于是决定准许取保候审,徐老板在身陷囹圄一年八个月后恢复了自由。

重审开庭时,我当然继续作无罪辩护。这一次,我在继续发表无罪意见的同时,根据中办、国办规定批评了县领导插手个案、干预司法导致无辜的徐老板被关押一年多的做法。按照《刑事诉讼法》规定,发回重审的案件,下级法院要另行组成合议庭。新的审判长是一位女法官,她耐心倾听了我的发言,只是在我比较激动时不失庄重又略带同情地提醒我道理讲清即可,不必激动。

　　重审开庭后的一天,我接到法院书记员电话通知:徐老板被控逃税案,公诉机关决定撤回起诉了。后来,徐老板要求我继续帮他代理国家赔偿官司,我告诉他可以另行委托擅长行政诉讼业务的律师处理赔偿事务,因为他还有大量的行政诉讼业务亟待处理,反正是要找行政诉讼律师的。

　　两年后,市中院根据徐老板无罪被关押的事实和国家规定的赔偿标准,合计赔偿了徐老板大约二十万元。

56. 各方都被抓　无罪判缓刑

2018年10月10日　星期三

　　本案的诉讼过程和裁判结果不仅能让人了解当事人的无辜、刑辩律师的不易，更能让人体会到"罗马不是一天建成的"，初步建成社会主义法治国家的时间是2035年，还差一代人的奋斗。

　　看标题就知道：本案过程奇特，各方都被抓；结果奇怪，无罪判缓刑。说实话，如果一直待在大学毕业后工作的检察院，我就没有机会看到如此多的怪现象了。因为律师执业不受地域限制，所以我得以走南闯北，不仅见识了许多美好的事物，而且也发现了地区之间法治状况的差异。

　　有人会说，各方都被抓有啥奇怪的，在法定犯案件中，这很常见，比如虚开增值税专用发票案，每个环节的主体都有可能涉嫌犯罪。问题是，这个案件不是法定犯，只涉及普通的自然犯罪名"合同诈骗罪"。就算一方是骗子，那对方就是被骗的，在刑事诉讼法上就是"被害人"。被害人应该算控方，怎么能被抓呢？然而确实也被抓了。更有甚者，不仅被害人，本案连证人（作为第三方的监理公司员工）也被抓了。

　　被告人老章是县城所在地城郊的一名村干部。在监察制度改革前，反贪侦查工作职能属于检察院。老章是被检察院反贪局带走的，罪名是"行贿罪"。刑拘后，他被辗转关押于多个地方的看守所，先后被审讯几十次，老章坚称自己从未行贿。我事后得知，检察院反贪局抓他的时候，事实上也没有掌握有价值的线索，更没有人因为受贿而被传唤。问题是，贿赂犯罪中的行贿和受贿属于对合犯，虽然入罪要件不同，但是没有行贿就不可能有受贿，没有受贿也不可能有行贿。两头不占任何一头，反贪局为啥会抓他呢？据老章自己说，他以前当村干部时，为配合政府拆违工作，拆了某户人家的违法建筑，这户人家有一个亲戚在反贪局工作，他可能是因此得罪了反贪局的检察官。这是老章自己的说法，要查证反贪局立案侦查是否涉嫌公报私仇，难度太大且与辩护关系不大，所以这事儿暂且放下。

问题是，反贪局查了很久，没有查出什么结果，而拘留逮捕又都是有法定期限的，不能久拖不决，除非另涉他罪或改变管辖。果然，老章被反贪局以涉嫌合同诈骗为由移送给了公安局。案卷材料反映，在公安局接手期间，反贪局继续侦办着老章的案件。看来移送公安，不过是用空间换时间而已。

说老章合同诈骗，是因为老章和几个村民中标了一个政府项目的打桩工程。虽然这个工程截至案发时还没有结算，但是检察官认为老章他们有诈骗政府工程款的犯罪嫌疑，指控老章等人实施合同诈骗的犯罪方法是虚报打桩的深度以虚增工程量多报工程款。事实上，由于该工程竣工后一直未结算，老章等人连正常的施工费用都没有拿到手，更别提所谓的虚增部分了。于是，公安局、检察院就说老章他们合同诈骗未遂。后来，公安局可能实在查不到诈骗的事实，就把老章取保候审了，同时把其中一个负责打桩工程的村民侦查终结，移交检察院以合同诈骗罪起诉到法院。法院开庭审理后，拖了很久都没有办决，坊间传说法院连开七次审委会都难以对这个村民定罪判刑。

恰在此时，县委召开了一个工作会议。县委书记在会上用了20分钟时间责骂法院，说法院办案效率太低。会后，法院院长赶忙召开第八次审委会,总算对负责打桩的村民定了罪判了刑。然后,检察院就把取保候审中的老章等人一起以合同诈骗罪也提起了公诉。

老章被提起公诉后,他的家人委托我担任他的辩护人。我到法院一阅卷就发现,老章他们真的很冤。

从实物证据角度看,这是一个"三无案件":无工具,无行为,无结果。没有物证证明作案工具的存在,没有现场勘验检查笔录或鉴定意见证实虚增桩深、虚报工程量的诈骗行为存在,没有任何书证证明所谓的被害人也就是工程甲方因为施工方的行为被骗而失去财产这样一个结果存在。

但是,检察院指控老章等人在打桩时用了缩水10%的非标尺,因为工程量预算760万元,所以认定老章等人诈骗76万元(未遂)。老章等人异口同声大呼冤枉,他们都没有买过也没有用过什么非标尺,没有虚增桩深,工程也没有结算,他们不仅没有拿到不该拿的一分钱,而且连自己该拿的工程款都还没有结算。关键是,侦查机关、公诉机关和审判机关并没有去勘查现场,有无虚增桩深,最靠谱的办法应该是通过勘查现场以探明真实的桩深。

事实上,本案已有客观证据证实桩深并没有被虚增。"被害方"即甲方委托的第三方检测机构某检测有限公司已作出《建设工程地基基础检测报告》,在对66根桩基提取芯样进行检测的基础上,检测方得出结论:所检测的桩长基本与设计桩长吻合。令人遗憾且吃惊的是,控方不相信这份检测报告,便在没有任何根据的情况下认定检测方工作人员弄虚作假,并对相关技术人员采取强制措施,迫使其改变言词证据,否定了检测报告这一客观性极强的证据。暂且不论桩深有无虚增,也没有任何证据证明老章等人上报了虚假的桩深数据骗取工程款,控方未能拿出能够令各方信服的客观数据来证实所指控的事实。

在没有其他书证证明所谓使用非标尺虚增桩深、虚报工程量导致甲方工程款损失的情况下,另案先行判决的那个村民上诉到了中院,二审裁判文书对所谓的合同诈骗数额含糊其辞,只笼统认定数额巨大且系未遂。而业主方代表政府一方的工作人员曾经作证说:桩长(即桩深)是业主方、施工方、监理方三方人员计量签字的"桩孔验收记录表"上记录的数据,都是现场挖掘、现场测量、现场记录的,涉及工程款数额较大,均要比较、参考地勘报告,没有确切的证据他们也不可能在这个问题上去提出异议的。案涉工程是县政府投资的公共工程,其结算程序非常严格。增加5万元以上工程款的工程量,不仅技术上要核对地勘报告,而且程序上需要财政、审计、监管办、业主方、监理方、施工方、设计方一起到现场勘查确认。实际工程款如果超出预算工程款100万元以上的,还需要县长办公会议通过后财政上才会付款的。

从言词证据角度看,本案各方陈述、证言极为混乱,矛盾百出。关于是否存在作案工具"非标尺",何人何处获得非标尺,非标尺与标尺具体差额多少,何人何处使用了非标尺,桩深数量被虚增多少,被告人、被害人、证人说法不一。不仅不同人员说法不一致,同一人在不同笔录中的说法也不一致,同一人在同一笔录中的说法也经常出现矛盾。此类问题在本案中大量存在。

从诉讼程序角度看,本案存在诸多匪夷所思的程序违法和法律适用错误。刑事诉讼法把司法职能分别赋予公检法各个不同的司法主体,是为了落实宪法规定的公检法分工负责、互相配合、相互制约,但在本案中,公安局和检察院根本就不分彼此,检察院内部侦查与审查起诉也不分彼此。严重的有罪推定思维和错误的观念贯穿本案的侦查和审查起诉程序始终,办案人员不惜以违法手段取证,以达到"治罪"的目的。本案审判前的侦查、起诉程序混乱,管辖混乱,同一个检察官既参与了案件的侦查又负责案件的审查起诉,明显违反最高检《人民检察院刑事诉讼规则（试行）》。更过分的是，本案之所以言词证据矛盾百出，是因为存在严重的以拘代侦逼取口供现象，不仅犯罪嫌疑人被抓，证人也被采取强制措施，甚至连第三方检测机构的技术人员、被害人也被抓。

这个案件的奇葩，不仅过程奇特，而且结果也很奇怪：在被告人作无罪辩解、无罪辩护的情况下，法院却判处了必须以悔罪表现为前提条件的缓刑，足以说明一审法院的纠结和无奈。

到底是什么原因令案件办得如此奇怪呢？从司法环境和个案背景看，本案一审遭到领导干部的插手干预。据当地干部反映，县委书记在一次会议上用20分钟时间公然指责法院的个案审判工作，法院的领导班子成员包括时任院长、分管副院长等都在会场。

如前所述，为防止领导干部干预司法活动、插手具体案件处理，确保司法机关依法独立公正行使职权，中办、国办于2015年3月发布《领导干部干预司法活动、插手具体案件处理的记录、通报和责任追究规定》。该规定第8条第4项明确规定，"为了地方利益或者部门利益，以听取汇报、开协调会、发文件等形式，超越职权对案件处理提出倾向性意见或者具体要求的"，属于违法干预司法活动。

习近平在2014年1月7日的中央政法工作会议上指出："许多案件，不需要多少法律专业知识，凭良知就能明断是非，但一些案件的处理就偏偏弄得是非界限很不清楚。"[①]对那些涉税、股票、证券等的经济犯罪案件而言，固然需要一定的专业知识才能判断，但对诈骗、杀人放火等自然犯案件，并不需要多少专业的背景知识，对这些案件，老百姓的判断与法律人的判断应该是一致的。

本案根本不需要多深的法学理论知识，不管是按照普通人的认知，还是严格按照法条和证明标准，都不难得出正确的结论。为什

[①] 《十八大以来重要文献选编（上）》，中央文献出版社2014年版，第718页。

么一审没有得出正确结论？无外乎法外的干预和某些办案人员的任性司法。说这些，不是要追究谁的责任，因为我们国家全面依法治国尚在路上。我们只是希望，不管是什么样的原因，任何一个接受刑事审判的人，除非有确实充分的合法证据证明其行为侵害了法律保护的他人权益并符合《刑法》规定的犯罪要件，否则不可定罪判刑。如果不遵守这些规定，哪怕定罪免刑或者缓刑，对个人而言也是不公正的。

老章等人之所以在被判处缓刑的情况下仍然坚持上诉和申诉，说明他们对国家法律和公正司法抱有期待和信心。事实上，我国目前的申诉程序纠错的概率很低。虽然最高法这些年平反了一些经济犯罪案件，但是地方法院并未上行下效，绝大部分的申诉都无果而终。然而，认定一个人的行为有罪，就是以国家的名义否定了行为的合法性，定罪判刑意味着对被告人的严厉谴责和负面评价，对其本人及家人都会造成严重影响，成为其本人甚至家人人生履历上没法抹去的污点。

这个世界之所以需要律师，是因为总有一些司法人员正义感爆棚却又无法摆脱普通人的认知局限。正如市场具有现代经济永远无法摆脱的魔力、再厉害的人都无法精确计划需求与供给一样，除了正当程序，没人可以垄断正义。而有控就必须有辩，有控辩就得有中立于控辩的审判，角色分化是正当程序的第一要素。那些鄙视律师辩护、自以为正义守护神的个别法律人，任性自负得就像试图控制一切却搞得民不聊生的计划主义者一样，正如饥饿源自计划，冤错大多源自官方法律人自负的正义感。

补记：这两个史上最短公诉词案件，最终的处理结果是一个无罪、一个缓刑。被告人不认罪却被判以缓刑，恐怕全国都找不到几例。因为《刑法》明文规定缓刑以悔罪表现为前提，不认罪是不能适用缓刑的。按照"两高"年度工作报告公布的刑事案件数据,2019年,全国检察机关提起公诉1818808人,全国法院审结一审刑事案件129.7万件,判处罪犯166万人,依法宣告637名公诉案件被告人无罪,公诉案件无罪判决率仅约3.5‰。刑辩律师获得无罪判决的机会真是太少了,跟买彩票中大奖差不多。正因为实在难得,所以刑辩律师一旦得到一个无罪结果,朋友圈里能讲好几年。我兼职刑辩律师以来,平均算来每年都有两三件获得无罪处理结果的案件。虽然辩冤白谤的无罪结果多少令人兴奋,但比起诉讼过程的艰辛,尤其是当事人付出的自由、精力和物力的代价,无罪的结果反倒不值一提了。

57. 是太阳升起，还是意外先来临？[①]

2018年11月3日　星期六

重庆万州公交车坠江惨剧发生后，不少同类视频、报道和案例被扒了出来，让我们看到了危险并非个例这个可怕的真相。甚至官方媒体也搬出旧闻，倡议该出脚时就出脚、绝不能多一事不如少一事地冷漠姑息。

尤其令人不可思议的是，同一个公交公司（万州公交公司）的同一路（22路）公交车，近几年已经发生三起乘客袭击司机、公交车发生车祸的事例，只不过前两次只是车损人伤，但本次却是车毁人亡，全车15人魂归江底！

今天发生的一切，我们该如何面对？广播里播放的"逃跑计划"的一首老歌《夜空中最亮的星》里面就有一些提示。

面对生命的脆弱和风险的不确定，是耽于内心的逻辑圆满，多一事不如少一事的小聪明，无声地鄙视一下惨案制造者的任性后仍然无动于衷，还是为避免危险而当机立断逃离险境？抑或是在无法逃跑的情况下果断出手彻底消除危机？

毛川在回忆创作这首歌的初衷时说："对曾经的爱人和朋友，无论发生过多少不愉快的事情，时间一定让仇恨变淡，让爱变浓。很

[①] 原载于2018年11月3日"司法方法"微信公众号，少量内容有调整。

57. 是太阳升起,还是意外先来临?

久之后会发现,原来感情才重要,我们可能好久不联系,甚至老死不相往来。但生命终结那天,我们还会想到对方,如果那时候让你和对方说话,大部分时候还是愿意的。这首歌就是这个意思。"

这里的"曾经",不仅是生离,而且还有死别。这里的"不愉快",既是乘客坐过站的小差错,也是司机被责骂的小挫折。无论如何,这些生活中的磕磕碰碰都没有必要变成性命攸关的深仇大恨。为了等待下一个太阳升起,为了能明天给自己所爱的人说声"早安",还有什么事会让你舍生忘死地如此崩溃如此发怒?

无法想象,15个人随车坠入70米深的冰冷江底,那名因坐过站而责骂、殴打公交司机的女乘客,那名肩负安全驾驶职责的公交车司机,在面对责骂殴打时没有立即刹停,却在出手还击后踩着油门左打方向盘一圈冲向对面车道碰撞正常行驶的小汽车,后再冲出桥梁坠入江中,还有车内那些有防卫能力却在足以呵斥或阻止危险的合理时间内无所作为的乘客,在生命终结的那一刻,是否想到自己的至爱亲朋?如果时光可以倒流,为了避免天人永隔,在危险关头做自己应做且能做之事,或者控制自己的愤怒,不做自己不该做的事,你,是否有足够的勇气?!

如果我们不知道行驶中的机动车存在车毁人亡的风险,误以为汽车和自行车、牛车一样,即使翻车也没啥大不了,重新爬起来拍拍身上的灰尘继续前行就是了,甚或我们不知道安全就掌握在司机的手中而对因情绪崩溃袭扰司机的乘客冷漠旁观,那只能说明,我们的心灵已经不再透明,我们的眼睛已经看不出善恶是非,正如它不再会流泪一样。果真如此,正如"逃跑计划"演唱的那样,只能祈祷我们都拥有透明的心灵和会流泪的眼睛。

然而现实却是,并非大家不知道该怎么做,而是在很多场合我们不敢做自己该做的事。随着汽车成为寻常的出行工具,每年6万—10万人的死亡数字让车祸成为剥夺生命的第一杀手,普通人都知道行车有风险,袭扰司机更是有危险,也更清楚汽车不是自行车或牛车,翻倒了大概率会车毁人亡,不可能给人再爬起来的机会,那么:

作为坐过站的乘客,还会不会让愤怒冲昏头脑,能不能有勇气克制自己的情绪而不是去迁怒于掌握着全车乘客包括自己生命安全的司机?

作为被责骂被殴打的司机,能不能有勇气避免自己被激怒而采取正确的操作比如立即刹车,而不是在愤怒驱使下不顾自己的职责猛打方向却不立即回正?

作为普通的乘客,虽然买票乘车有权利获得安全保障,运输方有义务确保安全,但是在特定的秩序可能面临崩溃风险的场合,讨论权利义务恐怕无济于事,在力所能及的情况下,能不能有勇气用自己斩钉截铁的语言或者雷厉风行的行动去阻止暴怒的乘客或者安抚被激怒的司机?

我相信,如果面临着死亡的风险,只要付出行动死亡就可以避免,那么我相信绝大部分人会说:我愿意!

问题是,在生命终结那一刻来临之前,为什么所有的人似乎都没了勇气去做正确的事、不做愚蠢的事?

当刑法学者分析女乘客和司机的行为构成什么罪,当心理学者告诫大家如何管理情绪,当教育学者忙于提醒如何教导孩子看待这个惨剧,我们无奈地必须接受的事实是:地球的引力、汽车的动力和江水的压力,成了最终的裁判者,使原本可以停留于鸡毛蒜皮的民事纠纷剥夺了大批人宝贵的生命,尤为残酷的是,还搭上了车内无辜老人和儿童的性命。

我们的头顶,是无边无际的星空;我们的心里,应该有无畏无惧的道德律令。

认识真理,知道善恶,直觉正义,感知法律,这些都很重要,但它们终究离不开付诸行动的勇气,实践需要的不仅是知识和认知力,甚至也不仅是见识和洞察力,更需要勇气即意志力!

"夜空中最亮的星,是否在意,是等太阳升起还是意外先来临?我宁愿所有痛苦都留在心里,也不愿忘记你的眼睛。给我再去相信的勇气,越过谎言去拥抱你!每当我找不到存在的意义,每当我迷失在黑夜里,夜空中最亮的星,请照亮我前行!"

这歌声提醒我们,拿出勇气,克制因自己失误而迁怒于人的愚蠢冲动,坚守自己作为专业人士的职业良知,以及为自己、为他人的安全该出手时就出手的英雄气概!因为期待下一次太阳升起这个愿望并不算奢侈,虽然在大概率事件面前我们得仰仗法律制度,但是在小概率风险面前却需要一点儿勇气。

58. 难忘 2018

2018 年 12 月 31 日　星期一

本年度业务情况汇总如下,真是繁忙的一年。

一、论文写作

(1) 拖了多年的文稿,最后一个工作日以 22 万字收工。

(2) 在《法制日报》《人民法院报》和"司法方法"以及律所微信公众号等处发表文章十几篇。

二、学术会议

2018 年度的学术活动,继续只参加专题、小型或实务研讨会。

(1) 5 月 26 日,在杭州参加浙江省法学会司法体制改革研究会成立大会暨首届司法体制改革论坛,当选副会长。

(2) 8 月 5 日,在贵阳参加以"刑事辩护的传统与创新"为主题的首届靖霖刑辩论坛,并作主题发言"律师刑辩的魅力"。

(3) 8 月 19 日,首次参加 TED 演讲,题目是"为'坏人'辩护,让好人受益"。

(4) 9 月 1 日,在丽水市参加浙江省律师协会举办的主题为"打造最佳营商环境与法律服务"的第八届浙江律师论坛,并主持其中一个单元的活动。

(5) 9月16日,在济南参加主题为"金融犯罪辩护与防范"的靖霖第二届刑辩论坛,并主持第三单元"金融犯罪防范中的律师业务"。

(6) 11月24日,在杭州参加2018互联网法律大会·国际论坛,作"罪刑法定原则与网络犯罪空白罪状之填补"分论坛主题发言。

(7) 12月14日,在湖州参加由湖州市中级人民法院举办的学术讨论会,并以"刑事司法中的形式理性与实质理性"为题作了发言。

三、社会工作

1. 为多期全省申请律师执业人员上课。
2. 为省市区卫生、水利、房管等多个厅局主讲法治课。
3. 为松阳全县领导干部作法治讲座。
4. 为广州、深圳两地公安经侦,为浙江、江苏、上海、山东、河南和云南等省市检察院、法院、监察委和律师等主讲业务课几十场。

四、法律服务

1. 办案概况

经手27件(包括前年、去年收案今年继续办理的),其中结案15件(含解除1件),在办12件。

2. 实体结果或程序处理比较理想的13件(含在办案)

(1) 无罪3件:完全无罪2件4人(不起诉或撤案,其中2人由同事办理),主罪判决无罪1件1人;

(2) 取保候审:2件2人;

(3) 判缓释放:1件1人;

(4) 减轻改判:3件3人(与上个环节比较);

(5) 从轻判决:3 件 3 人(与法定刑比较);

(6) 撤销原判发回重审:1 件 1 人。

3. 结果不理想:2 件

4. 久拖不决的 2 件

开庭时作无罪辩护、开庭后无法定延期事由却长达 10 个月—20 个月既不判决也不释放。(补记:这两个案件最终的结果是司法机关采纳了辩护意见:一件由检察院撤回起诉,被告人被无罪释放;另一件虽然检察院指控的事实对应法定刑十年以下,但是法院给予减轻处罚,作出了"实报实销"的判决,判决后不久即刑满释放。)

5. 其他情况

去年无罪结案中的 1 件 1 人今年获得国家赔偿。

59. 刑事律师的理论素养与实践能力[①]

2019 年 2 月 15 日　星期五

没有理论指导的行动是盲目的,不能应用于实践的理论是虚幻的。律师作为一种"雅俗共赏"的职业,技能是立身之本,理论是行动先导,实战是成长契机。刑事律师,因为从事的业务涉及人的生杀予夺,更由不得半点马虎和草率,所以知识储备须更加丰富,业务技能得更加精湛。

那么,刑事律师如何提升理论素养?又如何增强实践能力?下文结合自己从事公诉和辩护工作三十多年的心得谈一些粗浅的体会,以求教于同仁。

刑事律师提升理论素养的关键有二:

一是精读经典。只有精读经典,才能夯实理论基础。

经典包括学术的和实务的专业书籍。因知识无穷而精力有限,且术业有专攻,故在法学领域,刑事律师可以选择若干理论和实务的经典著作加以精读。堪称经典的著作,必能让人举一反三,触类旁通。经典必须精读,原因也正在这里。若肯多花时间精读经典著作,则收获和成本一般是成正比的。

偏重理论的法学学术著作,主要是研究抽象的法律原则,对法

[①] 该文是作者为《辩护人认为(第二辑)》一书所作的跋,原载于 2019 年 2 月 15 日"司法方法"微信公众号,少量内容有调整。

学的原理、法律的价值作形而上的思考,或者对法律的内容作社会科学的论证、对法律的方法作基础的研究。而偏重实务的经典著作,主要是研究具体的法律规则,对行为模式、权利义务责任及其在诉讼实践中的具体运用作技术分析。

理论著作和实务著作太多,怎么选择?如何精读?我的经验是,雅要雅到清新脱俗,俗要俗进人间烟火。

亚里士多德将法学归入实践理性,而康德认为人的精神世界由知情意三端构成:先验的认知能力、直觉的情感能力和一以贯之的意志能力。我曾花一年时间反复阅读亚里士多德的《政治学》,这是人类最早一部关于法律原理的现实主义作品,后世人类政治法律制度的成败得失都能从中找到一些根源。而康德的《判断力批判》是我当前正在精读的一部哲学书,因为我越来越发现,大量的法学研究和法学教育局限于对法律文本的认知,虽偏重智力因素,却上不能作哲学思考,下不敷实践应用,而诸多法律问题却与情感、意志等非智力因素密切相关,绝非三段论所能解决的知识问题。

实务的书,一定要读接地气、有技术,要有丰富的实践经验和可行的操作技术作支撑,内容不能是那种脱离实践的主观臆想。

只有精读学术的和实务的经典著作,才能够胸有成竹,才能在遇到常规的或罕见的具体情形时很快进行体系定位,并调动相邻的知识,搭建一个思考和辩护的框架体系。

二是博览群书。只有博览群书,才能开阔观察视野。

从实用的角度看,法学难以自给自足。因为法律只是生活的形式,分析法学只是用逻辑的方法研究法律这个形式,而"真理是知识形式和对象内容的一致",所以在研究法律和适用法律时,要求得法的真理,就必须关注"对象内容",作价值填补。美国著名法官汉德认为,法律人如果一辈子只读法律书,就会成为法律的敌人。他讲的就是关于法学与实践、法律与生活关系的道理。

59. 刑事律师的理论素养与实践能力

刑事司法涉及的实体法学,无论三阶层理论还是四要件学说,都要处理法律形式与法律调整的对象即行为实质的关系。当事人行为符合法律要件,但它有无违法性,是否具有实质的危害,危害是大还是小,都需要刑事律师从民法、行政法和社会法中寻求支持以获得辩点,进而正当化辩护理由。因此,刑事律师为了提升理论素养,又得结合个案办理的需要,拓展视野,掌握案件背景知识。比如,为 P2P 领域的集资诈骗、非法吸收公众存款刑案辩护,若不懂互联网、不理解金融知识,恐怕寸步难行。又如,为涉税刑案辩护,若不了解交易所属行业的商事习惯,不懂税法,恐怕连案卷都根本看不懂,也无法与当事人对话。

在几乎一切领域都有可能发生刑事案件,即使在一些法律不规制的领域,也可能因法律人的偏见或伦理等问题而出入人罪,发生不该启动刑事程序的案件。虽说真理具有普适性,但是它在技术化的专业问题面前也会遭遇壁垒。刑事律师要运用刑事法理服务于客户,就必须通过广泛阅读,了解相关行业的特有知识,将刑事法理运用于特定行业、特定当事人的行为中。

精读经典,有助于站稳脚跟,搭建框架,以不变应万变;博览群书,有助于开阔视野,丰富细节,增强适应能力。

刑事律师增强实践能力的关键有二:

一是反思自我。只有反思,才有可能把知识变为能力。

俗话说,是否公道,换位思考。作为一个"运用"法律解决问题的人,需要从"创制"法律的角度反思司法诉讼中遇到的问题。因为对法律规范的理解和解释,固然应当以法律文本为基础,但理解立法者的创制背景和意图也是不可或缺的。同时,作为提供法律服务的人,若能设想自己是当事人,一定会有不同的体验,从而避免概念先行和照本宣科。学历高、经验少的法律人,有书卷气的优点,但也往往容易养成学究气、体制气的缺点,不能设身处地考虑司法诉讼可能带给当事人的严重后果,简言之就是情商低。

反思性判断力,是一种诉诸直觉的情感能力。它能让人显得更温暖,更有人格魅力。作为非智力因素,它无关智商,但是它能触及人心最柔软的部分。很多问题不是对错是非问题,而是爱恨情仇问题。法律人最招人鄙视的特质恐怕就是除了干巴巴的法条没有法感,缺乏人性的温度。

而有了反思能力,就可能全面正确地理解法律,理解当事人的诉求,才有可能把法律规范转化为依法实现当事人利益的辩护方案,进而规范有效地为客户提供辩护服务。

二是一以贯之。只有定力,才能让人矢志不渝。

现在流行的语句"不忘初心,砥砺奋进",说的就是定力即意志力。认准了的事,就该心无旁骛,持之以恒。变化有时是剧烈的,但大部分都是悄无声息,在不经意间发生的。因此,刑辩律师不要把目光只停留于他人法庭上的能言善辩,更要看到人家数十年如一日的坚持。罗马不是一日建成的。无论提升理论素养还是增强实践能力,刑事律师都需要对自己的精神世界和心灵机能有一个清晰的认识。卓越,需要一个养之有素的过程。

与司法案件区分为简单案件和疑难案件相对应,康德把人的判断力区分为一般的规定性判断力和特殊的反思性判断力。这个分类,对于刑事律师而言,特别有意义。

康德哲学由三大批判即纯粹理性批判、判断力批判和实践理性批判组成。他认为人类的心灵能力有三个因素,即认知、情感和意志;人类的判断力分为规定性判断力和反思性判断力,而作为情感能力的反思性判断力,是知性(作为认知能力的规定性判断力)和实践理性(意志能力)的中介。简言之,情感能力是认知能力和意志能力的桥梁。也就是说,只有聪明和顽强是不够的,还得有情商。无论在生活还是工作中,我们都经常能看到一些聪明又顽强的人不能获得幸福、成就事业,原因就在于缺了"情感"这个中介和桥梁。

康德认为:"心灵的一切机能或能力可以归结为这三种不能再从一个共同根据推导出来的机能:认识能力、愉快和不愉快的情感能力与欲求能力。""在认识能力和欲求能力之间所包含的是愉快的情感,正如在知性和理性之间包含判断力一样。""一般判断力是把特殊思考为包含在普遍之下的能力。如果普遍的东西(规则、原则、规律)被给予了,那么把特殊归摄于它们之下的那个判断力(即使它作为先验的判断力先天地指定了唯有依此才能归摄到那个普遍之下的那些条件)就是规定性的。但如果只有特殊被给予了,判断力必须为此去寻求普遍,那么这种判断力就是反思性的。"①

关于人类的知性,康德认为有三条准则:"1. 自己思维;2. 在每个别人的地位上思维;3. 任何时候都与自己一致地思维。第一条是摆脱成见的思维方式的准则,第二条是扩展的思维方式的准则,第三条是一贯的思维方式的准则。""这些准则中第一条是知性的准则,第二是判断力的准则,第三条是理性的准则。"②这三条准则分别对应人类心灵能力的三个方面:认知(知性)、情感(反思性判断力)和意志(实践理性)。

康德之所以说第一条准则"自己思维"的实质是摆脱成见,是因为他认为这个准则是一个永不被动的理性的准则,被动的理性就是对理性的他律的偏好即成见(而最大的成见是迷信,从迷信中解放出来叫启蒙),自己思维就是不盲从他人的自主思维。之所以第二条准则是扩展思维方式的准则,是因为那些不足以把其才能作任何博大运用的人是有局限的头脑狭隘的人。而如果他能从一个普遍的立场来对自己的判断进行反思的话,他就具有了扩展思维方式,

---

① 参见〔德〕康德:《判断力批判》,邓晓芒译,人民出版社 2017 年版,第 10—11 页。
② 同上书,第 104—105 页。

扩展思维就是换位思考。第三条准则之所以是一贯的思维方式准则，是因为只有通过结合前两条准则并在经常遵守变得熟练之后才能达到，一贯思维就是要有意志力。

这三大批判、三个能力和三条准则，对刑事控辩和司法裁判中的法律思维和执业行为具有非常重要的启示作用。

其纯粹理性批判所研究的知性即规定性判断力，其实就是形式逻辑中的演绎推理能力，其准则是"自己思维"。而要自己思维，就必须破除迷信、克服偏见。据此，法律人对简单案件的控辩裁判，使用的是规定性判断力，其思维方式是形式逻辑方法中的三段论演绎推理。虽然一个受过法学训练并考取法律职业资格的法律人被认为拥有了这种判断力因而足以胜任简单案件的控辩裁判职务，但是，法律人必须自己思维，既不能迷信他人的权威，也不能固守自己的偏见。

同时，控辩裁判过程中法律人所使用的精神力量，并非只是作为知性的认知能力，因为即使简单案件的办理也会因法外干预导致法律人不再依法办事，造成那些原本可以通过三段论解决的案件因而不能作出正确的指控、有效的辩护和公正合法的裁判。为了坚守司法推理大前提法律规范的权威地位而不是迷信他人的权威或固守个人的成见，法律人还必须具有依法办事的意志力。意志力使法律人在处理利益纷争的过程中能够对来自各方利益主体施加的压力和个人成见的影响具有抗干扰的定力，这正是康德哲学中第三个批判即实践理性批判中所说的实践理性即意志力。因此，除了通过司法体制改革和内外制度建设屏蔽外部干预外，法律人还应当凭借其意志力、运用其判断力对案件进行依法控辩、裁判。

而法律人对疑难案件的控辩裁判，使用的是反思性判断力。由于疑难案件往往存在大前提法律规范不清晰或者小前提个案事实不确定，需要司法者不仅要像立法者那样思考，而且还要与社会生活的主体有同理心,运用的思维方式不是三段论法律逻辑,而是经济、政治或道德等实质判断即利益衡量,这种反思性判断力因具有"造法"的性质,因此需要通过一定的程序防止个人任性,通过民主的机制(造法作为创制活动原本属于多数人决策的事项)赋予正当性,故对于疑难案件的司法裁判决策,在审判法院内部,须推行正在改革的大合议庭制度,并由合议庭将案件审判中的疑难问题提交专业法官会议咨询,仍然不能形成多数意见的通过院长提交审委会议决。同时,在整个法院系统,有必要设置区别于简单案件的疑难案件诉讼程序,可在二审终审制之外增加针对疑难案件的法律审程序,以使基层法院管辖的疑难案件能够到达高院,中院管辖的重大疑难案件能够到达最高法,使最高法可以有机会在个案裁判中解释法律,并可将这种判决直接作为指导案例以发挥先例的作用,避免假借解释之名行创制之实的现象和指导案例大都不是出自最高法的判决及其导致的上级法院参照下级法院案例这一奇怪的现象。

当然,这些已经属于立法创制的议题了,就此打住,因为本篇的宗旨是探讨刑事律师如何提升理论素养、增强实践能力,以使我们在法庭上所说的"辩护人认为"能够被法官采纳而成为"本院认为"。

有了理论,前行就有了方向;有了反思,不但做人有了人格的力量,而且理论和实践之间也有了桥梁;有了定力,实践就能一以贯之,不仅没忘初心,而且还能实现梦想。如果要用三个关键词来勾勒刑事律师的职业形象,我想应该是:智慧、仁慈和坚毅。

60. 相生相克与相反相成

2019年2月19日 星期二 元宵节

小时候看电影,总想尽快弄清楚电影里的角色哪个是好人、哪个是坏人。当时的编剧却总是先让你看得云里雾里,再在大结局里黑白分明,伪装好人的潜伏特务最终逃不过人民群众和我公安干警雪亮的眼睛。长大后慢慢发现,好人也有做坏事的,坏人也有做好事的(据说家事律师常能看到好人不堪的一面,而刑事律师总能看到坏人好的一面)。在纯黑和纯白之间存在一个灰色地带,不仅如此,二者还可以相互转化。这种相生相克的关系,颇似儿时背诵过的《汤头歌》里各种方剂对药物的配伍。[①] 有把性质相同或相近的药物进行搭配以增强或优化某种功效的做法,这是相辅相成;也有把性质不同或相反的药物进行组合以达到某种预期功效的做法,这是相反相成。

这种辩证思维在刑事法制领域也有应用,遗憾的是并不是所有的法律人都能理解,有的人还停留于儿童时代非黑即白的"赤子之心"。有一次,我在某大都市的高院出席二审庭审,为一个被控诈骗四亿多元的上诉人辩护,出庭履行职责的检察员看上去挺资深,但

---

① 家父虽是教师,但参加过赤脚医生培训,因而家里就有了一些中医的书籍。20世纪70年代,家里的儿童读物除了小人书连环画就没别的了,背诵《汤头歌》成了我的消遣之一。

60. 相生相克与相反相成

在答辩时却对我的辩护方法提出如下质疑:辩护人到底是作无罪辩护,还是作罪轻辩护,有罪无罪不可并存!这种听上去义正词严、泾渭分明的答辩,其实是缺乏辩证思维的表现。

在我国的刑事立法和刑事司法中,相反相成的现象不是个例,无论你是否理解,它都是很合理的存在。实体法与程序法、法律与政策、减轻与免除、无罪辩护与罪轻辩护,这些相对或相反的概念,它们是可以共生共存的。

1. 实体法规定了程序规范,程序法规定了实体规范

作为刑事实体法的《刑法》第63条第2款规定:"犯罪分子虽然不具有本法规定的减轻处罚情节,但是根据案件的特殊情况,经最高人民法院核准,也可以在法定刑以下判处刑罚。"这个显然是程序规范,却规定在实体法中。

相映成趣的是,作为程序法的《刑事诉讼法》第290条规定:"对于达成和解协议的案件,公安机关可以向人民检察院提出从宽处理的建议。人民检察院可以向人民法院提出从宽处罚的建议;对于犯罪情节轻微,不需要判处刑罚的,可以作出不起诉的决定。人民法院可以依法对被告人从宽处罚。"这种关于量刑的规定,属于实体规范,但规定在程序法中。

2. 政策用了法律术语,法律用了政策术语

在依法治国还没有提出时,政策与法律的关系往往界限不甚清晰。法律适用有时难免随意性过大,有权制定政策者可能假借改革、维稳等名义脱离法律,根据需要便宜行事,无视法律权威。此时,作为非正式法源的政策,其权威性反而超越了作为正式法源的法律,并拥有自己的一套话语体系;党政官员和司法人员不在一个"频道",其结果往往是法律被边缘化,沦为爱用不用的工具。党的十五大提出依法治国后,罪刑法定和程序法定得到重视和贯彻。尤其是近些年来,中央强调"凡属重大改革都要于法有据";"维权是维

稳基础，维稳实质是维权"，政策开始与法律并轨，越来越多地使用法律术语。当然，法治化以后政策仍然有其用武之地，因为面对纷繁复杂的社会，法律要么有意无意"留白"，要么授予执法、司法者自由裁量权。如何填补空白，如何正当地自由裁量，就得靠政策发挥作用。

在政策法治化的同时，也存在一个相向而行的变化，即有的法律也开始政策化。比如，前述《刑事诉讼法》第290条使用了两个政策术语：对于当事人达成和解协议的案件，公安机关、检察院可以建议从宽处理，法院可以依法对被告人从宽处罚。这里有两个关键词，一个是"从宽"，另一个是"处理"。"从宽"原本是政策术语而非法律术语，比如1979年《刑法》第1条就规定"依照惩办与宽大相结合的政策"，但这个政策术语却被《刑事诉讼法》用作法律术语。"处理"与"惩办"一样，也是日常俗语或政策语言，但是《刑事诉讼法》也用上了它。

3. 地方法院减轻处罚受法律限制，免除处罚则有权径行判决

《刑法》第63条规定，犯罪分子具有本法规定的减轻处罚情节的，应当在法定刑以下判处刑罚。但是，如果案件情况特殊，经最高法核准，也可以在法定刑以下判处刑罚。也就是说，地方法院要在判处刑罚的量上有所减少，必须"依法"，只有最高法才能突破法定刑的下限。

然而，如果地方法院认为犯罪情节轻微不需要判处刑罚，则可以按照《刑法》第37条直接判决免予刑事处罚，无须经最高法核准。

也就是说，若无法定情节，刑罚量的减少不可自由裁量，但若直接减为零，则可直接判决。

4. 律师对案件作无罪辩护，可以同时作罪轻辩护

按照法律逻辑，同一个行为，要么无罪，要么有罪，不可能既有罪又无罪，否则就像"薛定谔的猫"，既是死的又是活的。据此，既说

一个人是无罪的,又说他是有罪(罪轻)的,逻辑上自相矛盾。但是,这样的辩护恰恰是有法律依据的。

早在2010年,最高法、最高检、公安部、国家安全部、司法部《关于规范量刑程序若干问题的意见(试行)》第15条就规定:"对于被告人不认罪或者辩护人作无罪辩护的案件,法庭调查和法庭辩论分别进行。在法庭调查阶段,应当在查明犯罪事实的基础上,查明有关量刑事实,被告人及其辩护人可以出示证明被告人无罪或者罪轻的证据,当庭发表质证意见。在法庭辩论阶段,审判人员引导控辩双方先辩论定罪问题。在定罪辩论结束后,审判人员告知控辩双方可以围绕量刑问题进行辩论,发表量刑建议或意见,并说明理由和依据。……"被告人不认罪、辩护人作无罪辩护的案件,辩方依然可以就量刑发表辩护意见。2012年《最高人民法院关于适用〈中华人民共和国刑事诉讼法〉的解释》第231条沿用了这个规定。最高法、最高检、公安部、国家安全部、司法部2015年9月发布的《关于依法保障律师执业权利的规定》第35条干脆明确表述:"辩护律师作无罪辩护的,可以当庭就量刑问题发表辩护意见,也可以庭后提交量刑辩护意见。"

在司法实践中,有的公诉检察官、审判法官在遇到辩护律师既作无罪辩护又要求从轻处罚时,会指责律师辩护意见不明确。其实律师没错,倒是检察官、法官因为思维的惯性作用对程序有了错误的理解。

无论是初学法律的人还是有长期司法阅历的人,都可能认为:法律分门类,各门各类法律自有其调整对象和调整方法,不可诸法合体;法律重逻辑,不可随意妄言;观点要明确,不能前后矛盾。但事实上,交叉作业抑或不讲逻辑,在特定情况下又是合理的。何故?所谓的分工和逻辑固然重要,但却不能机械地用作合理与否的判断依据。于此,倒是相生相克、相反相成的辩证思维得到了鲜活的验证。

61. 抠脚大汉与哈佛女孩

2019年6月14日 星期五

一切理论都是灰色的,而生活之树常青。——歌德

对于同样的道理,法条是有限且单调的,生活则是无限多样、丰富多彩的。用《刑法》452个条文外加10个修正案规定的不到500个罪名去覆盖生活中各种各样的不法行为,不仅面临着罪刑法定原则的限制,而且还受到立法者预见性不足的局限,总会有一些新类型的行为无法纳入既有法律的规范之下。比如,抠脚大汉冒充美女在网上卖茶叶、红酒这样的营销方式在广东出现以后很快就蔓延全国。这类案子不但被告人数量太多(一个案件一抓就是全公司数十人甚至上百人)、案值极大(动辄数千万甚至上亿元),而且有罪无罪争议极大。

我近日就受理了一起这样的案件,到某市中院阅卷时发现,被一审法院认定诈骗罪的营销模式在第102号被告人的笔录中得到完整呈现。该被告人的辩护人认为,涉案公司的营销方式是在缔约前推广阶段实施欺诈行为吸引客户前来交易,虽然该行为本身并非诈骗罪要件事实,但是却成为诱发部分当事人甚至侦查、检察和一审审判人员对本案性质发生严重错误认识的重要因素。第102号被告人的笔录足以说明一个无罪案件如何在当事人和司法人员共

同的法律认识错误中被当作一个特大诈骗案定罪判刑的。对于只有抽象的理论知识而未见过真实案件的法学院学生而言,这名被告人自首时公安人员所作的笔录值得一读,现摘录如下:

问:你今天因何事来公安机关?

答:因为我之前在涉案公司上班,那个公司是搞诈骗的,我今天来公安机关投案自首。

问:你们公司主要的经营内容?

答:一开始我入职的时候是让我去搞营销,就是说卖茶叶之类的。但是,经过试岗之后,我发现其实没有这么简单,公司给我们每个营销人员准备了话术,让我们通过微信聊天的形式骗取对方的钱财。

问:你是何时知道公司是一个诈骗公司的?

答:进去之后半个月我就觉得公司以这样的手段欺骗客户不对,就问公司领导,他们就说这是一种营销方式而已。

问:诈骗的详细流程?

答:我在试岗后收到公司发的一个手机,里面有上好粉的一个女性微信号。接着就开始聊天,前几天先聊爱好及个人基本信息来相互了解。之后就说自己的男朋友回来了,要去接男朋友。接男朋友那天之后,就说男朋友提出了分手,把失恋的消息群发给号上每个客户,那天就会加班一直陪那些客户聊。失恋以后就会跟他们讲自己要回武夷山外公外婆家散心,这之后两天会发送自己在外公外婆家的一些状态给客户,再紧接着就开始给外公卖茶叶。卖茶叶这一流程结束以后就是回南昌开始工作了。没过几天就是过生日,那天凌晨会把领取生日红包的截图发朋友圈,一般客户看到朋友圈会主动发红包过来,如果客户没有发红包,我也会主动讨要。要完红包,这一批粉基本上就不管他们了。

问:详细讲一下你们公司设置的话术。

答:公司给我们设定了一个年龄为 24 岁的女性微信号,大学毕业后在南昌做文员,我当时跟客户聊天时用的名字叫张冰冰,每个营销人员用的名字都是不同的。张冰冰有一个父亲在景德镇,母亲早逝,父亲改嫁了找了个后妈(注:笔录这句明显把父母亲弄反了),生了个弟弟,外公外婆怕张冰冰受后妈欺负,所以从小在外婆家里住,跟外公外婆关系很好。自己有一个男朋友在国外留学,话术中设置了男朋友回国提分手这一情节。还有一个舅舅有小儿麻痹症,娶的老婆嫌贫爱富,所以一家子的压力都在外公外婆身上。这是聊天时主要的一个身世背景,我们每个营销人员都是按着这个模板去聊天的。平时还需要在朋友圈发一些动态,都是公司设置好的,比如一些特地去养老院看望老人的小视频、自己烧菜的小视频、自拍、男朋友提分手的截图、在外公外婆家制茶的过程视频,主要就是利用这种人设和信息让客户对自己产生信任和同情,认为我这个人是真实存在的。

问:把"推销茶叶"的经过讲一下。

答:推销茶叶是在自己到外公外婆家以后的几天,当时在朋友圈也会发一些制茶的小视频和照片。前几天已经对自己的身世做了铺垫,当时会提到外公生病了不愿意去医院看病,说是要把茶叶卖掉才愿意去看,这样就能引起客户的同情。然后就会问客户是否喜欢喝茶之类的话题,再让客户帮忙购买外公的茶叶,一般我卖出去最少 1200 元一斤,最高到 5000 元一斤。推销成功以后客户就会把钱转到微信号里面,也可以转银行账户或者支付宝。我会将客户的收货地址、姓名、手机号告诉部门经理,部门经理会负责发货的。

问：你如何看待"卖茶叶"这一过程？

答：我在具体操作过程中也想到这样用女号跟客户聊天来推销茶叶很不妥，后来知道"卖茶叶"其实就是公司的一个幌子，通过每个微信号故事的前期铺垫，博取了客户的同情心，虽然公司确实安排了快递邮寄茶叶给客户，但这只是公司规避诈骗的一种手段。

问：你总共诈骗了多少钱？

答：一共一万多元。

问：骗来的钱去哪里了？

答：这个钱都交给公司财务了，我们的微信号里面一产生收益就要上交给财务部的，微信提现的密码只有财务部的人知道，基本上每天交一次。

问：你在公司待了多久？

答：我是2017年11月15日入职的，在2017年12月离职的，总共做了一个多月时间。

问：为何离职？

答：感觉自己不适合这种欺骗客户的营销模式。

以上笔录的首尾部分内容表明，本案中自动投案的第102号被告人对涉案公司采用话术与客户通过微信聊天博得同情和好感进而推销茶叶或者索要生日红包这种做法的性质有两种认识：一是他开始所说的"诈骗"，二是他最后所说的"欺骗客户的营销模式"。但是，这个良知尚存选择离职并且投案自首的青年在讯问笔录的中间部分对诈骗流程、话术设置、推销茶叶、索要红包等所作的供述，明显都不是诈骗犯罪的要件事实。

他在回答关于"诈骗的详细流程""公司设置的话术""'推销茶叶'的经过"等提问时，讲到公司给他虚构了微信中的女性身份、与男朋友分手、去外公外婆家散心卖茶叶、过生日收红包、家境可怜、外公生病等事实，这些事实固然属于虚构，但这些虚构的内容均属于在网络销售和交往中与诈骗罪的客体或法益无关联的事项，诸如销售者是男是女、长相美丑、外公是否生病、家境如何、有无失恋、有无真的炒茶、是否真实生日等，都是双方给付民事交易中不受法律规制的内容，也不是诈骗犯罪的要件事实。虚构这些事实固然会让人产生错误认识，但是这种错误认识的后果只是增加了一次互为给付的真实交易而已，撒谎者杜撰那么多的故事，目的不是为了无偿非法占有对方的财物，只是为了增加交易的机会，让别人来购买自己的货物而已。只要交易本身双方合意是真实的并且如约履行，便不存在诈骗犯罪。第102号被告人也承认，虚构这些内容"博取了客户的同情心"，而取得客户同情的目的是为了推销茶叶和收红包。整个笔录对于作为双方给付关键事实的茶叶本身是否真实、价格确定有无欺骗、茶叶有无寄送、货款有无多收等，没有任何有罪供述，因为茶叶是真的，价格是卖方提出经买方同意的，茶叶是如数寄送的，货款是按约收取的，而这些才是判断当事人行为的关键事实。

他之所以做了一个多月离职的原因，正是他认为自己不适合这种"欺骗客户的营销模式"，而营销模式的欺骗尚不属于诈骗犯罪要件涵盖的范围。他认为的欺骗均发生于双方给付前的推广阶段，双方对交易本身既没有欺骗也没有误解。不过，他认为只要以这种方式营销，就算真实地买卖茶叶，也只是"公司规避诈骗的一种手段"，这种认识属于普通人对自己行为法律性质的错误认识。因为在茶叶销售部分，他的说法陷入了一个明显的逻辑错误：一方卖茶叶，一方付钱，除此之外，双方没有其他给付，如果说公司销售茶叶是在规避诈骗，那么要规避的诈骗到底是什么？显然不存在。

很明显，自首或认罪的当事人把公司的营销模式和公司与客户的交易行为混在了一起，把推广过程中的欺诈行为与交易中的诈骗犯罪混为一谈。其实，当事人所实施的欺诈行为并非发生在双方缔约、履约过程中，均不属于诈骗犯罪要件事实。但是，作为普通人的当事人，他们只是基于社会公德概括地认为说假话就是骗，而对法律规定的诈骗犯罪与虚假广告、民事欺诈等其他犯罪或违法行为中的欺骗之间的界限如何把握，则完全缺乏认知。因此，第102号被告人会认为自己既然在入职后运用话术欺骗了对方就是犯了诈骗罪。而侦查人员因对刑事诈骗、虚假广告和民事欺诈的法律界限亦缺乏精确的认知，导致其在讯问过程中没有围绕犯罪要件事实进行讯问，反而出现了诸多因为侦查人员和当事人的共同误解而形成的定性表述。

一审判决在正确地提出"欺骗行为与受害者的财产处分行为之间具有因果关系"这一论断的同时，错误地把不属于缔约、履约过程中的欺诈行为当成导致被害人处分财产的原因即诈骗罪中的欺骗行为。一审判决中有这么一段表述："但凡中间任一环节（虚构美女身份、到敬老院看望老人、失恋、亲人生病等）的真相被受害者知晓，受害者便必定不会'购买'茶叶、红酒或者发送'生日红包'。"不知道一审判决如此绝对地对网民行为作出推断，理据何在？

在法律规范中，无论民事法律还是行政或刑事法律，对人们的行为动机通常并不作要求（只在个别情况下有例外规定），交易是一回事，产生交易的动机是另外一回事。作为司法人员，依法裁判是其法定义务，不知道本案一审的裁判者在判决书中对被告人诱使网民产生交易的愿望与茶叶、红酒交易本身不加区分地相提并论，法律依据何在？事实上，这种武断的判断，与网络中人们的交易习惯并不相符。在网购已成常态的当今时代，人们网购时所关心的并不是销售者本人的身份情况、道德状态或其人生际遇，而是网购的商品本身，销售者是男是女、长相如何、命运如何、品德如何并不影响交易行为本身的法律性质。即使销售者是一个容貌足以沉鱼落雁的倾城美女,其品德一向高尚,本人或亲人的确遭受了严重不幸,但若以非法占有为目的,骗取对方货款而不交付相应的货物,其行为仍然是诈骗犯罪;同理,即使销售者是一个冒充美女的抠脚大汉,情趣低下,品行不正,只要他在买卖中依约定履行了交货义务,其收取货款的行为仍然不构成诈骗犯罪。

既然如此,作为销售茶叶和红酒的公司又为何要在缔约前实施那些带有欺诈性质的话术呢?道理很简单,公司的目的只是想从万千网民中吸引客户前来与自己交易而已。正如众多商家不惜以巨额费用到受众广泛的中央电视台做广告一样,在广告中商家以诗一般的语言、艺术品一般的形象、说得像真的一样的明星代言所做的广告,目的只是想激起公众对其产品或服务的关注,消费者因爱好艺术、关注明星而从众多同类产品或服务中通过广告注意到了商家推广的那个产品或服务,当消费者购买这一品牌的产品或接受这一品牌的服务时,只要商家在缔约和履约过程中不虚构、不隐瞒,即使广告内容夸张甚至虚假,商家的行为也不会构成诈骗罪。当然,若其广告内容虚假,也有可能涉嫌犯罪,不过充其量只是虚假广告罪而已。

一审判决书以诈骗罪属于自然犯为由,认为一个具有正常理性的普通人不需要借助于法律知识,仅凭生活经验和道德观念就能判断哪些行为是诈骗。这种似是而非的判断,正是一审定性错误的重要原因。不可否认,相对于法定犯而言,自然犯犯罪构成的法律规定与普通人的日常经验和道德观念大体上是一致的。但是,随着社会生活日益复杂化,诸多自然犯的法律规定,与人们的日常经验和道德观念已相去甚远。比如,普通人虽然知道砍掉他人脑袋是杀人犯罪,但是未必知道弄死别人的胎儿或者拔掉植物人的呼吸机在法律上到底构成什么犯罪。诈骗犯罪固然是一种自然犯,而且在生活中也并不罕见,但是欺骗行为是否构成诈骗犯罪,不要说普通人,就连受过专业训练取得国家法律职业资格而且具有丰富司法实践经验的专业人士有时恐怕也难以判断。比如,河北省衡水市中院一审、河北省高院二审定罪判刑的张文中诈骗案,同样是自然犯,在事实证据和法律规定都没有发生任何变化、侦查起诉审判也没有违反正当程序的情况下,却被最高法改判无罪。此例足以说明,对一个人的行为是否构成诈骗罪,非但自然人会形成错误的法律认识,专业人士也会判断失误。既然连高院具有丰富法律知识和司法经验的专业人士都不能正确判断一个行为是否构成诈骗罪,一审判决又何以以被告人的自认作为判定其行为构成诈骗罪的理由之一呢?

　　欺诈是不道德的,但并非所有的欺诈都是有罪的。与交易条款无关的欺诈,可以追究民事责任甚至虚假广告的刑事责任,但却不构成诈骗罪。可悲之人往往也有可恨之处,那些所谓的受害者,难道不知道互联网最初的训诫"在互联网上,没有人知道你是一条狗"?既然如此,面对一个索要生日红包的请求,但凡心智正常的人都应知道,无论美女头像背后的人是男是女、是美是丑,红包都是有去无回、没有对价的单方给付。每一次愿打愿挨的付出背后,都躲着一个趣味低级的丑陋灵魂,有限的司法资源没有任何道德或法律义务去保护他们在网上打情骂俏的权利。

62. 父爱主义的性别歧视与家长主义的过度保护

2019年8月13日 星期二

在今天看来许多不可思议的法律制度，当时都有它冠冕堂皇的理由。比如，美国最高法院1873年判决各州有权禁止女性法律人执业。一位大法官这样解释："对女性来说，最重要的命运和目标就是肩负起为人妻、为人母此等高贵、纯良的职责。这正是造物主定下的律法。"1961年，美国最高法院以一致意见支持佛罗里达州的一项法律，该法规定陪审员义务对男性来说是强制性的，而对女性来说则取决于自愿与否。这种对女性的歧视无处不在，一直持续到20世纪70年代。

与丈夫一样毕业于哈佛大学法学院、爱好联邦民事诉讼程序的美国联邦最高法院大法官露丝·巴德·金斯伯格，首次在最高法院出庭辩论的案件是：一名空军中尉以丈夫需要其扶养为由为丈夫申请住房和医疗福利受阻。当时的美国法律规定，男性可以自动主张妻子是被扶养人，但女性若主张其需要扶养丈夫的话，就必须举证证明丈夫靠她扶养。这显然是一个歧视女性的法律。1973年，最高法院以8∶1的结果支持了金斯伯格教授一方。布伦南大法官在主要意见中说："毫无疑问，在性别歧视方面，我国有漫长而不幸的历史。传统上，这一歧视凭借'浪漫的父爱主义'态度得以合理化，就实际效果而言,这种父爱主义不是把她们视为值得尊敬的人,而是将她们当作笼中鸟。"金斯伯格在最高法院赢得了六个案件中的五个,为女性主义运动做出了杰出贡献。因此,卡特于1980年提名她就职哥伦比亚特区巡回法院,克林顿于1993年提名她担任最高法院大法官。①

自近代社会以来,自治、自由与权利被视为人的基本价值之一,任何试图对它们施加的限制都要承担论证责任。基于法律父爱主义而对自治、自由进行限制,当然须有充分的证成理由。支持的理由通常有三方面:第一,从价值论的角度考虑,个人未必在任何情况下都知道自己的最大利益,这就为增加其利益的外来干预提供了可能。第二,从法律经济学的角度考虑,在限制消极自由所失去的价值远远低于因扩大积极自由而增加的价值时,这种限制可以被认为是正当的。第三,有些人因富有和强势而享有自由,有些人则由于穷困、弱势、不理性而不能享有这些自由,因而需要予以特别关照和保护。法律中人的形象从理性的、强而智的人转变为在一定程度上弱而愚的人,而这也是现代法治国家发展的必然。因此,在某些领域,法律父爱主义的存在是合理的。②

与父爱主义下对女性的歧视异曲同工的,正是家长主义下对弱者的过度保护。对法律人而言,要警惕公权力与生俱来的自我扩张本能,就必须像对待父爱主义法律观那样小心对待家长主义法律观。与父爱主义导致女性成为笼中鸟一样,家长主义过度保护的后果之一则是使人长不大。

在法治实践中,家长主义往往导致工具主义。正如刑事法学者

---

① 参见〔美〕杰弗里·图宾:《誓言:白宫与最高法院》,于霄译,译林出版社2019年版,第76—77页。
② 参见孙笑侠、郭春镇:《法律父爱主义在中国的适用》,载《中国社会科学》2006年第1期。

所说:"极端工具主义已经超出工具法制应有的法制边界,打破手段合理性与目的合理性、形式合理性与实质合理性的动态平衡关系,这并非刑法任务的本意。"[1]

在司法实践中,一些争议巨大的疑难案件,尤其是诸如强奸、诈骗等以当事人是否自愿、有无违背其意志或有无被骗而形成错误认识作为法定要件的犯罪,极容易犯的错误就是以家长主义的姿态过度干预,无论证明被害人是否自愿、被告人是否违背被害人意志、被害人有无被骗的证据是否充分、事实是否清楚,都可能作有罪的推定。

尤其是涉及双方当事人隐私的自然犯案件,由于实物证据缺乏,当事人又往往各执一词,证据难以相互印证,极易形成事实难以认定的疑难案件。对这些案件,检察官是否批捕起诉犯罪嫌疑人,法官是否判决认定起诉指控的犯罪事实,在一定程度上取决于司法人员的法律观念是否属于家长主义的。

如果司法人员持家长主义、工具主义法律观,就会将法律的形式理性、行为的实质危害搁置一边,偏向过度干预,无视案件证据矛盾、事实争议或危害有无,无论控方能否履行举证责任、行为是否具有社会危害,都会偏向控方而强行保护被害人一方、问责被告人一方。

相反,如果司法人员具有正确的法治观念,摒弃家长主义和工具主义的法律观,就会坚守刑事法律的形式理性和行为的实质特征,强调依法办事,以平等的姿态对待控辩双方。这样,若控方不能履行举证责任或者行为不具有实质的社会危害,则作出对控方不利的推定,从而按照疑罪从无的无罪推定原则或行为不实质违法即不

---

[1] 高铭暄、孙道萃:《预防性刑法观及其教义学思考》,载《中国法学》2018年第1期。

具有严重社会危害就不构成犯罪的刑法原理,判决犯罪不能成立。

无论如何,既然法律确认没有精神病的人年满十八岁即属于完全行为能力人,那么在司法过程中就应该以成年人的标准对待其行为,不应该像对待未成年人那样给予如监护般的过度保护。过度保护会伤及第三方的权益,进而降低人们对行为法律效果的可预测性,不利于法律秩序的建立。

涉案当事人基于自由意志与第三方建立社会关系的,第三方有理由相信其基于自愿。如果司法以监护人姿态过度保护,推定当事人不自愿而否认其行为的正向法律效果,进而让第三方承担不利的法律后果即刑事责任,那么此时家长主义的司法不仅压缩了个人自由的空间,而且过度保护还会诱发更多的同类行为。按照意思自治原则,完全行为能力人本应承担其行为带来的后果,不应将其自愿受损的救济负担推给社会和国家,而司法的过度保护,往往会激发人性中自私的一面并可能进一步诱发机会型控告甚至敲诈:反正国家会给我兜底保护,我何必那么小心翼翼地考虑自己行为的后果呢?既然无论如何国家都会保护我,我何不趁机向对方要笔钱呢?这样反而不利于被保护者责任意识的养成。也就是说,这些人之所以长不大,正是因为有人为他们提供了家长般的过度保护。

总之,刑事司法务必恪守程序法上的疑罪从无原则和实体法上的罪刑法定原则,重视法的形式理性(入罪行为须要件符合)和实质理性(入罪行为须实质违法),防止家长主义的过度保护和工具主义的任性司法。

63. 无罪辩护实录：选择性取证与实质化庭审

咨询接待、受理案件

2019年8月14日　星期三

昨天，杭州一友所主任来电说，他的申姓高中同学，一家房地产公司的老总，在安徽某县法院涉一个刑事案件，因为自己很少做刑事业务，又是同学的事儿，不能一推了之，所以想请我帮着看看，最好能给些指导意见，会出咨询费的。

我跟他说，我极少收咨询费。如果当事人需要聘请律师，咨询以后大都委托我，就一次性收取律师费，没有必要再收咨询费。如果咨询以后不委托我，都是老朋友介绍来的，就当友情赞助好了。即使是陌生人上门咨询，不委托也没有关系，权当普法啦，毕竟我还有一个身份是省普法讲师团成员，能来都是缘嘛。

主任一听很高兴，说他最近比较忙，马上让我们交换了通信信息，后面自行联系。我与申总约定，晚上在西溪湿地附近一起吃饭，边吃边聊。我带了一位同事一起去见申总。

一见面，申总就拿出当地检察院的起诉书给我看。

起诉书指控：申总在担任某房地产公司总经理期间，利用职务便利，通过伪造工程项目、签订虚假合同方式虚构支出，将公司700余万元资金以工程款名义付给第三方公司，第三方公司再将资金打进申的个人银行账户，从而非法占有公司财产，其行为构成职务侵占罪。

这个指控如果成立，则属于数额巨大，法定刑为五至十五年有期徒刑，还可以并处没收财产。我问申总为何没有被关押，他说当初公安局曾经把他刑事拘留，也向检察院提请批准逮捕，但是检察院以没有逮捕必要为由不批捕，他就被取保候审了。

我问申总想咨询什么，他说："虽然起诉书上表述的事实基本存在，但是我没有侵占公司一分钱。安徽子公司以虚构项目支出方式转出的资金，虽然打进我的个人银行账户，但是公司财务已经把这些资金取现或经由其他个人银行账户转回了浙江总公司。安徽、浙江两个公司的股权结构基本相同，这样做是董事长决定的；我的个人银行卡是由公司使用的，是为走账方便而由子公司拿着我的身份证去办的。我想问问，公司这样的操作能否判我无罪？"

因为只有一份起诉书，未看到其他证据材料，仅就检察院起诉指控的内容看，伪造合同，虚构支出，资金从公司账上转入第三方再回到个人银行账户，这一过程与职务侵占罪的客观要件完全相符，申总有犯罪嫌疑。但是，如果申总的辩解有证据支持，则只是母子公司之间走账，并非申总个人利用职务侵占公司财产的犯罪行为。依我多年检察工作经验，案卷内不太可能有支持申总辩解的无罪证据，否则公安局不可能移送检察院审查起诉、检察院也不可能向法院提起公诉。

于是，我问申总："既然是母子公司之间的走账，弄虚作假充其量只是普通的财务违规或税务违法，不会构成个人财产犯罪，你为何被公安立案侦查了？"

申总说："安徽子公司在当地开发了一个住宅小区，由于在建设过程中未经审批擅自变更了容积率被土管局发现，县政府要求公司补交土地出让金300万元。我前妻担任这家子公司的董事长，坚决不同意补交，而且在某晚带上公司全部财务资料悄悄从安徽撤回浙江。巧合的是,路上出了交通事故,丢了一箱财务凭证。后来,当地的分管副县长带着土管局和公安局的人来浙江谈这事儿,把补交土地出让金的数额降到100万元,但是我前妻依然不同意。副县长一行回去后不久,我就被抓去刑事拘留了。"

"你与前妻何时离婚?有无纠纷?"听申总一口一个"前妻",我知道他们目前是离了婚的。

申总说:"前妻与公司的法律顾问好上了,我们就离了婚,但是当时财产没有分割。因为她们俩人合伙把所有的财产都霸占了,我只能向法院起诉要求前妻付给我3000万元。正在打这官司的过程中,我就被安徽那边的公安局给抓去了。"

一顿饭的时间,基本弄明白了这个案件的来龙去脉。于是,我依自己的执业经验,帮申总分析了案件的前因后果(案发原因很有可能是当地政府为了追索土地出让金而以刑事手段达到行政目的;在此过程中,其前妻极有可能借机推卸责任、落井下石。既然如此,公安机关有可能存在选择性取证问题,其前妻同样可能隐瞒了对申总有利的书证),并提出辩护的基本方案,即尽一切可能获得书证或者书证线索,还原涉案资金走账的全过程。比如,查询银行账户流水,看曾进入个人账户的资金最终流向了哪里;查看以前的工作日记,看公司的决策与执行过程,寻找知情的证人;通过阅卷,从在卷书证和言词证据中发现公司走账而不是职务侵占的线索,再申请法院调取有利于被告人的辩护证据。

申总原准备支付咨询费的,这么一听,当场决定委托我担任他的一审辩护人。考虑到路途遥远,我又是兼职律师,平时还要上课开会,我建议组建一个辩护团队以相互配合。因为司法机关只准许一名被告人委托两名辩护律师,申总在当地已委托了一名辩护律师,故只能再委托我一人与安徽当地律师一起担任辩护人,但这并不妨碍我们组建一个律师团队,我作为辩护人,其他成员作为我的助理,共同参与案件办理。申总当即同意。

今天,申总携家人一起来到律所,签订了法律服务合同,签署了授权委托书等。我即刻安排具有查账侦查经验和公诉审判经验的3名同事与我一起组成4人办案组,负责本案辩护。

阅卷分析、调查取证

2019年8月23日—10月22日

经事先联系,我们前往安徽当地法院递交律所公函和当事人委托书并阅卷。该县位于安徽中部淮河岸边,看上去沃野千里、湖河密布,县城里新楼林立,街道宽阔。法院的门庭分外安静、略显空荡,不像江南地区的法院那样总是人来人往、熙熙攘攘。在大厅信息查询终端上,我们根据当事人提供的信息查询到,审判长是位中年女法官、刑庭庭长,主办法官是位中年男士、刑庭副庭长。从合议庭组成看,法院对该案还是相当重视的。

主办法官具有这个年龄特有的稳重和礼貌,兼具小城熟人社会的从容与随和,不像大城市法官那样高冷与不苟言笑。在与法官的简单交谈中得知,他们正在审理一起人数众多的涉黑案件,其他案件可能得拖一拖,尤其是申总的案件,人又未在押,更是快不了。

案卷并不多,总共五本。果然不出所料,初步翻阅案卷便印证了我在咨询受理阶段的判断:虽然申总在讯问笔录中自始至终辩解其没有侵占,资金从子公司转出,经他的账户后最终转回了母公司。但是,全案的书证却仅限于中间环节(伪造的合同、支付工程款的凭证和第三方将资金转入被告人银行账户的流水凭证),既无前面的公司决策或会议纪要,更无资金从被告人银行账户取现或转出后最终去向的书证。

出乎意料的是,案卷中竟然有一份当地县政府的会议纪要,该纪要内容显示,因安徽子公司拒绝补交土地出让金,县长办公会议责成县公安局采取刑事措施。

显然,侦查人员既不管"前因",也不顾"后果",选择了最像职务侵占犯罪的"中间"环节侦查取证。一般而言,这种现象常存在于故意出入人罪的不正常案件中。这也印证了本案的主要推手是当地政府,申总前妻也可能搭了便车,虽然两者的动机不同(前者想追索土地出让金,后者想让申总"进去"以使自己在分割财产的民事诉讼中处于有利地位),但是却共同促成了公安机关的选择性取证,那些有利于申总的证据被刻意隐瞒了。

第一轮阅卷后,办案组开会,团队成员交流各自对案件证据的看法。然后通知申总到律所核实证据,并根据发现的问题请他提供取证的线索。

申总找到了自己保存的公司会议记录,初步证明走账是公司行为;又去银行查询了其名下银行账户的交易流水,以证明大部分资金最终转回了母公司。但是,由于资料不全,资金流向仍然存在一定的缺口。

办案组进行第二轮阅卷和开会交流,然后通知申总到所核实证据。

经过两次阅卷、两次会见当事人核实证据,并调取母子公司以前的审计报告、部分财务凭证等书证,我们基本上还原了全部涉案资金属于安徽子公司向浙江母公司的走账行为、申总个人并未非法占有公司任何财产的主要事实。

提交证据,出庭辩护

2019年10月26—29日

10月26日,我们根据《刑事诉讼法》第43条规定,向法院提交了 6 组共 81 页书证,并在举证清单中详细写明了证明的对象和举证的目的:被告人(申总)名下的银行卡由公司掌控,而非其个人使用;走账行为董事长(被告人前妻)事先明知并同意,系公司行为,而非被告人个人行为;涉案资金是母子公司之间走账,而非被告人个人占有。

10 月 29 日,案件在法院公开开庭审理。

在法庭调查阶段,法庭对控辩双方所举证据均认真地进行了质证,让控辩双方围绕证据充分发表了意见。

在法庭辩论阶段,我与当地律师一起作无罪辩护。辩护意见由证据之辩、法律之辩和政策之辩三部分构成。

书证证明,母子公司股权结构高度重合,实际控制人均为被告人前妻。言词证据和书证证明,公司日常经营中经常使用被告人个人银行账户在母子公司之间走账;母子公司之间的资金往来,由实际控制人决策并由财务人员执行,只是借用了被告人的个人银行账户而已,被告人既未决策更未执行;虽然走账过程中资金打进了被告人个人银行账户,但最终去向仍然是公司,被告人并未非法占有。

被告人既无非法占有目的,更无职务侵占行为,公司财产亦无实际损失,完全不符合职务侵占犯罪要件。当地政府为了追索土地出让金而责令公安机关对无犯罪行为的人立案侦查,严重违反中央关于全面依法治国的政治决策和禁止以刑事手段处理经济纠纷的司法政策。公司实际控制人为了个人目的而向公安机关作不实控告,道德上不具正当性,法律上涉嫌诬告陷害或者伪证犯罪。综上,请求法院依法对被告人作出无罪判决。

检察院撤诉，无罪辩护成功

2020年8月25日—9月13日

2020年8月25日，法院通知申总到法院领取裁判文书。

申总心中忐忑，不知道判决结果是好是坏。在公开宣判之前，法院是不会随意对外透露裁判结果的。按照法律规定，宣判亦为开庭的一部分，虽然司法实践中宣判环节律师大多不参加，但是既然是开庭，法院就有义务通知辩护人到庭，尽管辩护人不参加宣判对案件并无实质影响。法院只通知被告人到庭却不通知辩护人，是不正确的。于是，我就让助理打电话问书记员何以不通知辩护人，书记员说这次宣判只是一个裁定，不是判决。言外之意，你们不参加也没有关系的。

一听是裁定，我就知道，一定是检察院撤诉了。开庭之后休庭十个月，这么明显的无罪案件，要么判决无罪，要么裁定同意检察院撤诉。既然即将宣判的是裁定，那结果必然是检察院撤诉了。

8月26日，申总到法院领取了落款时间为8月7日的《刑事裁定书》，并通过微信传了过来。果然，检察院于8月5日向法院提交了《撤回起诉决定书》。

9月13日，检察院向申总送达了《不起诉决定书》。

本案诉讼至此圆满结束。

64. 诸书记们贪污了四套不存在的房屋

2019年8月16日 星期五

纸上得来终觉浅,绝知此事要躬行。——陆游

　　法律人都知道两个法律常识:一是贪污罪的对象是公共财物,二是公共财物必须客观存在。没有谁能够成功地贪污根本不存在的东西,如果公共财物不存在,那贪污犯罪是不可能既遂的。然而,在这件贪污案里,常识却被违背了,某市东区检察院指控被告人贪污了不存在的四套房屋,且属犯罪既遂。经过辩护,案件拖延一年多后,法院部分采纳了辩护意见,以犯罪未遂对被告人作出了"实报实销"(关多久判多久)的从轻判决。这个案件的经验教训在于:以法为业的人,除了心中有法律规范,还必须眼里有客观事实;只有客观才能公正,司法诉讼是一个循名责实的过程,只掌握法律概念却不关注生活事实,即使学位高到法学博士,也是远远不够的。

　　2005年,诸书记与他的三名同事一起在辖区一家工厂内违章修建了四套房屋。按理说,违章建筑是不能办理产权证的,但是其中一名同事不知道采用什么方法,竟然为这四套房屋办出了产权证。十多年之后的2016年,因规划变更,该厂区要拆迁,拥有产权证的这四套房屋自然在拆迁安置范围内。

在卷书证证明,在申报拆迁安置过程中,四被告人分别以家属名义对面积均为140平方米的违章房与当地人民政府签订了补偿价值额各为66万元的"征用土地房屋拆迁补偿安置协议(适用同等价值产权房屋调换)"。也就是说,四户人家与政府签订了拆迁补偿安置协议,安置办法是四户人家拆除四套房子,政府用同等价值的房子补偿给他们。拆除的四套房子总面积560平方米,价值264万元。

在用于调换的安置房尚未办理审批手续更未开工建造因而根本不存在的情况下,四被告人于案发前主动向拆迁人声明拆迁补偿安置协议作废,他们放弃违章房的产权及拆迁补偿安置待遇。但是,2017年,当地检察院反贪局以贪污罪对四人立案侦查。后经公诉部门审查,检察院起诉指控四被告人利用协助政府开展动迁工作的职务便利共同骗取动迁款共计人民币264万元,每人实得人民币66万元。

根据《刑法修正案(九)》关于贪污罪的规定和"两高"司法解释,贪污3万元以上20万元以下的为数额较大,法定刑三年以下;贪污20万元以上300万元以下的为数额巨大,法定刑三年以上十年以下;贪污数额300万元以上的为数额特别巨大,法定刑十年以上有期徒刑、无期徒刑或死刑。若起诉指控成立,各被告人面临的法定刑为三到十年。在司法实践中,不少地方法院内部确定的量刑标准是:贪污20万元,量刑三年;每增加40万元,刑期增加一年。要是不考虑其他情节,单看数额,贪污264万元至少得判刑八九年了。

到案发时止,本案所涉拆迁补偿安置工作才进展到双方签订房屋拆迁补偿安置协议阶段,根本不存在作为贪污犯罪对象的安置房,指控被告人贪污既遂完全没有事实根据。被告人与拆迁人签订的"征用土地房屋拆迁补偿安置协议(适用同等价值产权房屋调换)"，从标题到正文均注明适用同等价值的房屋调换，而用于调换拆迁房屋的安置房，截至案发时不但并未建造，而且连土地审批手续和施工手续都未办好，因而安置房客观上根本不存在，不存在的东西不可能成为贪污既遂的对象。协议是双方合同关系的载体，合同关系是债的一种，其内容是一方享有请求对方给付的权利，对方有给付的义务。在协议或合同履行完毕之前，其权利义务只是一种可能性。而贪污罪的对象必须是可计量、有价值的现实存在的财物，而不是某种尚未现实发生的可能性；贪污罪的客体是公共财物的所有权，而不是某种尚未现实化为物的债权。因此，起诉书仅以双方签约作为指控被告人贪污既遂的根据，显然与刑法规定的贪污罪要件不符。

本案中，起诉书显然是把拟建未建的安置房作为贪污对象指控的。本案书证证明，拆迁人与被拆迁人的确是采取实物安置的方法处理动迁补偿安置的，但用于安置的房屋当时只是存在于协议中的概念，尚未成为现实的财物。非财物根本不可能成为非法占有的对象。在书证已经充分证明双方采实物补偿（房屋调换）安置方法的情况下，起诉书却指控被告人共同实得人民币 264 万元、每人分得人民币 66 万元，完全不客观。

当然，本案四被告人明知四套房子因违章不能获得安置补偿而依然申报拆迁补偿安置，有犯罪故意和行为，但是在犯罪完成前四被告人认识到自己无权申报拆迁补偿安置而分别以口头和书面方式撤回了申报，放弃了拆迁补偿安置。至此，不但安置房根本就没有交付，而且纪委也未立案调查，检察机关更未立案侦查，各被告人完全处于自由状态，也没有任何政府部门或单位对涉案违章房进行查证确认。也就是说，在犯罪结果发生前，被告人完全是基于自己意志自动放弃了犯罪，属于典型的犯罪中止。根据我国《刑法》第 24 条第 1 款和第 2 款关于犯罪中止的规定，犯罪中止没有造成损害的,应当免除处罚。因此,起诉书把本应免除处罚的犯罪中止指控为要判刑八九年的贪污264万元既遂,显属错误。

这么明显的法律问题,作为学过十年法律具有刑法学博士学位且获评"省优秀公诉人"的检察官为啥就没有发现呢?

先说我是如何发现这个问题的,再分析公诉检察官发生失误的可能原因。当然,讨论本案只是就事论事,不是要通过这个案件证明控辩双方孰优孰劣、谁更能干,因为这些表象的背后隐藏着更多值得重视的机制因素和方法因素。

我在工作之余,花了大量的时间和精力为律师同行和公检法的司法人员主讲正当程序和司法方法的培训研讨课程。据粗略统计,逾万法律人听过我的课:从广东到山东,从青海到上海,从律师到警察,从检察官到法官。课程有三个内容与本案的经验教训有关:一是阅卷顺序,二是诉讼职能与职业伦理,三是思维方式。

阅卷是法律工作的基本功,尤其是在直接言词原则落实得不好的情况下,能否避免冤错、公正司法,控辩双方的阅卷技能就很重要了。在阅卷技能上,阅卷顺序是一个很大的问题。根据我从事控、辩工作三十多年的体会,公诉检察官有客观公正义务,既要指控犯罪,又要监督侦查,还要保障无辜的人不受刑事追究,为了避免先入为主,他们应该先看案件中客观性更强的物证、书证、视听资料、电子数据和勘验、检查、辨认、侦查实验笔录这些实物证据,再看鉴定意见、检验报告等科学证据,最后看主观色彩较浓的证人证言、被害人陈述和犯罪嫌疑人、被告人的供述和辩解这些言词证据。而辩护律师的阅卷顺序则应该倒过来,接受委托后应该先会见犯罪嫌疑人、被告人,听取其陈述和意见,以便了解其是认罪认罚还是作无罪辩解,再看对方当事人即被害人的陈述笔录,最后看其他科学证据和实物证据。

阅卷顺序的差异是由公诉检察官和辩护律师不同的诉讼职能

64. 诸书记们贪污了四套不存在的房屋

和职业伦理决定的。公诉检察官负有全面的客观义务,而辩护律师在法律上没有积极的客观义务,只负有消极的客观义务。除客观义务外,公诉检察官还负有全面的公正义务,既履行对犯罪嫌疑人、被告人不利的指控犯罪职责,又履行对犯罪嫌疑人、被告人有利的监督侦查、保障无辜职责,而辩护律师则不负全面的公正义务,只能作对犯罪嫌疑人、被告人有利的无罪或者罪轻辩护。

阅卷顺序的差异和诉讼职能、职业伦理的不同,与控辩双方的思维方式有关。虽然在提起公诉以后公诉检察官的主要任务是支持公诉,要求法庭对被告人定罪处罚,但是在审查案件时,检察官却类似于审判法官,要尽量保持中立立场,平等对待侦查和辩护双方的意见,以便作出起诉、退回补充侦查或者不起诉的决定。这种居中审查的诉讼职能,要求检察官严格遵循三段论思维考虑问题:发现并正确理解据以作出决定的大前提"法律",查明并准确认定据以作出决定的小前提"事实",然后按照逻辑法则,得出个案事实与国家法律是否等置对接、案件有罪无罪、罪重罪轻、起诉还是不起诉的"结论"。

相较于检察官价值无涉的三段论逻辑思维,辩护律师的思维方式则明显不同。基于法律对辩护律师职能的规定,辩护律师只能采取目标先行的结果导向思维,这是一种逆三段论思维。也就是说,辩护律师必须先假定嫌疑人被告人无罪(或者罪轻)这样一个"结论",再去寻找能够支持这种假定的"事实"根据和"法律"根据。

回到本案,学历很高、能力很强的公诉检察官之所以未能发现影响定性处理的关键问题,是因为在审查案件时未能对实物证据给予应有的重视。既然反贪局起诉意见书写着犯罪嫌疑人合伙贪污了四套安置房,那么就要审查这四套安置房是否存在,坐落于何处,面积多大,价值几何,这些事实都是需要现场勘查笔录(绘图、照片与录像)、价值鉴定意见这些实物证据和科学证据证明的。由于嫌疑人在侦查程序中都作了有罪供述,因此在审查起诉程序中,公诉检察官要是先看反贪局做的讯问笔录,就容易产生有罪且罪重的第一印象,而忽略了可能存在的对犯罪嫌疑人有利的因素。检察官的客观公正义务要求其应全面审查案件,无论有罪无罪的事实还是罪重罪轻的情节,都要认真审查,依法据实认定,而不能先入为主、结果先行。

我在受理被告人家属委托担任辩护人的时候,距案件开庭时间已经很近了。我办理好委托手续,到法院领取了起诉书、复制了案卷以后,按照我自己总结的辩护工作流程,先不阅卷,而是去看守所会见在押的被告人,听取他对起诉指控的意见。被告人表示自己有罪,的确与他人合谋利用职务实施了用违章房骗取安置房的犯罪行为。如果按照三段论思维,就很容易得出检察院起诉指控正确的结论。但是,既然法律规定辩护人只能提出无罪或者罪轻的意见,那么就必须以质疑的态度审视公诉机关指控的事实和罪名。无罪或者罪轻的理由因案而异,能否捕捉到无罪或者罪轻的辩点,既需要对法律规定的各种有利情节烂熟于心,又需要对社会生活和司法实践有深刻的理解和全面的了解。

长期以来侦查中心主义的司法传统,犯罪嫌疑人归案羁押后不能及时获得律师法律帮助的司法现实,侦查人员有罪推定的心理倾向等,都有可能使侦查程序中的讯问笔录在合法性或客观性上存在问题。为此,我针对起诉书的指控,逐项与被告人核对。比如,既然起诉书认定拆迁安置采用的是同等价值的房屋调换的方式,那么你们四人在拆除违章房屋以后得到的安置房分别位于哪个区、哪条路、哪个小区、哪一栋、哪一套?被告人回答:这些房屋还没造好,连造房子的地都没有审批好,房子只存在于规划图纸上!

辩点来了:贪污对象不存在,即使实施了贪污行为,也不可能是犯罪既遂。

后来的法庭辩论和法院判决就不必多说了,还是那个问题:在当下司法机制下,入罪容易出罪难。尽管公诉人未能对辩护意见提出有力的答辩,法庭也意识到问题所在,案件还是又拖了一年多,直到2019年才宣判并释放了在押的被告人。本篇开头部分已经说过,判决部分采纳了辩护意见,否定了起诉书指控的犯罪既遂,但是也没有采纳犯罪中止的辩护意见,而是作出犯罪未遂的认定,判决的刑期与关押的期限基本相当。一审结束不久,刑期就满了,被告人得以获释回家。也就是说,法院采用了一种妥协的办法,作出一个"实报实销"的判决。

65. 二审变一审

2020年1月23日　星期四　农历腊月廿九

今天回到上海，准备过年，明天就大年三十了。

因新冠疫情，武汉今天封城，浙江省也发布了突发公共卫生事件一级应急响应。难怪昨天上午在桐乡市看守所、下午在绍兴市看守所会见在押人员时，值班民警都要求戴好口罩。看来这次疫情比较凶险，公安系统已经意识到情况的严重，羁押场所要格外小心谨慎。元旦后新接一案。某证券公司副总裁邹某被某区法院一审以贪污罪判处有期徒刑十一年，他认为自己无罪，不服一审判决，向市中院提起上诉。家属更换了律师，委托我担任二审辩护人。

案情并不复杂，但是定性却争议很大：证券公司从老总到业务员都实行绩效考核，凡承揽承做的项目，业务收入在公司和主办人员之间实行三七分成。邹某离开机关到证券公司上班后，其才干和资源使证券公司的业务明显增加。由于该证券公司系国有参股企业，上级对奖金总额有限制，同时直接从公司领取提成收入个税很高，因此该证券公司甚至整个行业有一个惯例：通过与第三方签订服务合同的方式将个人提成部分以费用名义支付出去，再由第三方以现金返回给相关个人。这样，既可突破奖金总额的限制，又可避免过重的税负（需要说明的是，这种规避奖金总额限制的做法涉嫌违规、利用商业外观少缴或不缴税款的做法涉嫌违法，但是违规违法与贪污受贿犯罪并不能画等号)。邹某入乡随俗,也采用这种办法变现了自己的业务提成,金额上千万元。在他看来,自己没有贪污公司一分钱,也没有从客户那里受贿一分钱,这一千多万元都是他的业务提成收入,是自己辛辛苦苦挣来的,是他应得的,他只是按照惯例通过第三方费用方式变现了而已。但是,公诉机关指控他犯了贪污罪和受贿罪,一审法院以贪污罪判处他有期徒刑十一年,并处罚金。

下午,律所办案组一成员在内部交流群里说,他在一审案卷里发现了一份二审法院的"审查报告"(为了确保办案质量并给新人参与办案的机会,我所在的律所不主张单兵作战,提倡新老搭配组合办案。每受理一起案件都会组建一个办案组,办案组成员多寡取决于案件难易程度,一般案件两三人承办,疑难复杂案件可多达五六人:一名主办律师,一至两名协办律师,一至两名律师助理。为了沟通交流方便,每案通常会组建两个微信群:一个是律师与委托人的沟通群,另一个是律所办案组的内部交流群)。

我打开电脑一看,果然有这么一份材料在卷宗里,首页标注了两个内容:一是注明本件是"内部材料",二是注明本案业经审判委员会(以下简称"审委会")讨论。很奇怪啊,一审的案卷里怎么可能有二审法院的"审查报告"呢?案件明明才刚上诉到二审法院,检辩双方都还未完成阅卷工作,更未及发表控辩意见,二审法院效率再高也不可能这个时候就形成审查报告。

原来,本案一审时区法院合议庭对案件定性处理有争议,院长将其提交该院审委会讨论,讨论的结果是向上级法院即市中院请示。市中院也是本案的二审法院,在本案一审阶段就组成合议庭受理了区法院对本案的请示,并形成了这份"审查报告"。该报告对案件如何定性、处理给出了具体的方案,并经领导批准以中院的名义给区法院下发了一份批复。一审法院的刑事判决书就是根据中院的批复作出的。前几年,某地法院也发生过类似的情况,在法律圈引发了一波舆情。我没想到自己也会遇到这样的事情。

很显然,这份材料是一审法院的法官助理或书记员在装订案卷时把本应装入法院内卷的上级法院批复材料错装进正卷的。

考虑到它上面印着"内部材料"字样,虽然未标明"秘密",但是谨慎起见,我要求办案组成员先论证两个问题:(1)市中院对区法院正在一审的案件组成合议庭进行"审查"所形成的"审查报告"是否属于法律上的保密材料?(2)律师对于因法院装错卷而获得的法院内部材料,应该如何处理更为妥当?

大家经过讨论得出结论:(1)该报告不是保密法保护的对象。因为上级法院"审查"一审法院正在审理的案件,这一做法本身已严重违反了审级独立原则和两审终审制,违法行为不受法律(保密法)保护。当然,对于法定程序内法院合议庭和审委会依法进行的评议、讨论意见,按目前法律,属于保密内容,但本案的上级法院批复显然不在此列,因为它不是法定程序中依法行使职权形成的需要保密的资料。(2)对于法院违法"审查"形成的"内部材料",因法院自己装错卷宗而使律师知悉的,律师将该材料作为法院程序违法的书证使用,不违反任何法律规定。

考虑到明天就要放假,办案组决定春节过后利用这份材料针对两级法院在程序上的问题向市中院提出申请回避或改变管辖的意见。因为该报告表明本案在一审期间就经过二审法院审委会的讨论,这种二审变一审的错误做法,只有二审法院审委会全体回避才能加以解决。这意味着市中院无法行使审判权,只能通过改变管辖才能解决本案存在的程序问题。

法院系统这种混淆审级制度的做法据说并不罕见,偶而也见诸媒体报道,但由于相关材料都不装入正卷,律师很难知悉其办理的案件是否存在请示、批复的情况。目前业已披露的案例,大都是书记员装错卷宗才得以公开的。鉴于这种情况比较罕见,特把律师辩护中的法律文书附后供读者诸君一读。

附:上诉人邹某贪污案二审程序改变管辖意见书

尊敬的院长,审委会及合议庭组成人员:

受二审上诉人邹某近亲属委托并经其本人确认,律师事务所指派我担任其在刑事第二审程序中的辩护人。接受委托后,辩护人会见了在押的当事人,并于2020年1月14日到贵院依法查阅了本案全部案卷材料,在阅卷过程中,辩护人发现,在本案一审程序中,一审法院和作为上级法院的贵院违反法律规定的诉讼程序,不仅对具有调查必要性和调查可行性的被告人辩解和辩护人取证申请不予理会,导致事实认定与刑事诉讼法规定的证明标准严重不符,法律适用明显错误,而且更为严重的是,在一审审判期间,一审法院因对案件事实认定、法律适用和定性处理发生分歧而向贵院提出请示,贵院组成合议庭以审查为名参与了对本案的一审审判,经审委会讨论后,贵院以书面形式给一审法院作了批复。一审法院按照贵院答复的审查意见作出一审判决。被告人提出上诉后,贵院作为二审法院继续审理本案,该做法意味着一审二审程序合二为一,使二审程序流于形式,丧失了对一审错误判决进行救济的功能,严重违反法律规定的两审终审制这一基本的司法审判制度,侵犯了当事人和辩护人的诉讼权利。

一、一审审判活动未依法保障被告人和辩护人的诉讼权利

依据我国《刑事诉讼法》第197条,在法庭审理过程中,当事人和辩护人有权申请通知新的证人到庭,调取新的证据;《刑事诉讼法》第52条规定,依照法定程序,收集能证实犯罪嫌疑人、被告人有罪或者无罪、犯罪情节轻重的各种证据,是包括审判人员在内的刑事司法人员必须履行的法定义务。然而,在本案一审程序中,区法院对被告人邹某的辩解和辩护律师关于调取新证据的申请完全不予理会。

邹某在本案一审庭审中特别提到,其所任职的证券公司以第三方协议支出方式变现业务提成的操作大量存在,远不止涉案的七笔业务,而证券公司几乎所有的高管都有通过协议支出或者员工代持奖金的方式来规避工资薪酬总额限制和避税的问题,这可在证券公司的财务报表中查证。显然,对邹某而言,他和其他高管一样通过第三方协议支出的方式变现提成收入是为了规避高管薪酬总额和避税,而不是为了侵吞国有资产。当事人辩解中对指控事实足以形成合理怀疑的这一线索材料,可以在证券公司的财务报表中查证证实或者证伪,因而该重要辩解并非"幽灵辩解",既具有查证的必要性,又具有调查的可行性。一审辩护人也曾提出过调查取证申请,然而,一审法院既不亲自核实,也不要求控方补充侦查,严重侵害了被告人作为当事人的诉讼权利,也侵害了律师作为辩护人的诉讼权利。

二、一审判决对事实的认定根本没有达到《刑事诉讼法》规定的证明标准

我国《刑事诉讼法》第55条第2款规定:"证据确实、充分,应当符合以下条件:(一)定罪量刑的事实都有证据证明;(二)据以定案的证据均经法定程序查证属实;(三)综合全案证据,对所认定事实已排除合理怀疑。"被告人邹某的辩解和辩护人的申请均涉及本案事实的重大合理怀疑:通过第三方协议支出的方式变现提成收入,并非被告人个人骗取单位财物的犯罪行为,而是单位认可的变现个人收入提成的通常做法。然而,一审法院对被告人的辩解和辩护人的申请不予理会的做法,不仅严重侵害了当事人和辩护人的诉讼权利,违反司法人员的法定义务,而且直接导致一审判决在未排除合理怀疑的情况下直接采纳公诉机关的指控,进而导致一审判决对事实的认定未能达到刑事诉讼法规定的证明标准。

以第三方协议支出方式变现提成收入,虽手段违规,但因营业收入客观存在且公司规定可以提成而根本不构成任何犯罪,所以邹某的辩解足以影响案件事实的认定,而不是与案件事实无关。对该辩解,完全可以通过调取证券公司财务凭证查明以第三方协议支出方式变现提成收入的做法到底是某个人的贪污犯罪,还是公司认可的普遍操作。该问题不解决,本案就是一个带病判决的案件,为冤错裁判的形成埋下祸根。

三、违反两审终审制这一基本审判制度和相关法律规定

本案一审法院在案件事实认定和定性处理出现分歧的情况下,违反《刑事诉讼法》规定的审判程序,违反两审终审制这一基本的审判制度,向作为上级法院的贵院请示。贵院作为二审法院竟然在区法院一审期间就组成合议庭对本案的事实认定、法律适用和定性处理等进行实质审查并进行审委会讨论。本案一审判决完全按照贵院的审查意见定罪判刑,导致二审变一审,严重侵害当事人的上诉权利,使二审程序形同虚设,与中央的司法改革政策背道而驰。

辩护人在阅卷过程中发现,区法院一审卷宗正卷第四卷中有标注为"内部材料"的贵院于本案一审期间形成的"审委会讨论材料"(2019)Z0X 刑他 127 号《关于被告人邹某贪污、受贿一案的审查报告》(以下简称"审查报告")。

1. **本案两级法院严重违反两审终审制**

贵院作为本案一审法院的上级法院,于本案一审期间以审查的名义参与本案审判,并形成"审查报告"。这一书证证明本案一审审判程序中两级法院存在以下违法事实:

第一,在本案一审期间,区法院审委会曾因对本案的事实认定

和法律适用存在不同意见,向作为上一级法院的贵院请示。

第二,为答复一审法院的请示,贵院专门组成合议庭,其成员与贵院在二审程序中审理本案的合议庭成员完全相同。

第三,贵院"审查报告"落款时间是 2019 年 12 月 6 日,区法院一审判决书落款时间是 2019 年 12 月 10 日,本案二审程序立案时间是 2020 年 1 月 2 日。贵院作为一审法院的上一级法院,是本案的二审法院,在一审法院审理本案时就已经组成合议庭以审查的名义事实上参与了本案的一审审理。

第四,贵院"审查报告"对尚处于一审程序中的本案在事实认定和法律适用上形成明确的定性处理的具体意见,即认为邹某的行为构成贪污罪。

第五,原本存在意见分歧的一审法院,对本案所作判决在事实认定、法律适用和定性处理上都贯彻了贵院"审查报告"中的意见。

第六,贵院"审查报告"的标注显示,贵院作为二审法院在本案一审期间曾为答复一审法院的请示而召开审委会会议进行了讨论。

2. 贵院的做法不仅严重侵害了当事人的合法权益和辩护人的诉讼权利,而且损害了国家法律的尊严和中央司改政策的权威

第一,在本案一审期间,上级法院作为二审法院实质性参与本案的一审审判,严重违反刑事法律程序。《刑事诉讼法》第 3 条第 2 款规定:"人民法院、人民检察院和公安机关进行刑事诉讼,必须严格遵守本法和其他法律的有关规定。"无论是《刑事诉讼法》还是其他法律,都未授权二审法院参与一审法院正在审理的案件的审判工作。作为区法院的上一级法院,对区法院一审的案件,贵院在诉讼程序中只能是二审法院;刑事公诉案件二审程序的启动只能是公诉机关的抗诉或被告人的上诉。在案件一审阶段,上一级法院组成合议庭进行实质审判,不但没有任何法律依据,而且明显违反《刑事诉

讼法》规定的职权原则和程序法定原则。

第二，上级法院在业已参与一审审判的情况下再对本案进行二审，导致一审判决失去二审程序的制约，严重违反《刑事诉讼法》规定的两审终审制这一基本的司法审判制度。《刑事诉讼法》第10条规定："人民法院审判案件，实行两审终审制。"两审终审制的法治意义在于，通过二审程序支持一审的正确裁判、纠正一审的错误裁判，以确保司法公正。如果两审变一审，二审法院参与一审审判，那么必然使二审法院对案件的讼争形成预断，案件因而失去纠错机会，不利于法律的正确适用，更有违司法公正。

第三，一审法院就本案处理请示上级法院，上级法院作为二审法院既参与一审又负责二审，严重侵害控辩双方的抗诉权和上诉权。《刑事诉讼法》第14条第1款规定："人民法院、人民检察院和公安机关应当保障犯罪嫌疑人、被告人和其他诉讼参与人依法享有的辩护权和其他诉讼权利。"第227条规定："被告人、自诉人和他们的法定代理人，不服地方各级人民法院第一审的判决、裁定，有权用书状或者口头向上一级人民法院上诉。……对被告人的上诉权，不得以任何借口加以剥夺。"第228条规定："地方各级人民检察院认为本级人民法院第一审的判决、裁定确有错误的时候，应当向上一级人民法院提出抗诉。"在上级法院既参与本案一审又负责本案二审、一审判决体现二审法院意志的情况下，两审终审事实上成了一审终审，二审程序形同虚设，控辩双方的抗诉权和上诉权无以保障。

第四，本案一审法院及其上级法院在本案诉讼过程中的做法违反了中央关于司法改革的政治决策，与最高法的相关规定明显抵触。2014年10月23日党的十八届四中全会通过的《中共中央关于全面推进依法治国若干重大问题的决定》明确指出："完善审级制度，一审重在解决事实认定和法律适用，二审重在解决事实法律争议、实现二审终审,再审重在解决依法纠错、维护裁判权威。""明确司法机关内部各层级权限,健全内部监督制约机制。司法机关内部人员不得违反规定干预其他人员正在办理的案件,建立司法机关内部人员过问案件的记录制度和责任追究制度。完善主审法官、合议庭、主任检察官、主办侦查员办案责任制,落实谁办案谁负责。"本案一审法院就事实认定和法律适用向上一级法院请示,上一级法院作为二审法院对一审法院的请示给予具体的答复,违反了法律规定的审级制度,混淆了一审二审的分工,明显与中央前述司法改革要求不符。为贯彻落实中央决定,最高人民法院、最高人民检察院、公安部、国家安全部、司法部2016年印发《关于推进以审判为中心的刑事诉讼制度改革的意见》,2017年《最高人民法院关于全面推进以审判为中心的刑事诉讼制度改革的实施意见》明确要求,"要遵循刑事诉讼规律,处理好惩罚犯罪与保障人权实体公正与程序公正、司法公正与司法效率、互相配合与互相制约等关系"。本案的诉讼程序,明显违背刑事诉讼规律,有违程序公正,与司法改革的要求背道而驰。

综合以上事实和理由,辩护人认为,鉴于一审法院在一审程序中未能保障当事人和辩护人的诉讼权利,事实认定未达到法律规定的证明标准,且一审法院曾经就本案的事实认定、法律适用和定性处理向作为二审法院的贵院请示,贵院在一审程序中已经就本案的事实认定、法律适用和定性处理组成合议庭以审查为名进行了实质的审理,且经审委会进行讨论,一审判决贯彻了贵院的意志,导致当事人的合法权益和辩护人的诉讼权利难以再通过二审获得救济,国家法律尊严和中央司改政策权威也严重受损,无论贵院二审合议庭、审委会还是贵院其他审判组织,均应回避对该案的二审审判,为维护司法公正,维护法律明文规定的两审终审司法制度的尊严,维

65. 二审变一审

护中央司法改革政策的权威,本案一审中两级法院的严重违法必须通过撤销原判、发回重审、改变管辖等方式予以纠正。鉴于贵院越权插手过本案一审,已无权管辖本案的二审,建议将本案报省高院指定其他法院管辖并重新审理。

辩护人:某某律师事务所

李永红律师

二○二○年二月十二日

补记:市中院收到我们的该意见书后,派员给我打来了电话,态度诚恳,说了三点:第一,就本案审理程序中存在的问题表示歉意,他们也知道这样做与法定程序不合,但是司法实践中下级法院审委会无法作出决议的案件都会向上级法院请示。第二,对案件有关细节作了解释,中院虽在一审时对下级法院的请示作了答复,但是只是合议庭几个法官介入了本案,审委会并未讨论过本案,审查报告上的"经审判委员会讨论"字样系承办人套用文书模板所致。第三,考虑到二审合议庭成员在一审时就参与过本案的审理,而中院审委会和其他法官又未参与过本案处理,中院决定更换合议庭成员,并且将案件从刑二庭改为刑一庭办理。

后经更换业务庭、另行组成合议庭开庭审理,本案还是维持了原判。律师办案组就本案审判中的实体和程序问题撰写了一篇教学案例,被教育部学位与研究生教育发展中心、全国法律硕士研究生教育指导委员会收入中国专业学位教学案例中心的教学案例库。

66. 刑事业务的精细化与前瞻性

2020年3月7日 星期六

疫情宅家，除了阅卷、撰写辩护意见、咨询报告和评论文章，还追了几个剧。其中一个是《安家》，主角是两个房产中介店长，一个是孙俪演的房似锦，一个是罗晋演的徐文昌。前者主张中介只帮助客户买卖房子，强调交易技术上的规范，做一单是一单；后者主张中介服务内容可以往合同外延伸，要处理好与周边社区和客户的关系，满足多样化需求。剧还没看完，但可以确定的是，最佳的中介服务需要二者的结合。

前几天，北京某律所的郝赟律师讲了很好的一课，主要内容以"票据多级转贷的刑事分析"为题发表在"应用刑事法学"微信公众号上，文章回答了利用虚假贸易合同骗取票据承兑贴现后转贷他人这一行为如何定性处理的问题。看了这篇文章，我联想到周光权教授对以虚假的托盘贸易形式行融资之实这一事实如何定性处理的观点。① 在这种虚假的托盘贸易关系中，因各方对形实之间的背离完全明知，并非一方隐瞒导致一方上当，因而不成立诈骗类犯罪。这是法教义学上的逻辑分析。

但是，对这种三方当事人刻意安排的用于实现真实融资目的的

---

① 参见周光权：《实务中对托盘融资行为定罪的误区辨析》，载《环球法律评论》2018年第5期。

虚假托盘贸易关系,如果其中一方为了挽回融资过程中因客观风险造成的损失而恶意利用贸易虚假提起刑事诈骗控告,侦查、检察或审判人员可能基于对经济生活多样性欠缺了解而信以为真,误把民事纠纷当作刑事诈骗,将托盘贸易中的虚假合同事实归入诈骗罪的要件事实,进而对相关当事人启动刑事司法程序。这样,对相关当事人来说,刑法上原本无罪的行为则面临严重的刑事风险。

刑事法律没变,市场主体的行为也没变(照样不具备刑法意义),但司法人员的认知水平(个别的可能是职业伦理)这个变量因素的存在却可能使无罪的当事人遭遇无妄之灾。

以上两层分析对刑事律师业务具有双重意义:

一是对于刑事诉讼(特别是辩护)业务的分析法学(教义学法学)意义。对于刑辩业务来说,律师需要在底层或背景知识即商事实践、民法理论的基础上,吃透刑法规范的含义,将个案事实与规范要件有效对接,无缝等置者有罪,不能无缝等置者无罪。

二是对于刑事非诉讼业务的法社会学意义。对于刑事非诉讼业务(叫"顾问"也好,称"预防"或"合规"也罢),律师固然同样需要对刑法规范与个案行为能否等置对接进行纯粹技术分析,但更需要掌握的是底层或背景知识,即商事实践和民法理论。刑事非诉讼业务的价值在于防范、克服刑事风险,而刑事风险有两种:(1)体系性风险。它源于法律本身的弊端或局限、司法体制机制的弊端或普遍的司法观念问题,这种风险往往是个体难以预防或克服的。(2)非体系性风险。法律和司法在规范、制度和理念上都没有问题,风险源于当事人自身的行为或观念、个别司法人员的认知或伦理,这种风险可以通过现有的制度和知识予以预防或救济。

律师从事刑事业务之所以能养家糊口、安身立命,是因为它作为一门知识、技能,无论是刑事辩护还是刑事风险化解,皆非一般人所能理解或掌握的。有卖点即能满足需求,能解决问题,因而有人愿意花钱购买。但是,一旦知识普及接近饱和状态,供给会增加,需求就会下降,价格就会降低,很多人就会难以养家糊口而出局。应对的办法是,要洞察生活,摸准市场主体新需求和社会发展新趋势,前瞻性地提前谋划,通过知识储备、业务创新形成新的法律服务产品,跟上市场和社会需求,并在个案服务过程中创新服务方式,增加客户黏性,以做好应对挑战的准备。

67. 循名责实　持中守正

2020 年 4 月 27 日　星期一

　　无论直接来自法学院校，还是从公检法、其他律所或公司法务转岗而来，作为靖之霖律师团队成员，需要思考的问题是：靖之霖是一个什么样的律所？靖之霖律师如何做事做人？

　　我建议把"循名责实，持中守正"这八个字作为律所的学风和所训，成为律师的行为指引，得到了律所同事们的响应。之所以如此选择，是因为我们重组律所的初心和使命。

　　既然上海靖之霖律师事务所设立的初衷是凸显注重学习培训、提倡标准化服务的特质，那么要想立足上海、辐射全国，就要既各有侧重、相互呼应，又各守特质、一以贯之。

　　律所重整后，律师团队何以安身立命？如何穷理尽性？总结从事法律职业三十多年的心路历程，无论是业务成长还是风险防控，无论做事还是做人，我认为都应该有一句口号来凝结共识。欲做事，必循名责实；要做人，须持中守正。因此，我们的口号是"循名责实，持中守正"。

　　循名责实，语出《韩非子·定法》："术者，因任而授官，循名而责实，操生杀之柄，课群臣之能者也，此人主之所执也。"这个形成已两千多年的汉语成语，既是个人做事的极好策略，又是社会治理的绝佳方法。其含义可以延伸两层：一是实体法律与程序法律的结合，二是法律形式与社会实质的统一。

关于司法作业中名实关系的理解,在其他法域也有讨论和实践。例如,关于法官运用何种方法利用各种信息资源作出裁判,时任纽约上诉法院法官的卡多佐1921年提出:第一步,司法必须遵守宪法和制定法,宪法高于制定法,制定法高于裁判规则;第二步,当制定法含混不清或沉默不语时,司法应当遵循先例,依照先例裁判案件在性质上近似于按照成文法裁判案件;第三步,在没有决定性的先例或者先例失去其价值和力量时,严肃的法官工作才刚刚开始。而这项严肃工作的第一个方法便是哲学上的逻辑方法(也就是我们所说的"循名"),而后才是历史、传统和社会学等实质思维方法("责实")。卡多佐认为,尽管霍姆斯说"法律的生命不在于逻辑,而在于经验",但是他并没有说当经验沉默不语时应当忽视逻辑,而"以哲学方法塑造了法律的法官也许会满足于对形式和实质之对称的智识性渴望""在缺乏其他检验标准时,哲学方法就仍然必须是法院的推理工具"。①卡多佐所说的"形式和实质之对称",与我们倡导的"循名责实"可谓异曲同工。

律师业务的开展就是依法办事的活动。所依之"法",从本质上看是人民意愿和国家意志,从形式上看是个人生活和公共生活之名,不但要符合世道人心,还必须合乎形式逻辑;所办之"事",从单位、个人追求个案权益,到国家、政府维护社会秩序,都是生活之实,也只有真正落到实处,才会有实际意义。为此,得把社会问题、政治问题法律化、技术化,使纷繁复杂的矛盾争议得以简单明了,进而定分止争,使生活归于安宁。

实现实体权益,必依正当程序;追求实质正义,须遵法律之理。

---

① 参见〔美〕本杰明·卡多佐:《司法过程的性质》,苏力译,商务印书馆1998年版,第1—19页。

所谓名不正则言不顺,言不顺则事不成。而循名,正是要求名正言顺,做事程序正当,符合形式逻辑,遵循法律之理;责实,就是要落实实质正义,做事取向正确,实现事主权益,符合主流价值,遵循事理情理。

同样,持中守正,作为做人的世界观和方法论,语出儒道,中西通行。

《道德经》第五章主张"守中":"天地不仁,以万物为刍狗;圣人不仁,以百姓为刍狗。天地之间,其犹橐籥乎?虚而不屈,动而愈出。多言数穷,不如守中。"天地也好,圣人也罢,对万物一视同仁,对百姓不偏不倚,这就是守中。

《道德经》不但在认识论上主张价值无涉,而且还从方法论上在第五十五章论证了守中的意义:"含德之厚,比于赤子。蜂虿虺蛇不螫,猛兽不据,攫鸟不搏。骨弱筋柔而握固,未知牝牡之合而全作,精之至也。终日号而不嗄,和之至也。知和曰常,知常曰明。益生曰祥,心使气曰强。物壮则老,谓之不道,不道早已。"要像赤子那样生生不息,含德深厚之人心如赤子,毒虫不蛰,猛兽不伤,恶鸟不抓,筋骨柔弱而拳头很牢固。虽号啼却不沙哑,至淳至和,至明至强,但是物极必反,事物过分壮大就会朝相反方向转化,离开了道就会走向反面。

《尚书·虞书·大禹谟》说:"人心惟危,道心惟微,惟精惟一,允执厥中。"说的是人心危险难安,道心微妙难明,唯有精心体察,专心致志,才能真诚地不偏不倚。

西哲也深明此理。亚里士多德在《政治学》中说:"要使事物合乎正义,须有毫无偏私的权衡,法律恰恰正是这样一个中道的权衡。"[1]在《尼各马可伦理学》中,亚里士多德的道德标准同样也是作

---

[1] 〔古希腊〕亚里士多德:《政治学》,吴寿彭译,商务印书馆1965年版,第169页。

为"中道"的"适度"。他说:"道德德性同感情与实践相关,而感情与实践中存在着过度、不及与适度。……过度与不及都是错误,适度则是成功并受人称赞。成功和受人称赞是德性的特征。所以,德性是一种适度,因为它以选取中间为目的。"①

在律师执业活动中循名责实,就是要运用形式逻辑和实践智慧,把法律规则中的权利义务还原为个案里事主的真金白银,把法律原则中的正义价值实现为生活中公认的事理情理;在服务客户、服务社会的过程中,律师要持中守正,就是要运用反思性判断力,诚实地对待客户,公道地对待同行,感恩地对待同事,不以一己偏好苛求于事,不以极端态度苛责于人,即使"人心惟危,道心惟微",也要"惟精惟一,允执厥中"。

为此,律所既要秉持靖霖律所注重专业培训的优良传统,又要因时因地制宜加强对疑难复杂问题的专题研究;既要用学习型组织建设统领律所管理以保持业务持续创新,又要用制度规范行为、调整利益以保持团队基本稳定;既要突出传统刑事辩护业务优势,又要以客户为中心不断向风险防控、危机处置和反舞弊等刑事非诉讼和商事领域拓展服务内容;既要勤勉敬业,有效服务客户、回报社会,又要严控风险,保证每一个律师健康成长、快乐生活。

愿与业界同仁共勉。

---

① 〔古希腊〕亚里士多德:《尼各马可伦理学》,廖申白译注,商务印书馆2003年版,第46—47页。

68. 二十五年前的伤害

2020年6月6日　星期六

人们常说:"时间是最好的良药,可以治愈一切伤痛。"这句话不仅适用于对失恋者的安慰,而且也契合一个重要的法理:犯罪过了追诉时效就会被一笔勾销不再追究了。当然,人世间的爱恨情仇,并非都像歌里唱的那样"你伤害了我,还一笑而过",到底有无伤害,是否能一笑而过,情况要复杂得多。

今年上半年疫情期间,大家响应国家号召整天窝在家里,尽量避免外出。但是,案件照样在发生,诉讼还是得进行。这不,同事王律师介绍来了一件发生于1995年的伤害案,受伤者旧账重提,嫌疑人满腹委屈。该案时间跨度之大,诉讼过程之复杂,着实罕见,事主们的孩子都到了自己当年的年龄了。我决定和老杨律师一起为嫌疑人辩护。

该案值得一记,主要不在案情本身,而是双方当事人与侦、辩、检及党政各方面对难办案件时的态度和方法。尤其值得称道的是政法各家的专业理性和实践智慧。案件最终获得终止侦查、不再追究刑事责任的结果,双方当事人的是非恩怨也得以化解。

案情本身很平常:1995年,某镇街头发生冲突。小秦因被人打中头部而受伤,当时小胡也在场。接警后公安局没有立案侦查。小秦住院治疗痊愈后于1998年向当地检察院提出了立案监督的申请，要求检察院纠正公安局的有案不立现象，对小胡立案侦查。经上级司法机关法医鉴定，小秦当年的伤情为重伤，检察院遂按照1996年刚修改的《刑事诉讼法》的最新规定，启动了立案监督程序。然后，就没有了然后。公安局接到检察院《说明不立案理由通知书》《通知立案决定书》以后有无立案侦查，因时过境迁、案卷材料不全，我们不得而知。从1998年到2018年这20年间，小秦、小胡都如普通人那样演绎着各自或精彩或无奈的人生故事，其间小胡还再次犯事而被处罚了一回，公安局应该知道被检察院监督的1995年伤害案，但是小秦没有再次控告，小胡也没有任何躲避，公安局、检察院对这事似乎也没有任何新的动作。

光阴似箭，岁月如梭，小秦、小胡渐渐长成了大秦、大胡。大秦虽然在生意上没啥起色，但把儿子培养成了知名高校的大学生；大胡虽然年轻时比较调皮，但步入中年后像换了一个人似的，事业大有进展，热衷公益，成为当地小有名气的民营企业家。二人的人生轨迹偶尔还有交集，2015年他俩还合作做过一回生意。据事后大秦、大胡的笔录，正是因为这回生意，双方再次发生争议，大秦要求大胡承担数百万元损失，大胡并不认可。2018年扫黑除恶专项斗争开始后，大秦再次到公安局控告发生于1995年的伤害案。这一次，公安局雷厉风行，于2019年年初刑拘了大胡，然而，曾经启动过监督程序的检察院反而犹豫了，作出不予批准逮捕决定。一年后的2020年，公安局以大胡涉嫌在1995年故意伤害他人为由将大胡移送检察院审查起诉。

接受大胡委托后，我与同事老杨去检察院阅卷。不仅大秦和大胡双方的陈述、辩解各执一词，而且当时在场的一个关键人物已经去世，其他几个当年在场的人各有各的说法，包括大秦一方的证人在询问笔录中的证言也难以印证大秦的陈述，证据总体上远未达到"事实清楚，证据确实、充分"的法定证明标准，不能证实大秦的伤由大胡造成。于是,我们先以老杨的名义向检察院提交了第一份辩护意见书,并按规定向检察官口头表达了辩护意见。检察院在讯问、询问当事人和听取辩护意见后,决定退回公安局补充侦查。我和老杨再去公安局向侦查人员要求撤销案件,侦查人员告诉我们,大秦这一次不仅向公安局控告了,还去党政机关上访过,他们感觉有压力,表示还是要再次移送检察院审查起诉。

案件第二次移送检察院审查起诉后,我们补充阅卷时发现增加了一份证人证言,看内容似乎是要印证伤者大秦的陈述,看上去对大胡不利。但大胡说,这个新的证人是大秦的亲戚,突然对25年前的事讲得如此活灵活现,不正常。我们一边向检察院再次提交补充辩护意见,一边到党政机关了解上访的情况,并建议党政机关对涉法涉诉信访按照中央政策支持检察院依法公正审查为宜。与此同时,我们询问大胡是否了解大秦旧事重提的真正原因。大胡说十有八九与几年前双方合伙做的那次生意有关,大秦这些年生意一直不景气,缺钱用,看到大胡生意做得风生水起,自然会想起25年前那桩未了的官司。看上去大胡对大秦的状况多少也有些同情,但他坚持认为自己当年并未伤害大秦。后来,经中间人说合,大秦与大胡就几年前的那次生意纠纷达成了和解协议,大秦表示会服从公检法机关的决定,无论如何不再去上访了。

基于这种新的情况,我们第三次向检察机关提出无罪辩护意见。检察官说,因为重伤害案件是公诉案件,不像轻伤害案件那样双方当事人和解以后可以不追究,有罪无罪取决于证据证明的事实和相关法律的规定,当事人的态度只在定性以后对处理有一定参考价值。如果一方当事人要求追究就追究,要求不追究就不追究,对另一方当事人也不公平。不过,检察官提出了一个新的问题征求我们的意见:暂且不论现有证据能否证明待证事实以及证明的事实是否构成犯罪,按照新旧刑法对追诉时效的规定,大胡是否有逃避侦查或审判的行为？本案是否已过追诉时效？

这的确是一个颇为烧脑的法律问题。自从南医大女生被害案时隔二十多年破案后，刑事司法界对追诉时效的理解文章就铺天盖地充斥于互联网了。十几年前，有一个检察院遇到过类似的一件故意伤害案，专门咨询过我的意见。作为曾经的检察同行，对这类咨询，不敢懈怠，我认认真真做了一个书面答复。

后来，检察机关第二次将案件退回公安机关。不久，我们接到公安局通知，公安局决定对该伤害案终止侦查。刑事诉讼宣告结束，大秦不再控告，大胡摆脱了讼累。两人的生活归于平静。

69. 全国律师行业数据

2020年6月24日 星期三

　　2015年4月8日，司法部通过媒体发布数据称，截至2014年年底，全国共有律师事务所2.2万多家，其中合伙所1.53万多家，国资所1400多家，个人所5300多家；共有来自21个国家和地区的265家律师事务所在中国设立了330家代表机构。全国执业律师27.1万人，其中专职律师24.4万人，兼职律师1万多人，公职律师6800多人，公司律师2300多人，法律援助律师5900多人。全国律师担任各级人大代表1445人，担任各级政协委员4033人。另外，全国共设有公证机构3006家，公证员12960人。[1]

　　改革开放之初，邓小平指出，中国搞现代化建设要有3个30万，即30万注册会计师、30万税务师、30万律师。[2] 1986年9月27日，中国首次律师资格全国统一考试开考，共有2.9万人报名参加考试，最终有1134人成绩合格取得律师资格。

　　今天，司法部网站公布2019年度律师、基层法律服务数据。截至2019年底，全国共有执业律师47.3万人，比上年增加5万多人。

---

[1] 见《司法部发布数据：全国律师队伍发展到27.1万人》，人民网，2015年4月8日，http://politics.people.com.cn/n/2015/0408/c70731-26815514.html，2021年2月28日访问。

[2] 参见白龙：《评论员观察：律师当是"扶正守道"的实践者》，载《人民日报》2015年8月27日第5版。

律师人数超过1万人的省(区、市)有18个,其中超过3万人的省(市)有4个(分别是北京、广东、江苏、山东)。1.5万多家党政机关、人民团体和3000多家企业开展了公职律师、公司律师工作。从律师类别看,专职律师39.73万人,占84%;兼职律师1.25万人,占2.66%;公职律师4.33万人,占9.17%;公司律师1.09万人,占2.31%;军队律师1500人,占0.32%。[①]

据司法部发布的《全面深化司法行政改革纲要(2018—2022年)》,预计到2022年,律师总数达到62万人,每万人拥有律师数达4.2名。要达到发达国家每万人拥有8名律师的平均水平,我国律师总量至少须达100万人。

2014年以前,律师数量增速缓慢,用了三十多年时间仍然没有达到邓小平八十年代初提出的30万人的目标。2014年以后,律师数量高速增长,年均净增量保持在5万人左右。2015、2016、2017、2018、2019年的律师总人数分别为27.1万人、32.8万人、36.5万人、42.3万人、47.3万人。统计显示,律师总数2016年首次超过30万人,2020年超过50万人。若保持这一增速,预计到2030年全国律师总数将超过100万人。

补记:截至2022年6月,全国共有律师60.5万人,律师事务所3.7万余家。

[①] 参见《2019年度律师、基层法律服务工作统计分析》,司法部官网,2020年6月24日,http://www.moj.gov.cn/organization/content/2020-06/24/574_3251377.html,2021年2月28日访问。

70. 不要混淆了正义与正义感

2020年7月10日　星期五

　　骂苟晶的人，大多没看清陈春秀事件和苟晶事件在本质上的相同且混淆了"正义""正义感"两个不同的概念，进而在围观这些公共事件时偏离了轨道。当然，利害关系人及其亲友的留言辱骂另当别论。

　　两个冒名顶替事件虽略有差别但本质相同。

　　相同的本质有三：(1) 两个事件中的作弊者都破坏了教育制度中最重要也最敏感的高考录取制度；(2) 陈春秀和苟晶两个人人格权中的姓名权都被侵犯；(3) 两个事件中都有一个人的受教育权被侵犯，无论该人是否陈、苟本人。

　　差别有二：(1) 陈春秀被冒名顶替是在她未放弃志愿填报的情况下发生的，而苟晶首次高考被冒名顶替是在放弃了志愿填报情况下发生的；(2) 陈春秀本人的受教育权利被侵犯，苟晶事件中有一名未知考生因苟晶放弃志愿填报而可以有递补的机会，该机会被邱家偷走了，该不知名考生的受教育权利也被侵犯，只不过这名受教育权被侵害者不是苟晶本人而已。

　　显然，相同的三点是决定事件性质的主要因素，不同的两点对事件性质没有实质影响。

　　作为有正义感且理性的围观评论者，通过两个事件的调查结果应能发现作弊者的行为都是不法的、不正义的,当事人的举报和政府主管部门的追责都在救济被侵犯的权利,因而都是正义的。这是与事件性质相匹配的评论态度。

苟晶在网络举报中的一些表达与调查结果在若干细节上不一致,有围观者认为苟晶夸大其词、浪费公众感情进而辱骂苟晶,这种围观"姿势"是不正确的。相信围观公共事件的人们不是基于个人恩怨或道德偏好,而是为了维护关系到每一个人福祉的公共秩序,比如教育法治、高考录取中的公平正义。苟晶事件与陈春秀事件的本质相同,被举报者的冒名顶替都是不法行为,二人的举报都是正义之举,不法行为应受到谴责并追责,二人的举报行为理应获得声援与支持。

作为受害者,苟晶在举报时的一些表达虽与调查结果不符,但未改变其被冒名顶替这一事件的本质,公众不应抓住其表达中的问题对其正义之举视而不见,可以批评其言过其实,但辱骂甚至呼吁追究其法律责任就没有道理甚至莫名其妙了。

正义作为一种价值而有主观性,但正义有了法律的加持(法律使正当利益成为权利,使合理负担成为义务,使不法行为承担责任)便具有客观性。也就是说,正义这一具有主观性的价值是可以通过法律成为客观利益的。而正义感则不同,它与正义可能一致,也可能不一致。正义感一旦偏离正义,就不可能通过法律实现为现实利益。通常情况下,正义感与正义是若即若离的关系:当正义感符合正义也符合法律时,二者一致;当正义感偏离正义、与法不合时,二者不一致。虽然"正义有着一张普罗透斯似的脸",有时人们对什么是正义也会有分歧,但相较于正义感,人们对正义的共识还是较为确定的。而个别的正义感在不同人群之间差异更大。正如"美"与"美感"不是同一概念一样(美有特定的内涵和外延,而美感则因人

70. 不要混淆了正义与正义感

而异,所谓情人眼里出西施是也,你眼中的恐龙可能是别人眼中的仙女),正义和正义感也不是一回事。

　　围观公共事件是为了正义,而那些骂苟晶的人,却被自己个性化的正义感带偏了方向,忘记了事件本质中的正义与非正义。

71. 玉石案：文博父亲与法硕女儿

2020年7月16日 星期四

"李老师，我研究生毕业了。我认真考虑过了，还是回老家工作。这几天准备去律所面试。"微信里传来了这么一行字。

时间过得真快啊！六年前，当我受人之托为她父亲辩护时，这丫头还是法学院的大二学生，一转眼都研究生毕业了。

我说："好啊！这样的话，探视你父亲也方便一些，还能多陪陪你妈妈。"

她父亲的案件，我感到非常遗憾。我认为那是无罪的案件，最终中院一审却以诈骗罪判了他有期徒刑十二年。

说无罪，并非基于律师职业天生的结果导向思维，而是案件本身的确不能定罪。这并不是我个人的一厢情愿，因为公安局当初接到报警后进行了认真调查，确认只是普通的经济纠纷，没有犯罪嫌疑，并给报案人出具了《不立案通知书》。又定罪，是因为司法实践中普遍存在却又被忽视的"司法惯性"所致。

所谓"司法惯性"，是我总结无数冤错案件形成机制后起的名字，是一个比喻的说法：司法机关办案就像开车，一旦高速行驶，猛打方向通常会跑偏甚至翻车，急刹车也要滑行一段距离才能停住，弄不好就会追尾。

诉讼就像一辆车，如果你决定今天不出门或者出门不开

71. 玉石案：文博父亲与法硕女儿

车,那么车子就人畜无害地停放在那里,不悲不喜。如果你决定开车出行,过了收费站,驶入高速,提速至最低限速(如时速80公里以上),变道进入主车道;在三车道的高速公路上,若想开得更快一点儿,就得继续加速(如时速100公里以上),然后在确保安全的情况下依次变道到第二、第一车道。

在既不允许低速行驶也不允许调头的高速公路上,最佳的选择是认准一条道儿匀速行驶。问题是：如果走错了方向,或者前方发生了拥堵、出了交通事故,怎么办？无论走错方向还是前方出了状况,你都可能心情变坏或手足无措,若因此猛打方向或者急踩刹车,高速行驶形成的强大惯性极易造成跑偏或追尾。

在现实生活中,刑事程序的启动本身就没那么容易,而一旦启动,要想停下来,就更加困难。刑事司法过程中每一次强制措施的加码,就像开车过程中的每一次踩油门加速。

立案了,要想撤案,不容易;刑拘了,要想放人,不容易,大概率会被批捕;一旦批捕,那就不是公安一家认为你有罪,而是检察院也为案件做了背书,要想取保候审就更难了;在捕诉一体化的情况下,一旦批捕,要想不起诉,更是难上加难;而一旦起诉,那就意味着公安、检察两家都认为被告人是有罪的,法院的无罪判决率就会出奇地低,低到你得戴着放大镜仔细数小数点后面有几个零。

这就是现实存在、极难克服的司法惯性。

女生父亲曾是某市的团委书记,后来攻读了文学博士,再后来就辞职下海经商,开了一家销售玉石的公司。他的案件就遭遇了典型的司法惯性。

一群来自大西北的卖玉人,将玉石拿到博士的公司寄卖,双方约定了寄卖的期限和价格。如果在约定期限内以高于约定价格卖掉玉石，那么寄卖者得到约定的价款，差价就是公司的利润；如果到期没有卖掉，则原物返还寄卖者或者双方商定后再延期寄卖。寄卖期限短则几周，长则数月。

玉石本身都是良莠难辨的毛玉，双方定价遵从行业惯例，即"赌玉"。例如，一块根本看不出好坏的毛玉，卖家喊价500万元，在没有切割鉴定的情况下，买家爱买不买。如果以500万元价格到手，以600万元价格卖掉，那买家就净赚100万元；如果买进后切开检验，发现价值1000万元，那买家就能赚取500万元；要是切开后发现品相极差，价值不过1万元，那么买家就会亏499万元。

毛玉交易可以赌，司法办案不能赌，因为控方对起诉指控的事实（包括涉案财物的价值）负有举证责任。这是后话。

在寄卖期限之内，玉石就放在博士的公司。时值当年六月，公司刚刚在古玩街扩大了门面，租金、装修等花了不少钱，有一笔700万元的贷款即将到期，银行答应可以续贷，但是必须先还清才能再贷出。博士心想还进、贷出不过一周时间，寄卖的毛玉期限还长着呢，于是就拿其中一块寄卖价1000万元的毛玉作质押，向小额贷款公司借了400万元，再卖掉自己家的一套房子，凑齐700万元还给银行。小额贷款利息虽高，但是借期不过几天，博士还是能够承受的。

令他没有想到的是，银行收贷后却不再续贷了！这直接导致博士没钱去赎回质押在小额贷款公司的毛玉。寄卖期限一到，寄卖者要求博士支付价款或归还毛玉。

博士没辙了，与寄卖者商量，先把其他人放在店里尚未到期的毛玉算作寄卖者的，等筹到钱，就去小额贷款公司把毛玉赎回来还给他。那段时间市场普遍缺钱，博士迟迟无法还清小额贷款公司的借款，那可是高利贷，利息越滚越高。

屋漏偏逢连阴雨,公司在外地参加展销会时又失窃了一块寄卖价500万元的毛玉。为了解决这个问题,博士又用另一块毛玉暂时折抵失窃的毛玉。

在博士经营极度困难期间,有人称其认识某头面人物,可以协调银行低息放贷,条件是拿一块毛玉作礼物。这样,寄卖价几百万元的毛玉又少了一块(是有人索贿还是捐客行骗,不得而知)。

这样东挪西借,前后涉及好几个寄卖者的毛玉,寄卖价高达2000多万元。这些寄卖者都是来自西北同一个地方的人,平时多有来往,所以博士的情况很快就在寄卖者群体中传开了。虽然说寄卖价高昂的毛玉未必真的值那么多钱,但它们毕竟是这些人赖以生存的资源,若是把毛玉弄没了,他们的生活也就真的成了问题。

恐慌一经形成,就迅速弥漫开来。七嘴八舌之后,大家决定报警,控告博士及其公司诈骗。

接警后,公安机关初步调查认为双方的争议是寄卖合同纠纷,博士公司没有犯罪嫌疑,决定不立案侦查。在向报案人送达《不立案通知书》的同时,公安机关告知报案人可以持寄卖收据向法院提起民事诉讼,通过民事诉讼要求博士的公司返还毛玉或者支付价款。

这群寄卖者文化程度普遍不高,哪听得进民警的话,便一起到省委省政府门口静坐,要求省领导为他们作主。

省领导一批示,原作出不立案决定的公安分局立即改变立场,决定对博士以诈骗罪立案侦查,并相继采取了拘留、逮捕的刑事强制措施。

公安分局侦查终结后将案件移送到区检察院审查起诉。区检察院认为,公安分局起诉意见书认定的诈骗数额高达2000余万元,按照刑法和"两高"司法解释规定的标准,诈骗数额50万元就属于数额特别巨大了,法定刑为十年以上有期徒刑、无期徒刑;按照《刑事诉讼法》的规定,可能判处无期徒刑以上刑罚的案件,一审由中院管辖,区检察院于是就把案件报送市检察院审查起诉了。

在市检察院审查起诉期间,博士家属找到他的一位同学——我的一个老朋友,委托我为博士辩护。

到市检察院递交了委托手续后,我复印了全部的案卷材料,到看守所会见了在押的博士,听取了本人的辩解意见。

博士说自己是真心做生意的,为了公司经营,在资金紧张时甚至把自己的房子都卖了。这次的资金链断裂,既与宏观调控、银根紧缩有关,也与银行工作人员未履行诺言有关。如果银行如实告知收贷后无法放出新的贷款,他就不会拿寄卖者的毛玉去向小额贷款公司质押借高利贷了,那么最多只是对银行贷款的逾期,而不会涉及寄卖者的毛玉。正是因为对银行的信任,在流动资金紧张的情况下,他为了续贷才临时去向小贷公司借钱。由于银行工作人员的不守诺,导致他无法偿还小贷公司的高利贷,进而导致质押的毛玉收不回来。

博士说的没有错,他的做法完全不构成犯罪。

第一,博士的行为不符合诈骗罪的法定要件。在主观上,他没有非法占有寄卖者毛玉的犯罪故意;在客观上,他也没有虚构事实或者隐瞒真相骗取他人的财物。他完全是基于正常的经营行为取得毛玉的,用寄卖期限内的毛玉临时质押去借高利贷是为了还银行的贷款,只要银行信守承诺还旧贷新,他的资金链就不会断裂,临时质押的毛玉断不至于收不回来。暂且不论他是否有非法占有他人财物的故意,即使能够证明他想侵吞寄卖者的毛玉,也仍然不能构成诈骗罪。因为他取得毛玉并未使用任何非法手段(获得、占有都是合法的),他是在已经得到毛玉后银行催贷才想起用毛玉临时质押的。诈骗罪必须是先有诈骗故意,再有骗取他人财物的行为。而合法取得他人财物后再予以侵吞的行为,只是《刑法》第270条规定的"将代为保管的他人财物占为己有"的普通侵占行为,而且该条第3款

71. 玉石案：文博父亲与法硕女儿

明文规定该罪属于告诉才处理的犯罪，公安局不能主动立案侦查。

第二，在案的证据根本无法证明毛玉的真实价值。诈骗罪作为财产犯罪，定罪判刑必须以涉案财物的价值数额为依据，控方对此负有证明责任，涉案毛玉价值数额不能以寄卖价格为依据，因为寄卖价格是双方"赌玉"的结果，并非涉案毛玉的真实价值。但是，毛玉交易可以赌，司法办案不能赌。在本案卷宗证据中，既缺乏对毛玉品质的司法鉴定，也没有对毛玉价值的价格评估。价值不明，属于事实不清、证据不足，按《刑事诉讼法》关于疑罪从无的规定，应当推定博士无罪。

为了说明赌玉价格的不确定性，我向办案人员提交了一个案例。在该案中，检察院的指控按照赌玉的价格认定，高达上千万元。在审判程序中，辩护律师要求法院对涉案玉石进行品质鉴定和价格评估，被害人坚决不同意对毛玉进行切割检验。后辩护人找到某大学的研究机构，不用切割就能对毛玉品质进行科学判断。经该机构鉴定和价格事务所评估，原先被认定为价值千万的毛玉，真实价值不到百万元。也就是说，赌玉的价格高估了十倍以上。

令人遗憾的是，检察院没有采纳我的辩护意见，仍依照公安、检察机关的意见起诉到中院。在法院审理期间，我继续坚持前述辩护意见，要求判决博士无罪；即使要定罪判刑，也得由当事人走自诉程序，并且必须对毛玉品质和价值进行司法鉴定。

中院照样采纳了公诉机关的指控，一审以诈骗罪判处博士十二年有期徒刑。

一起原本属于经济纠纷、公安机关不予立案侦查的案件，最后……。

72. 办案办的是他人的人生

2020 年 7 月 18 日　星期六

上周,有个同事说他在邻省省城的一个亲戚的女婿被公安局抓去了。该同事自己不做刑事业务,所以便请我帮忙。

说实话,疫情期间办案出行太不方便了,我这半年多来几乎处于停工或半停工状态,更不用说接办外地的案件了。一旦健康码转为"红码""黄码",则必须隔离禁足,而且很多地方限制行程卡带星者进入。我往返于长三角各地都尽量自己开车,以减少与潜在病例近距离接触的机会,以免被隔离(有一次出差,仅仅因为所住宾馆与一确诊患者所在小区同属于一个街道办事处,回沪以后随申码即转为"黄码",社区居委会干部电话通知我要居家健康观察 14 天,其间必须每日两次报告体温,两周做三次核酸检测。社区为此专门建了一个微信群,共 8 人在群,只有我一个百姓,其他 7 人都是社区干部或志愿者)。

这个事儿毕竟是同事亲戚家托过来的,不能推辞。为办案方便,我将其托付给了当地南京分所的同事。

分所主任很重视,亲自办理。

两天后,分所主任回电给我,语气明显带着惊诧:"李老师,这个案子早就判掉了,人已在监狱服刑了!"

72. 办案办的是他人的人生

"什么?!"我也着实被惊到了!一个大活人被抓了去,有妻子有家人,况且,无论拘留、逮捕、起诉还是审判,哪一个环节不都得通知辩护律师或者家属?怎么可能连家人都不知道他就被定罪判刑并送监服刑了呢?

我跟分所主任商定:这边我来问问同事的亲戚,那边他去当地公检法了解情况。

同事的亲戚说,他的女婿因投资失败,情绪不太好,小夫妻俩就经常闹矛盾。某日,女婿又在家大发脾气,并实施家暴行为,女儿就报了警,并在电话里跟 110 接线员说明:自己只是希望得到公安机关的帮助,让警察到家里制止家暴,不希望警察把他抓了去。民警到现场后,不但没能有效控制住发狂的女婿,反而让他从家里跑了出去。民警就追到了街上,经过一番折腾,总算把他给抓住并带去派出所。从此,他就没有回来过,家人听说他被公安局以涉嫌寻衅滋事罪刑事拘留,后又被逮捕了,再后来就没有新的消息了。现在,他们想请个律师去为他辩护。

分所主任了解的情况是:这个女婿到案后,一直不配合公检法的处理。既不认罪认罚,也不愿告知其家人的具体情况和联系方式,甚至还不吃不喝绝食。办案人员未通知家属,就给他指定了一名法律援助律师担任辩护人。这名法律援助律师也不问问嫌疑人有没有近亲属(因为委托辩护优先于指定辩护,所以有经验的法律援助律师应当问清楚嫌疑人有无近亲属,以示对当事人近亲属委托辩护权利的尊重),程序就这么稀里糊涂地一直推进下去,直到把他送进了监狱,都没有任何人通知过他的家属。送去监狱后,他仍然绝食且卧床不起,显然已没有了服刑能力。于是,监狱就办理好监外执行法律手续,协调当事人户籍地所在街道,把他送进一家精神病院了。也就是说，当事人现在属于保外就医监外执行，在精神病院接受治疗。

　　了解清楚情况后，家属气坏了：报警的目的是制止他的家暴，在家里发生的事情，无论如何也不是在公共场所寻衅滋事啊?！是出警人员办事不力，让他跑到了外面。如果他当时就有精神病，那就应该直接送精神病院而不该追究刑事责任；如果他当时没有精神病，那他被关押后为什么精神失常、被送进了精神病院？警察来过家里，知道他有家属，为什么整个办案过程中却没有一个人通知过家属？

　　谁能回答家属的这些问题？这事儿目前还拖在那里。好在街道的工作人员还是比较负责任的，一直在协助家属配合医院的治疗工作。

　　忽然想起疫情前的一篇爆款网文《你办的其实不是案子，而是别人的人生》，作者是北京市人民检察院检察官刘哲。这篇文章一出来还没有多少人注意时，我就告诉他这篇文章非火不可。果真不出所料，文章很快就引发了各方的热烈反应，好评如潮。后来，刘哲检察官索性以这篇文章的标题为书名出版了他的文集。北京大学法学院陈兴良教授在为这本书所写的序言中说：

> 　　案子是自己的，而人生是别人的，案子和人生就这么神奇地联系在了一起。对于以办案为业的司法人员——包括检察官来说，由于每天都要与案子以及当事人打交道，尤其是关涉形形色色犯罪的刑事案件，已经习惯于面对社会黑暗面，因而见怪不怪了，然而，除了"多进宫"的惯犯、累犯，大多数案件当事人都是第一次面对司法程序，而司法程序是由司法人员推进并主导的。如果不考虑案件处理结果关系当事人的生杀予夺，

关系当事人亲属的生离死别,那么,司法人员对于案件可能是冷漠的,公事公办的。如果司法人员在依法办案的同时,还能想到案子关系他人的人生,这对于一个具有长期办案经历的司法工作者来说,是极为难得的。①

诚哉,斯言!

---

① 陈兴良:《司法的至高境界》,载刘哲:《你办的不是案子,而是别人的人生》,清华大学出版社2019年版,代序一。

73. 骗税案：骗与被骗

2020年7月30日　星期四

一、八年讼事，十年牢狱

经过将近六年的调查、两年的诉讼，当事人杜总，一个曾经把生意做得风生水起并且是当地纳税大户的民企老板，被以骗取出口退税罪判处有期徒刑十年。这是一个虽在预料之中却又难以接受的结果，不过总算避免了最坏的局面。

在本案一审、二审、发回重审、再次二审拉锯期间，侦查机关对杜总补充立案侦查的虚假破产、骗取贷款两案，经律师团队的持续无罪辩护，终获检察院不起诉决定而告结束。这一结果，可能是不幸的杜总及其家人多年来唯一值得庆幸的事情。

同时，那个不仅霸占杜总财产而且不停控告杜总、曾因黑社会犯罪被判过刑的对手黄总，在省里的督办下也再次被抓进去了。这不是幸灾乐祸，而是恶有恶报，也是普通人对司法正义最朴素的期盼。

刑事辩护有时是一个非常考验心理承受能力的工作，难怪有那么些律师宁可冒着被吊销律师证的风险也要在网上持续发声。其实，杜总本是被骗者，却被以骗取出口退税罪终审判了十年。

二、转向地产,进军外贸

杜总的公司长期主营阀门、管道制造,是当地纳税大户。因转型发展需要,杜总决定进军房地产业。房地产行业资金需求量大,而其公司的银行授信额度远远不够。银行工作人员说,做外贸能够快速做大业务量,可以解决授信额度偏小问题。杜总遂到某港口城市招兵买马,成立外贸公司。

杜总对外贸公司的要求是,不一定要赚钱但也不能亏损,把量做大就行,并为此制定了相应的考核办法。至于外贸行业的水有多深,是自营出口、代理出口,还是"四自三不见""假自营真代理",①从未做过外贸的杜总一无所知,也没有兴趣去关心这些,因为他只是把外贸当作一个手段而已。

外贸公司员工为了考核业绩,一心想着怎样把量做大。此时,来自广东的裴总找上门来,说有出口业务可以合作,裴总和外贸公司的业务人员一拍即合。

将近六年的调查和两年的诉讼表明,裴总让外贸公司做的虽是"四自三不见""假自营真代理"出口业务,但是杜总对这种业务模式并不知情。在卷证据足以证明,关于外贸公司的具体业务模式,杜总既未跟裴总谈过,也没有听外贸公司团队汇报过。杜总要求的是正常做、不亏损就行:内贸合同签订后,货物报关出口,境外客商的

---

① "四自三不见""假自营真代理"是外贸、税务部门文件中对外贸领域不规范经营行为的表述。最早见于1992年国家税务局、经贸部《关于出口企业以"四自三不见"方式成交出口的产品不予退税的通知》(国税发〔1992〕156号),该文件提出"四自"是指客商或中间人自带客户、自带货源、自带汇票、自行报关,"三不见"是指出口企业不见出口产品、不见供货货主、不见外商。2006年国家税务总局、商务部《关于进一步规范外贸出口经营秩序切实加强出口货物退(免)税管理的通知》(国税发〔2006〕24号)明确提出,严禁出口企业从事"四自三不见"等不规范的出口业务,并列举了"假自营真代理"等七种不准办理出口退(免)税的不规范出口业务。

外汇进来,向国内供货商付款,供货商的增值税专用发票开过来,单证齐全,能够申请出口退税就可以了。

事实上,虽然杜总的外贸公司从事的出口业务的确不规范,但是并没有发生国内供货商货款回流到外贸公司的情况,也没有发生外贸公司将货款退回境外的情况。在资金没有回流的情况下,只能推断货物买卖真实发生了,没有收到货物的人是不可能付款的。如果真是为了骗抵税款或者骗取退税而以假充真,那么为了走流水而付出的货款也会通过其他渠道再倒流回来的。

对杜总而言,做外贸业务的目的本来就不是为了赚钱,所以在签订内贸和外贸合同时,杜总已经把退税的因素算进成本让利给客户了——杜总先垫付了相当于出口退税的那部分钱,一年时间累计9800多万元。也就是说,出口退税成功,杜总不赔不赚;如果退不回来,杜总就会亏损9800多万元垫付款。

外贸业务量做大以后,农业银行很快就为杜总扩大授信,杜总得以获得充足的资金,不仅开发了几个楼盘,而且还建造了一个五星级宾馆与人合作经营。

一切看上去都挺正常。

三、遇人不淑,危险来临

在合作经营宾馆期间,曾因涉黑社会犯罪而被判过刑的黄总与杜总发生矛盾。杜总发现黄总存在侵占营业款、骗取贷款、挪用资金等行为,便要求黄总归还其侵占、挪用的资金和贷款等。黄总为此记恨杜总,遂开始向税务、公安机关控告杜总虚开增值税专用发票、骗取出口退税。

税务部门查了六年,并未获取杜总违法的证据。就在案件处于僵持状态的2016年,广东的裴总因为骗取出口退税而被某市公安机关抓获并最终获刑十二年。服刑期间,公安机关发现裴总有漏罪,将其从监狱押回重新侦查,在侦查中发现裴总与杜总合作的业务有骗税嫌疑且数额特别巨大,进而将案件移送杜总所在地公安机关。

查了六年无果的当地税务机关借机将案件一并移交给当地公安机关,公安机关随即立案侦查。但是,因无法查清境内外贸易是否真实、资金有无回流等关键事实,公安机关查了两年也没能获取确凿的杜总虚开增值税专用发票、骗取出口退税的主观故意或客观证据,故一直没有对杜总采取拘捕措施,而是采取了比较轻缓的取保候审。

黄总看到杜总没有进去而耿耿于怀,由于自己曾有过判刑的经历,知道取保候审的相关规定,便派人盯着杜总,伺机抓住杜总违反取保候审规定的把柄,将他送进看守所。

2018年,杜总身体不适,就外出去省城大医院看病。黄总带人一路悄悄跟随,趁吃早餐的机会,故意找碴与杜总打了起来。围观市民报警后,民警到场将两人带到派出所,发现杜总尚处于取保候审状态后,遂通知办案单位。办案单位认为杜总未经批准擅自离开所在县市且与人打架,违反了刑事诉讼法相关规定,遂决定改变强制措施,将杜总逮捕羁押。

刑事案件就是这样,每一次的措施加码,都会使无罪辩护的难度加大,就像提了速的列车,速度越快越难制动刹车。杜总被逮捕以后,诉讼进程明显加快了,因为当事人一旦在押,各司法行为就有了强制的办理期限。

公安机关将杜总案件侦查终结后移送县检察院审查起诉,县检察院认为侦查机关起诉意见书认定的骗取出口退税数额特别巨大,法定刑为十年以上有期徒刑或无期徒刑,而该案数额可能判处无期徒刑,遂将该案报送上级市检察院审查起诉。市检察院审查后又将案件退还县检察院,由其向县法院提起公诉。

公诉机关指控杜总和外贸公司人员、裴总等人的行为构成骗取出口退税罪,应处十年以上有期徒刑。一审辩护人认为,现有书证和言词证据证实,国内货物买卖和国际货物出口单证齐全,货款真实支付且没有任何资金回流情况;杜总与裴总并没有任何联系;虽然事后查明出口业务采用不规范方式进行,但是不规范方式只是因为有可能骗税而被禁止,其法律后果只是不能退税,如要追究刑事责任,就必须证明当事人有骗取出口退税的犯罪故意且基于这种故意而实施了虚假出口行为。

县法院一审以杜总是从犯为由减轻处罚,判处杜总有期徒刑五年。杜总不服,以自己无罪为由提起上诉;检察院则以法定刑十年以上仅判有期徒刑五年属于量刑畸轻为由提起抗诉。

四、重审补侦,再判十年

案件到了市中院后,罕见的一幕出现了:一边是骗税案进入二审,一边是公安机关以虚假破产、骗取贷款两罪补充立案侦查。杜总家属认为,这明显是要把杜总送入监狱的节奏。经查刑事诉讼法,对同一起案件的同一个当事人,侦查和审判程序同时进行,根本没有这样的规定。杜总家属咨询专业人员后决定委托我们为杜总辩护,希望我们不仅要为骗税案讨回公道,而且要揭穿虚假破产、骗取贷款两项诬告的真相。

经会见杜总、阅卷并认真研究一审判决书等法律文书,我们初步研判认为,家属的诉求并不过分:骗税案,确实没有证据证明杜总与裴总有共同犯罪故意;新补侦查的两个罪名,杜总都有合理的辩解。

市中院开庭审理后,决定撤销原判、发回重审。在只有上诉的情况下,这种结果大概率是一个好消息,一般意味着上诉的理由得到上级法院的重视。但是,在上诉、抗诉并存的情况下,撤销原判、

73. 骗税案：骗与被骗

发回重审也可能是因为上级法院认为一审判轻了。考虑到本案二审期间公安机关另立新罪名补充侦查，我们基本判定，控告者已经有效推动司法机关加大追诉的力度。

杜总家属及其本人对案件面临的不利局面也有清醒的认识，他们只是希望新的辩护团队能够尽力争取最好的结果。

一审法院另行组成合议庭重审本案。

在骗税案中，我们向法院提交了包括最高人民法院裁判案例在内的诸多同类案件裁判文书，试图说服一审法院在重审时注意，在同类的"四自三不见""假自营真代理"等不规范出口业务相关案例中，裁判规则要求必须有确实充分的证据证明外贸公司的被告人有犯罪故意才能定罪，而那些无法证明被告人有犯罪故意的案件，法院最终都是判决无罪。

我们认为，如果按照控方逻辑本案存在骗税犯罪，那么必须查明两个层次的事实：一是裴总是如何安排境内的虚假采购、虚开增值税专用发票以及如何虚假出口并往返流动资金的，二是杜总对裴总的这些做法是否知情、协助。

就第一个层次的事实而言，事后调查所得的证据可以初步证实，国内的供货商和境外的购货商均由裴总物色，进出口报关等相关手续都由裴总办理，但是资金的流向没有查清楚，尤其是没有任何证据证明外汇资金来自裴总，也没有任何证据证明境内供货商收到的货款资金最后又返回给了裴总。而要认定虚开增值税专用发票并追究骗税罪责，资金有无回流是判断业务真假的关键因素。如果没有任何资金回流的事实，要得出货物买卖虚假的结论，实在难以令人信服。因为如果没有实际货物交付，对方怎么可能白白付出货款呢？这第一个层次的事实，是全案是否构成骗税的核心事实，控方负有举证责任。

即使能够证明裴总骗取出口退税的事实，要追究杜总的刑事责任,还必须证明杜总对裴总的骗取出口退税犯罪是知情、协助的,即要有共同的故意和行为。而要认定杜总与裴总有共同犯意,就必须先查实杜总对裴总虚构境内交易、虚构货物出口、安排资金在境内外流动以制造虚假流水这些环节都是知情的。也就是说,杜总只有完全知道裴总一手安排的境内采购货物再出口境外完全是一个骗局却仍然为了做大业务量予以协助,才可能成立共同犯罪。

在同类案件中,处于中间环节的外贸公司人员,客观上存在两种可能:一是明知故犯,帮助他人骗取出口退税,构成骗取出口退税共犯;二是毫不知情,虽然客观上实施了不规范的出口行为,但是主观上因被人欺骗而不具备犯罪故意,不成立共犯。本案中,杜总长期从事制造业,从无外贸经验,现有证据证实其并不知道裴总有无实施骗税犯罪,控方也没有查清境内境外货物买卖是真是假、资金往来是虚是实。也就是说,现有证据不能排除他被裴总欺骗的可能性。按照刑事诉讼法规定的证明标准,无法排除合理怀疑的案件,不能认定犯罪事实。

在法院重审的同时,公安局又同步开辟了第二"战场":对杜总以虚假破产、骗取贷款罪补充立案侦查了!在法院重审骗税案期间,这两个罪名的案子也移送检察院审查起诉了。辩护团队通过阅卷发现,杜总的无罪辩解完全成立:破产程序是法院应债权人的请求启动的,杜总并未转移破产企业的任何资产,曾经发生的破产企业股权转让,只是股东之间的权利转让,对于破产企业的资产来说,无论股东如何变化,企业资产还是不增不减;骗取贷款更是不能成立,因为杜总控制的多家企业经营状况并不相同,应银行要求,杜总将经营状况不良的企业贷款以贷新还旧、还旧贷新的方式转至经营状况好的另一个企业,此举既源自银行的提议,又对银行有利,怎能指控杜总骗取贷款?

最终,法院以骗取出口退税罪判处杜总有期徒刑十年,检察院决定对虚假破产、骗取贷款不起诉。

宣判后,在和审判长通话时,我问他:"在资金有无回流根本没有查清的情况下,如何认定境内外贸易虚假?在书证和言词证据都证实杜总和裴总没有任何联络的情况下,如何认定杜总和裴总有共同犯意?之所以税务部门调查了六年都没敢移送公安机关立案侦查,公安机关立案侦查了两年都没有对杜总采取拘捕措施,就是因为税务和公安都认为证据严重不足。就这样的证据状况,法院何以判刑十年?"

审判长说:"虽然这个案件证据存在缺陷,但是既然前前后后都拖这么久了,总得有个结果吧。我们考虑来考虑去,还是先这样判了,以后有新的证据,当事人可以申诉的。"

五、杜总继续申诉,黄总再次被抓

杜总入监服刑后,开始控告和申诉:控告黄总侵占营业款、骗取贷款、挪用资金,申诉自己没有帮助裴总骗取出口退税。而那个一直控告杜总的黄总,还来不及举杯庆贺,就再次因为涉黑犯罪被抓。

但愿司法机关在办理黄总案件过程中能够认真对待杜总的控告、听取杜总的申诉,依法办理黄总的案件,使有罪的定罪判刑,使无罪的不受冤狱之苦。

74. 法律职业共同体是否可能

2020年9月25日 星期五

这两天,一名公诉检察官和一名辩护律师因某个刑事案件诉讼中的分歧而将控辩从法庭搬到网络上的微信公众号,引发一众同行围观。从浓浓火药味的字里行间能够分明感受到他们对彼此的极大不满。在我三十年法律职业生涯中,公诉和辩护是我各自干了十几年的法律业务,实事求是地讲,从他们身上我能看到自己当年和现在的影子。这两位法律人都接受过正规的法学高等教育训练,都在不错的司法机关和著名的律所工作多年,谁是谁非,其实并不是最重要的,因为那个被称作"法律共同体"的法律职业是否存在、有无可能,才是真正值得以法为业者关注的问题。

法律职业共同体对于法治建设意义重大,因为它不仅关乎法律的宏观创制和微观实施,而且还是联系大众意愿与国家意志的中介以及沟通社会发展客观规律和社会成员主观追求的桥梁。

那么,"职业"何解?"共同"何指?

所谓法律职业共同体建设,其实质就是"职业化"问题。学者刘思达根据新马克思主义学者的市场控制理论(有时被称为"职业社会学的垄断学派")提出职业化需要两个条件和三项计划。任何一个职业或者行业,要想获得地位和收入,必须满足两个条件:创造职业商品,形成职业垄断。就法律职业而言,律师要想获得地位和收入即实现职业化,就必须为消费者提供满足其需求的法律服务商品,而且法律确认律师垄断该种法律服务。所谓三项计划,一是行业准入,从业者必须接受某种教育并通过职业考试。就法律职业来说,接受法学教育、通过法律职业考试是法定准入门槛。二是质量控制。就法律职业来说,应确保从业者恪守职业伦理、遵守执业纪律,以保证服务质量。三是创造需求。就法律职业来说,从业人员数量增加会降低其地位和收入,这是必然的,而能否创造有效的社会需求仍是一个问题。

刘思达对法律职业还提出了两个批判。一个是"异化"问题。法律职业强调共同的法学知识背景、法律思维和语言,追求价值无涉的形式理性和一视同仁的正当程序,而这些可能导致与公共道德、实质理性和个案正义的冲突,也就是法理情的矛盾。另一个是"幻象"问题。在一个场域内,游戏的参与者随着他们的投入增加会变得越来越认同这个游戏的价值和意义。同样,法律职业被认为是法律从业者共谋的一个游戏。法律人之所以相信所谓"职业共同体",恰恰是因为他们在这个场域里投入了大量时间、金钱和精力,虽然律师、法官、检察官等各个群体之间乃至同一群体之内都会有许多竞争和冲突,但这些竞争和冲突都是以法律职业共同体的"幻象"为前提条件的。虽然法律职业共同体的建构出于法律专业人士的利益诉求,但它对国家法治化进程有益。作为"舶来品"的法律职业在中国的"土壤"里只是刚刚生根发芽,在行业准入、服务质量、创造需求等方面都还存在很大欠缺,在国家的政治舞台上更是弱势群体。这样的一个群体,在中国社会急剧变革的历史背景下,必须加倍团结,而不是四分五裂。①

以上研究无疑有着重要的理论和现实意义。对当下法律从业

---

① 参见刘思达:《职业化及其批判》,载《中国法律评论》2014年第3期。

者尤其是检察官、法官和律师之间的关系而言,他们之间的"共同",与其说是共同的职业利益,毋宁说是法律从业者共同的精神追求,包括依法办事的意志因素和认知、情感等维系法律职业共同体的其他心理因素。需要特别指出的是,这些精神因素必须体现超越法律职业内各个不同角色职能的价值。例如,无论是承担控诉职能的检察官还是承担辩护职能的律师,罪刑法定、正当程序等是他们共同的追求。

从知识角度看,共同的法学教育,共同的职业资格考试,使从事法律职业的人们具有共同的法律专业知识和法律思维方式。这只是理想的图景,从法律知识和法律工作的分类上看,理想总会在现实面前碰壁。由于法律规范是由规则和原则构成的,所以法律知识可以区分为关于具体规则的知识和关于抽象原则的知识。前者是在简单案件中运用的法律知识,后者是在疑难案件中运用的法律知识。

适用于简单案件的法律规则知识,就是哈耶克所说的科学知识(硬知识),与博兰尼所说的显性知识、门格尔所说的客观知识类似。因为规则是相对确定而清晰的,人们是有可能达成共识的,法学院或法学研究所既可以对法律规则进行研究也可以将研究成果予以传递。在此场合,无论公检法机关、监察委还是律师、当事人,一般都不会对法律规则的认知发生根本的分歧。

适用于疑难案件的法律原则知识,就是哈耶克所说的与科学知识相对应的"一定时空环境中的知识",即软知识,这种知识具有分散性,每个人都拥有一部分这样的知识,但没有人对它是全知全能的,因此需要不同人之间的竞争协同。这是人类生活的永恒条件,因为就资源配置而言,全知全能的决策永远无法替代只拥有部分知识即软知识的不同主体之间的协同。这种软知识类似于博兰尼所说的"默会知识",并非显性的存在,且难以准确地识别。即使一个人拥有法学博士学位,他用于解决个案法律问题的知识也未必都是显性的,总有一些因素是在他不知道的情况下发生作用的。因此,每一个法律人无论具有哪种学历、从事何种职业,都要有点自知之明才好。这种软知识、默会知识就是门格尔所说的主观知识,客观性较差,与主观偏好有关。

综上,法律共同体只存在于以下几个场合:不从事法律实务工作的法学院或法学研究所,法律职业资格考试的考场,简单案件的司法诉讼场合。因为这几个场合研究或考查的主要是关于法律规则的科学知识、显性知识和客观知识,师生、考生或法律工作者就相关问题有标准答案可供遵循,他们俨然是一个知识共同体。

而一旦法律规则的逻辑效果与国家的政策取向、社会的事理情理(法律效果与政治效果、社会效果)不一致,公检法机关之间、公检法人员与律师之间对法律规则的理解不一致,或者对规则的理解一致但对如何行使自由裁量权的意见不一致,即一旦司法诉讼解决的不再是简单问题而是疑难问题,知识的科学性便几乎荡然无存。

从心理学角度,法律共同体是否可能,恐怕也是疑问大于共识。虽然不少人都乐于从体制和机制角度检讨错案的原因,但是不可否认,客观公正的检察官、法官与办出冤错案件的检察官、法官生活、工作在同一制度环境中。如果不考虑心理因素,那么即使司法改革成功完成,司法公正也未必能够实现。

我们的法学院告诉学生司法诉讼是理性的判断过程,而真实的司法诉讼往往不是这样。在防止偏见对判断的影响上,法律专业人员未必比普通人更专业。几乎所有的冤错裁判文书上都写着"证据确实、充分"字样,而案卷里也确实有大量的有罪证据,无罪案件之所以最终定罪,心理根源正在于司法人员在实体法上的成见、在程序法上的"合取谬误"①。而在相互配合的司法机制中,"损失憎恶"②心理又起着推波助澜的作用。

这些心理因素决定了司法诉讼并非纯粹理性的判断活动。纽约时报畅销书《公正何以难行:阻碍正义的心理之源》对此作出了系统性回应,并得出结论:司法领域不公正的结果不是悲惨的例外,而是惯例,人类心理是罪魁祸首。每个人的判断都有许多不完美之处,这些不完美堆积起来就会影响正义的实现。作者亚当·本福拉多以惊人的知识面,温和地传达了这个颠覆性信息:现有的法律理论和实践在很大程度上忽视了人们在认知、记忆和判断上的天然缺陷,不公正的要素已经扎根在法律体系中,每时每刻都在影响着诉讼结果。

康德认为,人类的判断力分为规定性判断力和反思性判断力。在司法中,反思性判断力要求司法诉讼主体不但要像立法者那样思考,而且要诚实地与承担相反职能的法律人有同理心。疑难案件的处理需要这样的反思性判断力,而这种能力却无法在法学院养成,需要在实践中长期磨炼方能获得。

缺乏反思性判断力和软知识是中外法律界普遍存在的毛病。在美国的一件白人枪杀黑人的案件中,"政治正确"(主张种族平等,强调对有色人种等少数族裔的权利保障)的法官判处被告人十四年徒刑。因为在他看来,白人被告人枪杀黑人的暴行与"政治正确"格

---

① 所谓合取谬误,是指那些看上去能够相互印证进而据以定罪判刑的多个证据实质上却来自同一信源。

② 所谓损失憎恶,是指这样一种心理:损失给人带来的痛苦远远大于收益给人带来的快乐,于是人们更加憎恶损失。在司法诉讼中,一旦承担不同职能的法律人有了共同利益,他们就会为了避免损失而自觉或不自觉地放弃审查把关的职责。比如,若检察官是警察的朋友,警察为破案付出的辛劳检察官就会感同身受;若法官是检察官的朋友,无罪判决给检察官带来的后果法官完全清楚,为了避免给朋友造成损失,警察的错误便很难被检察官纠正,检察官错误的指控同样会被法官的判决采纳。

格不入,必须定罪判刑。随着年岁渐长,该法官开始反思本案的审判,后决定复查本案,他发现了十多年前审判时没有考虑的不少细节:黑人死者意图抢劫,白人被告人予以警告,死者不但不收敛,反而去抢被告人的枪支,在双方拉扯过程中枪支走火,黑人死亡。法官反思的结果,惹恼了他的同行,他因此被人称为"老糊涂"。

法律职业客观存在,而共同体在更多时候却是一个理想主义的概念。在真实的法律生活中,尤其是疑难案件的司法诉讼中,不同法律职业的分歧大于认同。尽管如此,共同体仍然是有意义的,因为它会让相互鄙视的不同工种之间多少还存有一点儿对未来的期待。正如博兰尼认为知识具有个人的主观色彩但最终倾向于接近客观知识一样,分歧的法律人最终会有一个共同体的大致轮廓。

说起这些,不得不重新检讨当下的法学教育。法学既是形式理性又是实质理性(价值理性),从功用角度,它跟医学一样更是实践理性。法学教育的功利目的是培养能够公正、有效解决各类法律纷争即具有司法诉讼能力的法律职业从业者。法律的灵魂不仅在公正更在于有效;法律的生命不仅在逻辑,更在于经验。因此,法学是一个不太适合高中毕业生学习的专业,司法是一个不太适合年轻人从事的职业。也就是说,毫无背景知识的人不适合研读法学,缺乏社会经验的人不适合从事法律职业。法学教育的改革,要么取消本科层次,直接开办研究生教育,从其他专业本科毕业生中招录有志于从事法律职业的人直接攻读法律硕士或法律博士,同时压缩学术型硕博研究生的规模,要么像医学专业那样延长学制为六到七年,以完善知识结构并增加实习时间。唯其如此,方能养成法律人的心理素质、反思性判断力和实践技能。

75. 律师对认罪认罚案件作无罪辩护的八大理由

2020年11月8日　星期日

据说有检察院和律师协会欲就认罪认罚从宽制度的实施起草指导意见,其中有"犯罪嫌疑人、被告人认罪认罚的案件,除非有新的事实和法律适用理由,律师一般应当在认罪认罚范围内辩护"这一内容。该内容十分不妥,其实质是对律师在认罪认罚案件中作无罪辩护施加限制。无论该限制加上了什么定语(所谓"新的事实和理由"),这种限制都是错误的。理由有八:

第一,从制度本身看,认罪认罚是犯罪嫌疑人、被告人即被追诉人自己的认罪认罚,不是辩护人的认罪认罚。律师(包括接受委托或指派担任辩护人和值班律师)只是见证被追诉人对具结书的签署。这种程序上的见证有其特定的内涵,如见证公诉机关告知犯罪嫌疑人相关法律规定以及认罪认罚的后果和效果等,并不意味着律师同意控方的指控。

第二,从证据制度上看,犯罪嫌疑人、被告人的供述,其证明力受到刑事诉讼法的明文限制(只有供述、没有其他证据的,不能定罪判刑)。同时,即使认罪,也不意味着他们必然有罪。既然如此,为何限制律师作无罪辩护?

第三,从证明标准看,"事实清楚,证据确实、充分"是法定的刑事证明标准,任何案件都没有降低证明标准的制度空间。无论被追诉人是否认罪,定罪判刑都必须达到该标准。而为了达到该标准,应该允许控辩各方充分发表自己的意见。

第四,从举证责任看,《刑事诉讼法》明文规定公诉机关对公诉案件负举证责任,即使被告人认罪,也不免除该责任。若公诉机关举证不能,则被告人理应无罪。既然如此,就不应限制律师作无罪辩护。

第五,从辩护原理看,《刑事诉讼法》《律师法》明文规定了辩护律师的结果导向职能,即辩护律师只能作无罪或者罪轻的辩护,不能发表相反的意见;全国律协的《律师办理刑事案件规范》也明确规定,辩护律师"应当在法律和事实的基础上尊重当事人意见,按照有利于当事人的原则开展工作,不得违背当事人的意愿提出不利于当事人的辩护意见"。也就是说,尊重当事人意见的前提是尊重法律和事实,至于作无罪辩护还是罪轻辩护哪个更有利于当事人,则应由辩护律师根据案件情况判断。除犯罪嫌疑人、被告人明确反对作无罪辩护或者解除委托辩护、拒绝指定辩护的以外,任何机关和组织既无权禁止律师作无罪辩护,也不能以律师作无罪辩护就撤回从宽量刑建议来要挟被追诉人、反对律师的无罪辩护或者解除对无罪辩护律师的委托或指定。

第六,从法律规定看,即使被告人认罪认罚,法律也只是规定法院对公诉机关指控的罪名和量刑建议"一般应当采纳",而不是"一律应当采纳"。这意味着,在审前程序中检察院主导的认罪认罚程序和从宽量刑建议存在错误的可能,这种错误既包括重罪轻罚也包括无罪而罚,为何不允许律师通过无罪辩护既维护被告人的权益又维护司法的公正呢?

第七,从司法实践看,在法定证明标准不降低、举证责任不免除的情况下,事实不清、证据不足而当事人被逮捕的案件客观存在。

因捕诉合一,对已经批捕的案件,基于损失憎恶心理,检察院就会在审查起诉时出现司法惯性,即使证据不足,批捕者也会通过认罪认罚以维护批捕决定的合法性。而辩护和审判就是克服司法惯性的制动机制,通过无罪辩护或不采纳量刑建议来有效制约错误的认罪认罚。

第八,从立法精神看,认罪认罚从宽制度的背景是客观上犯罪引发的冲突(一次冲突)的总体缓和,诉讼理念和诉讼模式上也从对抗向协作转变。在此背景下,立法的初衷是以宽缓处理换取被告人的认罪认罚,进而避免对抗(二次冲突)。而缓和冲突、避免对抗、控辩协商的前提是公正司法,即经法定程序以确实充分的证据确认有罪。但是,认罪认罚从宽制度的初衷不是单纯地为了提高诉讼效率,不能因为怕麻烦而禁止律师作无罪辩护。

此外,关于认罪认罚案件律师能否作无罪辩护这个问题,最高检有副检察长持明确的肯定态度,司法实践中有不少检察官、法官对认罪认罚案件中辩护人作无罪辩护持包容态度,也有被告人认罪且辩护人作有罪辩护的案件当庭被法院判决无罪这样的反面教材。实际上,达成共识并不困难,之所以司法实践中仍有争议,是因为有的司法人员对认罪认罚从宽制度、证据制度、正当程序和律师辩护制度缺乏全面正确的理解。

76. 少捕慎诉与上市公司被"秒诉"

2020 年 11 月 14 日　星期六

经同行介绍，一家上市公司老总带着他的副总和公司法务部门负责人今天来找我咨询一个刑事问题。慎重起见，我叫上两位有丰富侦查经验的律所同事一起接待。

原来，该上市公司被北方某市一个区公安分局立案侦查了，罪名是"虚开增值税专用发票"。10 月 19 日，该区公安分局侦查终结，将案件移送区检察院审查起诉。至此，公司没有收到任何书面通知，只接到检察院的一个电话，口头告知已经受理案件。10 月 22 日，区检察院将案件起诉到区法院，起诉书在指控公司单位犯罪的同时，把公司经办相关业务的一个基层员工作为直接责任人员列为自然人被告人（该员工因健康状况不佳而被取保候审）。

对照《刑事诉讼法》的规定和最高人民检察院提出的少捕慎诉政策，一个基层检察院在未听取当事人辩解、未保障当事人委托律师阅卷并发表辩护意见权利的情况下，仅用三天就办结了案件，对一家上市公司提起了公诉，可谓神速，堪称"秒诉"，丝毫看不出慎在何处。

在接待过程中，我们就虚开增值税专用发票犯罪的法律规定、司法解释、典型案例以及学术界、实务部门对这类案件的争议问题作了介绍，就公司的辩护方案提了建议。

刑辩日记

跟多数刑事案件当事人一样,公司老总和法务负责人想要的是有利的结果,而不太了解也不想关心诉讼的过程。一家国有控股、年营收达两千亿元的上市公司被指控刑事犯罪,绝不是一件小事,他们的心情我完全理解。但是,我还是要告诉他们,虽然几乎所有的刑事被告人都想得到一个好的诉讼结果,但是没有哪个刑事律师可以拍胸脯保证无罪辩护一定成功,尤其是在没有阅卷的情况下,只能根据他们介绍的情况进行大致的分析。

2020 年 11 月 16 日　星期一

今天,公司决定委托本所指派律师担任辩护人。我们组建了一个四人办案团队,两人为正式出面的辩护律师,两人协助办理。办好委托手续后,团队分头推进辩护工作:一边向公司了解其被指控的与案件事实相关的业务情况,一边派人北上到法院阅卷。

2020 年 12 月 15 日　星期二

经过一个月的阅卷和调查,我们发现,起诉书的指控既缺乏事实根据,又与法律规定不符。

一方面,公司增值税专用发票对应的业务确实存在,但认定其"虚开"与客观事实明显不一致:公司从上家购买货物时支付了货款并取得了进项发票,向下家销售货物时收到了货款并开具了销项发票,并在按照税法规定抵扣进项后就增值部分缴纳了增值税;另一方面,公司内部对涉案业务的决策和实施均严格按照规章制度进行,公司上下没有任何人存在虚开增值税专用发票骗抵增值税款的犯罪故意,事实上公司经营相关业务也没有给国家增值税造成任何损失。

76. 少捕慎诉与上市公司被"秒诉"

既然有真实的交易,公安局和检察院又为什么会对公司以虚开增值税专用发票罪立案侦查、提起公诉呢?

原来,公司涉案的业务是废钢买卖。上家销售给被告公司的废钢来自经营废钢的个体户,被告公司从上家购买废钢后又销售给下家钢厂,于是便指示上家直接把废钢交付给下家,指定交货地点为下家钢厂仓库。在买卖过程中发票开具与货物数量、货款数量均一致,指定交货地点也符合市场交易惯例,并不违反任何法律规定。但是,公安局和检察院认为,实际销售废钢的是不具有开票资格的个体户,被告公司的做法属于为个体户代开发票,被告公司从上家取得的进项发票属于"让他人为自己虚开进项发票"。

辩护团队了解案情后一致认为这是一个无罪案件。因为从裁判规则角度看,无论是最高法裁判的同类案例、发布的有关文件还是最高检发布的典型案例,都明确指出,在挂靠经营的情况下,只要有真实的交易存在,就不应认定为虚开增值税专用发票。即使货物是个体户提供的,只要他们确实卖货、收款并开票了,对于被告公司来说,只要确实与上家签订合同、取得货权、支付货款并取得进项发票、再销售货物、指示上家交付货物、向下家收取货款并开具销项发票,就属于合法真实的交易,也就不能认定为虚开增值税专用发票犯罪。同时,无论如何定性,被告公司都没有任何虚开增值税专用发票的犯罪故意,起诉书指控单位犯罪更是缺乏事实根据。

辩护团队决定先把调查所得的书证材料提交法院,以证明公司在进销废钢过程中没有任何骗抵增值税的想法和行为。同时,抓紧起草辩护意见书,适时提交法院。

2021 年 3 月 25—26 日 星期四—五

可能是因为新冠疫情的原因,也可能是因为没人在押,案件迟迟没有安排开庭。被告单位因为是上市公司，涉嫌犯罪被起诉属于必须报告证监会的事项，只要刑事案件没有了结，公司就难以再行融资，而这可能严重影响公司的经营。于是，公司要求辩护团队北上沟通，请求法院尽早开庭，或最好是能请求检察院撤回起诉。

辩护团队拟定无罪辩护意见书后胶装印制多份，两名辩护律师北上与法检沟通。

25日午夜刚飞到目的地，26日凌晨就接到家父去世的噩耗，我得赶紧飞到杭州。

父亲八年前因贲门癌做了胃切除手术，手术很成功，术后五年都很正常。按照医学标准，算痊愈了。但是，第六年体检时发现各项指标异常，医生说癌症又发了。这几年，父亲的生存质量大不如前，一开始还能吃些流质食物，后来肠子又梗阻了，连喝水都会吐，又做了一次手术。之后，父亲便经常在医院和家里之间往返，食物主要靠鼻饲流质的营养液。

24日出差前我刚去看望过父亲，他神志清醒，只是看上去有些乏力。我就跟他商量，再去医院住几天，补充些营养，然后就回家里来。遂嘱咐家人联系医生住院，安排妥当后，我与同事乘飞机北上，与检法沟通。

凌晨突然得到信息说父亲在医院走了。我赶紧买票，乘早晨第一班飞机飞回杭州。有句话说：父母在，人生尚有来处；双亲去，此生只剩归途。我的一位朋友，在怀念父母的书中写道，父母是横在我们与死亡之间的一道屏障：父母在，死亡与我们无关；父母不在了，我们就要直面死亡。

2021年10月8日　星期五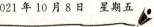

到本月下旬，案件起诉到法院就整整一年了，法院没有开庭，检察院亦未撤诉。被告单位非常着急,作为上市公司,这种久拖不决的状况严重影响到公司的经营。董事长和总经理要求辩护人想办法催促法院尽快开庭。

辩护团队经研究决定再次北上,与被告单位负责人一起向上级检察机关领导反映情况,请求其督促下级检察院撤回起诉。除无罪辩护意见书外,被告单位总经理还带了公司的书面报告,内容如下:

××集团股份有限公司关于请求督促下级检察院撤回起诉的紧急报告

尊敬的××检察长:您好!

××集团股份有限公司(以下简称"本公司")于2020年10月22日被××区检察院以虚开增值税专用发票罪提起公诉,现案件处于一审程序中。本公司作为深交所上市的国有控股公司(证券代码:000×××),目前正在资本市场筹划再融资项目,据法务部门报告,因涉及刑事诉讼,公司再融资受阻,影响正常经营。特向您报告有关情况,请您拨冗关注,以解燃眉之急。

一、公司概况

被告单位:××集团股份有限公司;审判程序辩护人:李永红律师,电话138****898。

本公司成立于199×年,同年7月在深圳证券交易所上市。本公司是世界500强企业某省交通投资集团有限公司旗下国有控股上市公司,已连续12年入围《财富》中国500强榜单,2021年排名第××位;在2020年中国最具成长性上市公司排行榜中,位列前××强。公司近年先后被人力资源和社会保障部、中国物流与采购联合会联合授予"全国物流行业先进集体"荣誉称号，被商务部、工业和信息化部等8家单位联合授予全国首批供应链创新与应用示范企业。

二、近年业绩

近年来，公司业务规模、经营利润屡创历史新高，实现持续快速增长。2020年，公司实现营业收入1×××亿元，就业员工数量18××人。目前，本公司正在实施的重大项目有×××高速公路智慧高速项目、××高速公路边通车边改造项目等，×××高速公路项目已经中标即将实施。这些项目涉及国家交通领域重要基础设施的布局完善和升级改造。

公司作为国有控股企业，深知市场经济是法治经济，自觉响应中央全面依法治国基本方略，公司治理规范，经营管理合规，市场形象良好，已连续两年获得深交所上市公司信息披露最高评级A级，并荣获"第××届中国上市公司投资者关系天马奖·最佳董事会"荣誉称号。

三、所遇问题

为实现更好更快发展，增加公司权益资本，公司一直在资本市场探索再融资方式。但是，所涉刑事案件导致公司不满足再融资发行条件。如不能尽快解决，将无法继续推进本次及后续计划中的再融资项目，对于公司实现十四五战略目标及后续发展将产生深远的不利影响。

四、案情简况

本公司曾于201×年与××公司进行废钢贸易，后因××公司涉嫌虚开增值税专用发票案（另案处理），本公司曾因废钢贸易业务接受该公司开具的进项发票而被公安机关一并侦查。公安机关查封了本公司××子公司账户，为解封账户以便正常经营，本公司曾向××公安分局交纳800万元保证金。××区检察院已对本公司以单位犯罪提起公诉，指控涉案增值税金额710万余元。

据了解，2018年9月，××分局对××公司以虚开增值税专用发票罪立案侦查；2020年5月，该局对本公司员工马××刑事拘留；2020年6月16日，××区检察院以事实不清、证据不足为由对马××不予批准逮捕。

根据起诉书，××区检察院于2020年10月19日受理本案进行审查起诉，于三天后即10月22日提起公诉。在检察院审查起诉期间，本公司未收到过检察院的告知文书。虽接到过电话通知，但因路途遥远，且检察院审查起诉仅用三天，公司既来不及指派诉讼代表人到院表达辩解意见，也来不及委托辩护人阅卷并形成辩护意见，检察院在既未听取本公司辩解又未听取律师辩护意见的情况下就提起了公诉［详见区检察院2020年10月22日（2020）7××号起诉书，检察官××］。

本公司在得知被以单位犯罪提起公诉后立即委托律师以辩护人身份参与诉讼，并通过辩护人到法院领取了起诉书，向法院申请调取证据，以及提交书面辩护意见。据了解，法院已要求检察院补充证据材料，检察院已要求公安分局补充调取有关材料。

经公司内部自查涉案贸易事项，业务真实存在、交易流程合规、内部审批正常，货物、资金和发票三流一致且无资金倒流现象，公司决策层和管理层均无虚开增值税专用发票的犯罪故意和犯罪行为，公司也未因该业务牟取任何非法利益，相关书证材料已提交法院。

五、公司诉求

当前，本公司正处于快速发展的历史机遇期，再融资是上市公司实现转型升级的"利器"，对上市公司具有关键、紧迫且特殊的重要意义。鉴于本公司确属合规经营，不存在虚开增值税专用发票的犯罪故意和犯罪行为,根据中央"六稳""六保"政策精神和最高人民检察院2020年7月22日《关于充分发挥检察职能服务保障"六稳""六保"的意见》精神,请求贵院督促××区检察院撤回对被告单位的错误刑事起诉,使公司能如期推进再融资项目,助力国有企业不断做大做强!本公司也会一如既往地对员工加强法治教育,进一步完善合规管理机制,为国家经济发展和国有资产保值增值做出贡献。

谨致诚挚谢意!

××集团股份有限公司
2021年10月8日

市院检察长携检委会专职委员听取了我们的辩护意见和被告单位的诉求,接受了我们的《无罪辩护意见书》和公司的《紧急报告》,表示一定会在了解情况后依法认真处理。市院检察长还就该院响应市委号召在建设法治化营商环境方面所做的努力进行了介绍,并且表示将会以实际行动彻底改变"投资不过山海关"的说法,让本市成为最佳的投资创业城市。

但是,此次会见以后,再无下文。

2021年12月14日 星期二

案件今天上午顺利开完了庭。原定线下开庭,我们已经买好了往返东北的机票,无奈疫情反复,临时改为在线开庭。

辩护意见书共计1.5万字,由事实证据之辩、构成要件之辩、法律程序之辩和政策性原则之辩四部分组成。主要意见是:被告单位既无虚开增值税专用发票的故意和行为,亦未造成国家增值税款损失,依法不构成犯罪。

(1) 被告单位与上下游公司之间存在真实的废钢交易并开具相应的发票,货物、资金和发票三流相符且无资金倒流,被告单位的行为不应当被定性为虚开增值税专用发票罪。

(2) 被告单位对涉案业务审批流程合规,业务操作正常,主观上不存在虚开增值税专用发票的犯罪故意,客观上不存在虚开增值税专用发票骗抵税款获得不法利益的犯罪事实,不构成单位犯罪。

(3) 公诉机关对本案的审查起诉程序明显违反《刑事诉讼法》的规定,既未书面告知被告单位的诉讼权利,也未听取被告单位的辩解意见,更未给被告单位委托辩护人阅卷并发表辩护意见以合理的时间,仅用三天就完成审查和提起公诉,侵害了被告单位及其辩护人的诉讼权利。

(4) 公诉机关对年营收逾千亿元、员工近两千人的国有控股上市公司草率提起公诉,不符合宪法规定的基本经济制度和中央"两个毫不犹豫"的政策精神,也有违中央"六稳""六保"要求,不利于落实优化法治化营商环境的号召。

我们的诉讼请求:鉴于被告单位既无虚开增值税专用发票的主观故意,也无造成骗抵国家增值税款的危害后果,其业务行为不构成虚开增值税专用发票罪,根据《刑事诉讼法》第200条第2项和最新版《最高人民法院关于适用〈中华人民共和国刑事诉讼法〉的解释》第295条第1款第3项的规定及中央"六稳""六保"政策精神,请求法院建议公诉机关撤回对被告单位的起诉或者依法判决被告单位无罪。

2022 年 4 月 11 日　星期一

　　自 3 月以来,上海新冠疫情加重,我所住的小区已被封控半个多月,根据多次全小区居民核酸检测情况,今晚有望改为管控区,从足不出户改为可以下楼但不得出小区。今早上海市政府微信公众号"上海发布"公布了昨天(2022 年 4 月 10 日 0—24 时)的疫情数据,新增本土新冠确诊病例 914 例和无症状感染者 25173 例。

　　今天联系了审判长,她说自己也因为疫情而只能居家办公,开庭后检察院尚无任何反应,待解封后她们会把案件提交审委会研究。

77. 涉黑丈夫与扫黑妻子

2021年1月13日　星期三

今天接到一个电话,来电者是某市检察院负责办理黑恶案件的检察官。她说曾在上级检察院组织的培训中听过我的课,现在碰到一个问题,她的丈夫被公安机关以涉黑恶犯罪抓走了。

我:你丈夫平时是干什么的?

她:做车贷的。是一家省城公司在当地分公司的经理。

我:侦查机关给家属的《拘留通知书》上填写的是什么罪名?

她:诈骗罪。

我:你平时有无发现他的收入、开支或者社会交往有什么不正常?

她:没有发现什么不正常。

我:你是否了解他公司的经营模式?

她:知道,看过他拿回家的总公司的相关资料和合同模版。

我:依你办理涉黑恶尤其是套路贷刑事案件的经验,结合你看过的他公司的相关资料,他公司的经营模式中是否有套路贷的嫌疑?

她:看不出。据我了解,他们公司都是按照总公司规定的制度和流程办理业务,而且还向车管所备案,不存在套路贷。

我:总公司和其他分公司有无被查?

她：没有。全省就他们一家分公司被查了。

我：据你所知，你丈夫公司的经营有无超出总公司的规定自行其是弄一套？

她：没有。

我：你自己有何打算？

她：我认为他是冤枉的。如果公检法就这么错下去，我会一直告到最高检、最高法的。

我：建议你最好还是委托一名有刑事办案经验的律师担任他的辩护人。

她：我自己可以为他辩护吗？

我：按照有关规定，当然可以。① 但是，操作起来会比较麻烦。有几个问题：

一是你虽然可以担任他的辩护人，但是要与关在看守所的丈夫会见或通信，就要比律师多一个程序，即须经法院、检察院许可。虽然你作为检察官可以去看守所提审犯罪嫌疑人，但是当你以近亲属的身份担任丈夫的辩护人时，你就是普通公民，而没有律师执业证书，未经许可是不能进入看守所的。如果得不到许可、见不到当事人，你就难以了解案情。

二是你以近亲属身份担任他的辩护人，阅卷同样需要经法院、检察院许可，如果得不到许可，你就看不到案卷。而律师担任辩护人不需要额外的许可，可凭执业证书、律所公函和家属委托书直接去阅卷。

---

① 《刑事诉讼法》第33条规定，嫌疑人的亲友可以被委托为辩护人。2012年《最高人民法院关于适用〈中华人民共和国刑事诉讼法〉的解释》第35条规定，人民法院审判案件，应当充分保障被告人依法享有的辩护权利。被告人除自己行使辩护权以外，还可以委托辩护人辩护。一般情况下，人民法院、人民检察院、监察机关、公安机关、国家安全机关、监狱的现职人员不得担任辩护人，但是如果是被告人的监护人、近亲属，由被告人委托担任辩护人的，可以准许。

三是调查取证同样会遭遇障碍。

四是还存在一个回避问题。如果你担任丈夫的辩护人,你与办案检察官都是同事,这个案件得改变管辖才行。当然,检察官、法官或其近亲属犯罪的案件,一般情况下会根据当事人和案件的情况由上级司法机关指定异地管辖。

五是最后但不是最不重要的问题,你工作这么多年,一直履行的是控诉职能,这个职能与律师辩护职能是相反的。虽然都是根据事实和法律履行职责,但是思维方式和执业技能有很大差别。比如,控辩双方的阅卷顺序就是相反的,举证责任是不同的,发现辩点的意识和能力也是需要丰富的辩护实践经验才能获得的。

因此,我建议你委托专业律师辩护为好。

这位检察官最终决定委托律师为她的丈夫辩护。

78. "套路贷"还是"高利贷"?

2021年2月5日　星期五

春节前夕,我所受理辩护的某市"套路贷"诈骗案一审宣判,法院对全案所有被告人一律适用缓刑,在押被告人全部释放。我所律师受委托担任第一被告人的辩护人,历经该案从侦查程序认定的"套路贷"涉恶、诈骗数额超过百万元到起诉书认定诈骗数额依旧特别巨大但降至五十余万元、法定刑最低十年,再从一审首次开庭控辩双方激烈交锋到开庭后检察院变更起诉、降低指控为数额巨大、法定刑起点三年,最终法院对全案十名被告人都适用缓刑,取得了较好的辩护效果。该案由我和杭州所主任樊星律师主办,赵志业律师协助办理。

1. 指控意见

2019年8月6日,公安机关起诉意见书认为本案是典型的"套路贷"诈骗案件,郑某等人成立公司,假借房产抵押贷款之名诱使有迫切资金需求且有房产的人前来贷款,公司趁机收取"上门费""评估费""服务费""押金""砍头息""垫资过桥费"等各种费用,非法占有他人财物,诈骗财物数额共计118.8405万元。2020年2月15日,检察院起诉书指控:郑某等人通过虚增债务、制造虚假给予痕迹、肆意认定违约等手段,非法获取被害人财物,诈骗数额共计56.5445万元。无论公安机关的起诉意见还是检察院的起诉指控,本案诈骗数额均为特别巨大，法定刑十年以上有期徒刑。

2. 辩护意见

采用定性辩护和数量辩护相结合的辩护方案，一方面就本案法律适用提出无罪辩护意见，另一方面对起诉书指控事实中明显有违常理的部分作数量辩护，认为其中 32 万余元不仅双方当事人信息完全对称，而且明显互有对价，属于双方合意的正常交易，即使在民事诉讼中也是合法有效的行为，认定诈骗毫无根据。

3. 变更起诉

2021 年 1 月 14 日，检察机关变更起诉书指控内容，采纳我们的数量辩护意见，不再对上述 32 万余元进行诈骗指控，这样郑某等人的诈骗数额从法定刑十年以上属"特别巨大"的 56 万余元降为法定刑三至十年属"巨大"的 24 万余元。

4. 法院判决

2021 年 2 月 5 日，法院一审判决，被告人郑某等人以非法占有为目的，分别结伙采用虚构事实、隐瞒真相的方法骗取他人财物共计 24 万余元，但据其犯罪情节、悔罪表现及社会危害程度等，符合缓刑的适用条件，遂将全案十人全部判处缓刑，在押人员当天均依法释放，得以回家过年。

5. 办案心得

（1）让司法回归理性。"套路贷"诈骗案件，作为扫黑除恶专项斗争中公安机关重点打击的犯罪类型，呈现出从严从重惩处的态势。各地在办理"套路贷"诈骗案件时，纷纷出台相应的纪要、规定，标准并不统一，不乏拔高处理现象。从今年两会时最高检工作报告披露的数据看，公安机关移送的"黑恶案件"有 36.3% 在检察院审查起诉环节未被认定为黑恶犯罪。同时，最高检也反复强调"是黑恶绝不降格，不是黑恶绝不拔高"的办案要求。因此，在这类案件辩护中，辩护律师要勇于坚持罪刑法定原则，敢于依法进行无罪辩护，用法理和事理力争使诉讼重回法治轨道,对绕开刑法和司法解释规定的犯罪构成另行设置入罪理由的做法归谬反驳。基于这种思路,经会见犯罪嫌疑人听取其本人意见、征求委托人意见,根据本案证据证明的事实,结合法律和司法解释规定,我们确定了以无罪辩护为基础、以数量辩护为补充的辩护方案。

(2)让理性尊重常识。本案当事人为客户提供房产抵押贷款中介服务,相关费用包含"上门费""评估费""服务费""押金""砍头息""垫资过桥费"等,这些费用是否合理合法,是否存在对应的服务,既要靠证据证明,又要结合市场经济的实际认真分析。案发地民营经济发达,民间借贷也相当活跃;被指控为诈骗犯罪的多项收费在行业内属于正常合理的费用,按照惯例进行交易已成社会通识。更重要的是,载入《宪法》的社会主义核心价值观中的"自由"就包括有效市场机制中的营业自由,这种自由在法律上属于没有法律法规依据公权力不得随意干预的"消极自由",应由市场主体意思自治。而本案的被害人几乎都不是第一次借款,他们客观上存在真实的资金需求,主观上对于此类借款的模式、费用比例、支付方式等相当熟悉,出借方和当事人对服务的内容、费用的种类和数量也没有故意夸大或隐瞒。我们通过走访了解、咨询专业人士,在比较各项费用后得出结论:无论如何,起诉指控的56万余元各项费用中,至少有32万余元是市场经济中的正常交易费用;因此类费用发生纠纷诉诸法院,法院也会依法保护的。刑事司法不能颠覆经济活动中被普遍接受又不违反法律禁止性规定的交易惯例,这是符合中央关于"有效市场和有为政府"关系论述的经济常识。检察院在变更起诉时,采纳了我们的数量辩护意见,指控的诈骗数额改为24万余元,相应的法定刑从十年以上降为三至十年。

(3)让裁判可以接受。律师要践行维护当事人合法权益、维护法律正确实施和维护社会公平正义的使命,只能诉诸逻辑的力量,

78. "套路贷"还是"高利贷"?

除此之外他们手中没有一丝公权力,毫无资本去诉诸力量的逻辑,因此,律师的工作来不得半点骄横,只能精细化辩护理由,正当化诉讼请求,通过讲理说服控方,争取其认同和支持,以获得处理的宽缓。面对公权力的力量,为了当事人的权益,律师既要追求最好的结果、避免最坏的结果,又要在重大问题上尊重当事人的选择。如果当事人愿意接受妥协方案,即使该方案不是最好,也至少可以避免最坏的风险。

该案的办理适逢新冠疫情,会见当事人殊为不易。外地律师会见只能通过看守所门口处的视频,因设备简陋,音响效果相当糟糕。非但如此,该案诉讼过程中案发地省级政府恰好下发了不利于出罪的地方纪要,可能对当事人不利。为了当事人的权益,我们必须对风险作充分的估计,使当事人能够恰当地确定诉讼的目标,这并非为了减小律师的工作压力,而是为了降低事主的风险。取法乎上,得乎其中。在控方变更起诉降低案值后,当事人不再坚持作无罪辩解,而是选择认罪认罚,以换得控方最轻的量刑建议。我们在二次庭审中请求法院充分考虑业已发表的无罪辩护意见和当事人的态度改变,提出即使定罪判刑,也不宜继续羁押,而应适用缓刑。最终,律师辩护意见被采纳,检察院降低指控,法院当庭判决适用缓刑。

有时候,对当事人来说,裁判结果的可接受可能比裁判结果的合逻辑更加重要。坚持需要勇气,妥协同样需要抉择。

79. 有效辩护又一例

2021年12月7日　星期二　大雪

　　对于刑辩律师来说，不捕不诉决定和无罪判决，意味着辩护成功；对当事人而言，意味着避免羁押之苦，摆脱刑诉之累。今天，我在豫北某市辩护的刘某非法拘禁案获得了检察院不起诉处理。

　　今年夏天，豫北某市烈日炎炎，作为本地知名企业家的刘某一家却如坐冰窟，刘家兄、弟、妹夫三人和两名同事共五人涉嫌犯罪被刑事拘留，全家惊慌失措。

　　案件与多年前的一桩民间借贷有关。杨某以某置业公司名义向刘某借款数千万元，杨某既是借款的实际使用人又是该笔借款的担保人。2014年6月以后，该置业公司既未支付利息，也未按期归还本金。刘某多次讨要，却被一再推拖、索债无果。此前，作为合伙经营共同体，杨某等七名成员将共同资产和债务在各合伙人之间进行了分配，其中杨某承担包括刘某的数千万元在内的1.4亿元债务，同时获得两个房地产项目的部分股权，作为其承担债务的补偿。分配到股权后，杨某不但没有积极筹措资金或以股权变现偿还巨额债务，反而罔顾商业道德，通过将房地产项目股权转移到前妻名下，再由前妻卖出的方式秘密转移资产，企图逃废债务。刘某得知后试图联系杨某，以合理方式主张债权，杨某却躲了起来，不接电话，不回信息。刘某等债权人遍寻不到，担心杨某再转让股权逃避债务，情急之下打算造访该置业公司,沟通解决办法。

2016年1月14日,刘某等债权人到达该置业公司时正好碰到杨某,遂一起到他办公室商量还款事宜。至当天午饭时,各方仍然未能达成共识。杨某安排前来讨债的几人在公司餐厅吃饭、饮酒,因杨某对于债务履行并未作出承诺,刘某不敢再失去这个主张权利的机会,遂返回杨某办公室继续与其协商。但是,杨某既不还款,也拒绝书写承诺。其间,其他债权人也闻讯赶来,人越聚越多。

至当日午夜,公安机关接报出警,杨某乘机佯称要外出就医,刘某等人怕杨某再次逃避便一路跟着。次日凌晨,杨某乘车返回公司办公室,刘某离开,其他债权人继续跟着杨某。15日下午,刘某再次到杨某办公室协商,17时左右公安机关再次出警,经公安机关调解后众人离去。此时,杨某并未要求追究刘某等人什么责任。

后来,刘某拿到了中院的民事判决书,判决杨某向刘某等人偿还借款本息6000余万元。虽有判决,杨某仍以各种理由推脱责任,刘某等人的债权依然没有实现。

自2018年以来,"扫黑除恶"专项斗争在全国范围内如火如荼地开展,一大批危害社会、欺压群众的黑恶势力犯罪受到惩治。同时,也有诸如杨某这样的人顺势"搭便车"。杨某在得知曾经向自己索要债务的唐某、贾某被外地司法机关以涉恶犯罪追究刑事责任时,联想到了自己的大债主刘某,他可是也向自己"要过账的",于是他向公安机关举报刘某非法拘禁自己。

一封声情并茂但言过其实的举报信被送进了公安机关。杨某自称"被限制自由四天五夜""不给饮食、辱骂殴打""几欲轻生",指称刘某带领其弟弟、妹夫,纠集多人,践踏其人格,影响恶劣。一个黑恶势力团伙形象跃然纸上。举报信引起扫黑除恶工作督导组的重视,刘某等人被抓获刑拘。

刘某一家惊恐万状。机缘巧合之下,家属委托我为刘某辩护,我们组成一个三人辩护团队办理此案。

辩护团队很快发现案件还是比较棘手的：第一，本案与另一恶势力犯罪案件相关联，两案当事人同场讨债，虽然债务性质有别，但本案属于上级交办的涉恶案件，社会关注度高，案件敏感。第二，刘某等五人被刑拘后已被提请逮捕，时间紧迫。第三，索要合法债务却涉嫌犯罪，案情原委、细节家属不完全掌握，是否以免除巨额债务为代价由对方出具谅解书等问题使家属十分纠结。

凭借多年刑辩经验，辩护团队经过缜密分析，确定了辩护方案，有条不紊地开展工作：第一，立即会见刘某，根据其陈述辩解获取直接证据，掌握案件基本事实，为制定恰当的辩护策略打下事实基础。第二，积极与侦查机关、检察机关沟通，据理力争，提出辩护意见，同时了解司法机关的态度。第三，安抚家属情绪，劝其尊重司法权威，相信司法公正，不要贸然采取不理智行动。第四，根据党中央、国务院关于保障民营企业发展的相关刑事司法政策和最高检羁押必要性审查专项行动有关规定，让家属积极准备相关材料以便支撑辩护观点和诉讼请求。

由于案件尚处于侦查阶段，还不能阅卷，按照业内说法，只能盲辩。根据执业经验、会见掌握的情况和指控罪名的特点，辩护团队撰写并提交了万余字不应逮捕的辩护意见。该意见的主要观点被检察机关采纳，刘某等全案在押人员均被变更强制措施为取保候审，上级检察机关还将本案作为保障民营企业发展的典型案例公开发布。至此，本案诉讼进程出现重要拐点，为有效辩护迈出了关键一步，但是刑事诉讼并未终结，刘某等人犯罪嫌疑人的身份并未改变。

案件被移送审查起诉后，辩护团队经阅卷并再次会见刘某核实证据、听取其辩解意见，认为审查批捕环节所提盲辩意见基本正确。团队又根据在卷证据材料和律师取证材料，完善辩护思路，细化辩护理由,并运用公安现场执法记录仪中的视频有力地反驳了对方当事人杨某夸大其词的孤证陈述,还原了债权人追讨合法债权的事实真相。新的辩护意见既围绕法律和司法解释规定的犯罪构成进行释法说理规则之辩,又根据比例原则就双方当事人的权益大小进行公理性原则之辩,还根据中央保障非公经济健康发展、"六稳""六保"和最高检少捕慎诉的司法理念进行政策性原则之辩,同时多次与主办检察官沟通,充分发表辩护意见。经过多角度综合辩护,因切中要害,辩护意见被检察机关采纳。今天,检察院依法作出不起诉决定,刘某重归自由。

"循名责实,持中守正",是我提议经律所合伙人认可而成为律所所训的,也算是对自己三十多年法律职业生涯尤其是近二十年兼职刑事律师业务的经验总结。律师作为法律职业共同体的一员,既应勤勉尽职,诚实履行约定的法律服务义务,又要不卑不亢,依法履行宪法和法律规定的辩护职责;律师手中没有公权力,没有资格任性,只有有理才能有力,必须经由正当程序追求实体正义,运用法律逻辑和辩证思维实现有效辩护,通过个案正义践行法治理想、成就职业梦想。二十多年来,我主导无罪辩护取得明显成效的案件已有三十多件,本案是刑辩团队成员综合运用规则之辩和原则之辩的又一成功实践。

80. 名校硕士"暂缓认罪"

2021年12月15日 星期三

今天下午,涉及十余万人的国内知名互联网金融平台非法集资案在某市中院一审公开宣判。

该平台非法集资被分成两个案件,分别由市中院和区法院审理。市中院审理的案件,三名被告人均被指控集资诈骗和非法吸收公众存款两罪;区法院审理的案件,被告人只被指控非法吸收公众存款一罪。

我辩护的是市中院审理案件的第二被告人,他是一名毕业于国内顶尖高校法学院的法律硕士,今天被以集资诈骗罪和非法吸收公众存款罪并罚判处有期徒刑十五年,同案的第一被告人被判处无期徒刑。

对第二被告人来说,这是一个不算最坏也不是最好的结果。好与坏,既有客观标准,也与预定诉讼目标有关。在法院自由裁量权范围内,一个合法的判决结果,对当事人来说好与不好,主要看它是否符合当事人预定的诉讼目标。

说它不算最坏,是因为在开庭前的多次会见中,被告人最担心自己被判无期徒刑,现在判了有期徒刑,也算避免了最坏的结果;说它不是最好,是因为在开庭前最后一次会见中,他曾就量刑问题和我进行过讨论。我的分析是,如果能够对非法吸收公众存款罪认罪认罚、对集资诈骗罪分段辩护,那么判刑十三年左右是可以期待的;要是两罪都不认,量刑可能更重一些。被告人也认可我的分析。

"分段辩护"是指在刑事诉讼中,被告人作无罪辩解、辩护人作无罪辩护的,可以当庭就量刑问题发表辩护意见,也可以庭后提交量刑辩护意见。因为同案定性辩护和量刑辩护分别进行,所以被称为"分段辩护"。依法律逻辑,只有在定罪的前提下才存在量刑的可能,作无罪辩护的案件似应没有必要就量刑发表辩护意见。但是,由于辩护包括定性辩护(有罪无罪之辩)和量刑辩护(刑罚轻重之辩),辩护人的定性辩护即无罪意见有可能不被法庭采纳,而《刑事诉讼法》又没有对定罪和量刑程序分开规定,因此,对于被告人和辩护人作无罪辩护的案件,如果不在法庭审理过程中让被告人、辩护人就量刑问题发表意见,那么,一旦判决定罪,就意味着量刑辩护落空,这就违反了宪法和法律规定的"被告人有权获得辩护"的立法精神。《关于依法保障律师执业权利的规定》第 35 条明确规定:"律师作无罪辩护的,可以当庭就量刑问题发表辩护意见,也可庭后提交量刑辩护意见。"两高三部 2020 年 11 月 5 日印发的《关于规范量刑程序若干问题的意见》第 15 条规定:"对于被告人不认罪或者辩护人做无罪辩护的案件,法庭调查和法庭辩论分别进行。在法庭调查阶段,应当在查明定罪事实的基础上,查明有关量刑事实,被告人及其辩护人可以出示证明被告人无罪或者罪轻的证据,当庭发表质证意见。在法庭辩论阶段,审判人员引导控辩双方先辩论定罪问题。在定罪辩论结束后,审判人员告知控辩双方可以围绕量刑问题进行辩论,发表量刑建议或者意见,并说明依据和理由。被告人及其辩护人参加量刑问题的调查的,不影响作无罪辩解或者辩护。"最高法对此也有相应规定。这些规定表明,无罪辩护和量刑辩护是可以同时存在的。与过去相比,这是我国法治建设的一个进步。

毕竟本案涉及十余万人,案值八百亿余元,被告人在平台所属公司担任法务多年,非法吸收公众存款罪作无罪辩护难度太大;与此同时,第二被告人在公司担任的只是法务工作,既未直接参与非法集资相关决策,也未直接在平台实施集资活动,只是参与了平台集资完成后投资阶段的相关法务工作,对集资诈骗罪作无罪辩护还是有一定根据的。如果他能够对非法吸收公众存款罪认罪认罚,按照法律规定法院是可以从宽处罚的。

该案值得一记的是第二被告人在庭审中的惊人之举。

法庭调查一开始,在公诉人宣读起诉书以后,审判长问被告人对起诉书的指控有何意见,是否愿意认罪认罚。

第一被告人表示对非法吸收公众存款罪认罪认罚、对集资诈骗罪作无罪辩护。这一表态在意料之中。

第二被告人回答:"我对起诉书指控的两个罪名均暂缓认罪。"

平时开庭常见的是,要么认罪认罚,要么不认罪不认罚,极少出现"暂缓认罪"的情况。这一特别的表态,明显令控辩审三方大感意外,都把好奇的目光聚焦于被告席上。

"等法庭调查结束,看看公诉人能否说服我,我再表态。"第二被告人补充到。

在审判长的主持下,法庭各方就两个罪名分别向各被告人讯问、发问和审问,依次出示证据并质证,法庭调查顺利完成。在审判长宣布法庭调查结束开始法庭辩论时,我举手示意审判长需要向第二被告人发问,审判长同意。

我的问题是:"被告人,现在法庭调查即将结束,下一个程序是法庭辩论,根据《刑事诉讼法》和中华全国律师协会《律师办理刑事案件规范》的规定,辩护律师不能违背被告人意愿作对被告人不利的辩护。也就是说,被告人作无罪辩解的案件,辩护人不得作有罪辩护。鉴于你在法庭调查开始时表示暂缓认罪,现在法庭调查就要结束了,法庭辩论即将开始,为依法履行辩护职责,你有必要明确一下对起诉指控的两个罪名是否认罪认罚,还是一个认罪认罚、一个不认罪认罚。"

第二被告人回答:"根据法庭调查阶段公诉人宣读、出示的证据,我认为这些证据不足以证明我犯了罪,公诉人并没有用证据说服我,因此我对两个罪名均不认罪认罚。"

由于开庭前的多次会见中确定的辩护方案是对非法吸收公众存款罪认罪认罚、对集资诈骗罪作无罪辩护,而被告人当庭态度的变化意味着两罪全部不认,因此辩护人必须对两罪都作无罪辩护。否则,辩护人对被告人不认罪的案件作有罪辩护是违背律师职业伦理的。

虽然有着三十多年的出庭经历,对各种突发情况也见怪不怪了,但是这种几乎是颠覆性的突发情况,我却是第一次遇见。一方面,我告知被告人,如果认罪认罚,法庭可以依法从宽处理;而一旦无罪辩解意见不被采纳,判处的刑罚就会比认罪认罚相对更重一些。另一方面,在被告人明确对两个罪都不认的情况下,我只能及时调整辩护思路,对全案作无罪辩护。

事实上,第二被告人最终被数罪并罚判刑十五年,这一结果验证了我在开庭前会见被告人时的分析预测:如果对一罪认罪认罚,有可能判刑十三年左右;如果两罪都不认,判刑可能更重一些。

刑事案件的当事人,无论被告人还是被害人,除了司法人员外,大都不太懂法。而这个案件是例外,第一被告人曾是执业律师,第二被告人是法律硕士、公司法务。虽然第一被告人最终还是被判处无期徒刑,但是他的诉讼策略无疑是正确的(正确的策略未必都能取得预期的效果,但是错误的策略则往往会带来不好的结果)。第二被告人虽然具有法律硕士学位,但是除了从事公司法务工作外,对刑事诉讼的认知仅仅停留在纸面上。

现实就是这样,完全不懂法的当事人,往往会遵从与代理人或辩护人商定的诉讼策略,而对法律略知一二的当事人,有时候会自以为是地自作主张。

休庭时,第二被告人的家人、其他诉讼参与人都对第二被告人在法庭上的表现大呼意外。

81. 冲冠一怒为哪般

2022 年 3 月 4 日　星期五　乍暖还寒

一名海归博士因参与场外配资活动被控非法经营罪,案件在某省会城市中院开庭,博士是第一被告人。

该案共有六名被告人,起诉书认定三人为主犯、三人为从犯,其中两主一从共三人羁押于看守所,一主二从共三人取保候审在外。因为疫情,在押者在线视频出庭,取保候审者现场参加庭审。

案件虽涉及证券专业知识,但案情本身并不复杂。博士回国后办了一家公司,从事软件开发,开发了具有系统分仓功能的投资管理软件。2019 年认识第二被告人(某公司独资股东)后,博士携公司及人员与第二被告人公司合并,共同从事股票和股票型基金的主动投资业务,规模达 20 多亿元。①

2019 年下半年,经中学同学介绍,第三被告人(曾任某证券公司老总,因经济犯罪被判过刑)找到博士,鼓动博士参与证券场外配资业务,博士与第二被告人商量后表示同意:第一、第二被告人出资金、母账户和软件服务,第三被告人作为第一、第二被告人公司的代

---

① 主动管理,又称"积极管理",是证券投资行业术语。主动管理基金是指基金经理通过深度的研究,利用信息优势,对基金组合进行主动管理,即基金经理拿着投资人的资金,在深入研究的基础上主动进行投资。基金经理个人的主观能动性对主动管理基金的影响很大。

理商发展客户入市炒股,第三被告人承担资金利息和券商佣金,利润三人基本平分。

在看守所会见博士时,他多次提到,第三被告人所起作用更大,理由是:不仅发展客户入市交易是第三被告人负责的,而且第三被告人在平分利润之前还从业务收入中先拿走提成了。言外之意,第三被告人挣的钱更多。

博士的这个说法不是空穴来风。在第六被告人(公司会计)向公安机关提供的财务数据表格中的确有"佣金"字样,顾名思义,这笔钱应该是从总收入中提取出来给中间代理商的。不仅书证有"佣金"存在,第六被告人在第一次讯问笔录中也提到代理商的收入由分红和提成组成,其中提成由资金利息和佣金组成。既然书证和人证都涉及代理商的"佣金"问题,那么博士关于第三被告人除了分红还有提成的辩解就值得重视,毕竟犯罪所得的分配是考察被告人在共同犯罪中的地位作用进而影响量刑的重要因素。

按照法定程序,开庭以后先进行法庭调查,再进行法庭辩论。

在法庭调查中,控辩双方和审判法官依次分别对各被告人进行讯问、发问和审问。上午的庭审还算平稳流畅,三方完成了对第一、第二被告人的提问。中间有一个小插曲,第二被告人的辩护律师以存在诱导为由打断我的问话,但被法官驳回,我继续发问。

下午的庭审画风突变,充满火药味。奇怪的是,这种火药味不是来自控辩双方的对抗,而是法官莫名其妙的冲冠一怒。这冲冠一怒的起因,正是我为了帮助法庭查清楚第三被告人在分红之前是否先拿了提成而对第六被告人的相关发问。

作为被控共同犯罪的被告人的辩护人,律师当然有权利对全案参与共同犯罪的被告人逐一发问。轮到我发问第六被告人时,为了查清楚第三被告人在分红之前有无提成,就问她是否给过代理商佣金。没想到,法官突然大声制止:"辩护人应该熟悉案情以后再发问,本案不存在佣金问题。"

法官当庭指责辩护人不熟悉案情,是涉及律师是否勤勉尽职的大事儿。正如律师在法庭上必须尊重司法人员一样,司法人员同样不能不尊重或者随意指责律师。

我赶紧说明:"在书证中关于收入的分配开支有利息、佣金和流量费各项,利息应该是付给资金方的,流量费是付给软件方的,那佣金就应该是付给代理商一方的。怎么不存在呢?"

法官更怒了:"这是你的主观臆断!"

我说:"有书证提到佣金啊!"

法官于是让我把书证出示给第六被告人辨认,第六被告人说好像是给券商的。法官一听说:"这不就好了吗,还问什么?!"

从事律师工作二十多年,从未遭遇过这等呵斥,我遂跟一起辩护的律师商量,由他继续发问,因为按程序,他有权继续发问。因为第六被告人在归案后的第一次讯问笔录中明确供认,代理商的提成包括资金利息和佣金;在卷的财务报表中还反映,支付给第三被告人的提成,包含第三被告人付给券商的佣金,但是从总收入中付给第三被告人的佣金和第三被告人付给券商的佣金存在差额,这个差额最终留在了第三被告人处,也就是成了第三被告人的收入。

然而,当博士的第二辩护人继续对该问题发问时,法官却说:"对该问题不准继续发问!"

好嘛!谁都不是神,无论法官还是律师,都不能以其昏昏使人昭昭。法庭是一个依法说理的地方,各方因职责不同,关注的问题有异,律师发表了不同的意见,这不正是"兼听则明"所需要的吗?何必如此动怒,明明自己不认真阅卷、偏听偏信,却指责别人不熟悉案情、主观臆断。

后　记

本书是作者对其刑事律师执业过程中所见所闻、所思所想的记录,时间跨度为 2004 年 4 月至 2022 年 3 月,主要是对刑辩工作与感悟所作的记录和思考,从《没有审判的司法》开始到《冲冠一怒为哪般》结束,共计辑录 81 篇。所见所闻部分,可读性强,语言平实流畅;所思所想部分,思辨性浓,内容有些"烧脑"。既然是日记,就不分题材,而以时间为序依次排列。

作者于 1984 年以优异成绩进入西政攻读法律,1988 年本科毕业后分配至浙江省嘉兴市一基层检察院工作,27 岁时获浙江省检察机关第三届"省级优秀公诉人"(全省选十名,以下简称"省优秀公诉人")称号,次年被任命为检察院党组成员,不到 30 岁就担任副检察长,成为当时全省最年轻的检察院班子成员。其间,作者考入华政在职攻读计划内定向培养硕士研究生,同时被嘉兴市委组织部选为后备干部送省委党校培训。2001 年,作者被调往嘉兴市检察院工作,担任检察委员会委员、公诉处长等职务。在检察院工作的 13 年期间,作者共经手刑事案件 2000 余件,因不枉不纵、纠正冤错、办案质量过硬多次被记功嘉奖。

2001 年年底,作者转赴浙江工业大学法学院任教,先后担任理论法学学科负责人和法学院副书记、副院长。任教期间,作者获得省级哲学社会科学优秀成果奖,并先后在两家综合性律所兼职执业。2009 年,作者与曾经的同事合作创办只做刑事业务的律所,任教的法学院与浙江省律师协会(以下简称"律协")合作成立律师学院。律师学院成立后,经常举办公益刑辩讲座,承担申请律师执业人员集中培训工作,先后培训1.5万余人(超过全省执业律师的一半)。在此期间,作者考入西政攻读理论法学博士学位。2020年,作者转所上海,再度进入综合性律所从事刑事辩护工作。在从事律师业务近20年中,作者辩护的获得无罪判决、不起诉、撤销等无罪处理的案件有30余件;因执业成绩优异,2018年被浙江省律协授予"浙江省优秀刑事专业律师(刑事专业类)"荣誉称号。

本书既有从学理角度对刑事司法实践进行的观察,又有从司法实践角度对法学研究和法学教育所作的反思,是从控、辩、审不同角度对侦查、公诉、辩护和审判所作的总结和探索。所见所闻,力求全面客观;所思所想,尽量合理公道。

作者在诸多篇章中既忠实记录了司法改革背景下社会变迁过程中的刑辩律师日常工作,包括刑辩律师的会见、阅卷、研究辩护方案、调查取证、起草刑辩文书、与司法人员沟通、出庭辩论、发表辩护意见等常规业务活动,刑辩律师在律所内部进行业务研讨、参加学术交流活动、对热点公案或社会问题发表评论等专业行为,以及刑辩律师的师徒关系、同行之间的竞争与合作、刑辩律师与客户之间的沟通与交流等人生百态,还涉及对刑辩律师与民商事律师、官方法律人在知识结构、思维方式和价值取向等方面的异同,刑事政策在司法诉讼中的作用,司法体制改革与个案司法公正的关系等问题的思考。作者通过多角度、全方位记录刑辩律师的工作、学习和生活细节,努力构建一幅原生态的刑事辩护全息图,既有新时代刑辩全覆盖的大气象大格局,又有普通人无辜被关的悲苦、司法人员公正司法的努力、律师刑事辩护的艰辛和辩冤白谤的欢喜。

这些日记有助于法律爱好者了解个案中具体法治的不易、司法公正的可贵,可使在校法科学生了解实践中的"活法",以做好从"法学新青年"到"卓越法律人"转变的职业规划。而对于律师朋友来说,本书具体而不琐碎、生动而不乏感悟的叙述能帮助他们思考如何发现辩点、如何有效辩护。此外,鉴于作者由控到辩、从实务到理论的多重角色转变,本书结合个案所作的反思,对警察、检察官、法官和法学研究、法学教育工作者亦有一定裨益。

李永红

2023年1月